AF888501

Veröffentlichungen
der Vereinigung der Deutschen Staatsrechtslehrer

Heft 8

Kabinettsfrage und Gesetzgebungsnotstand nach dem Bonner Grundgesetz

Tragweite der Generalklausel im Art. 19 Abs. 4 des Bonner Grundgesetzes

Berichte

von

Walter Jellinek Hans Schneider
Friedrich Klein und Heinrich Herrfahrdt

Verhandlungen der Tagung der Deutschen Staatsrechtslehrer
zu Heidelberg am 20. und 21. Oktober 1949

Mit einem Auszug aus der Aussprache

Berlin 1950

Walter de Gruyter & Co.

vormals G. J. Göschen'sche Verlagshandlung — J. Guttentag, Verlagsbuchhandlung
Georg Reimer — Karl J. Trübner — Veit & Comp.

Archiv-Nr. 24 89 50
Satz: Walter de Gruyter & Co., Berlin W 35
Druck: Hayn's Erben, Berlin SO 36

Inhalt

I. Eröffnung

Nach Begrüßungsworten des Dekans der Juristischen Fakultät der Universität Heidelberg, Professor Dr. **Karl Engisch**, der auch den Rektor der Universität vertrat, hielt Herr **Thoma**-Bonn als Alterspräsident folgende Ansprache:

„Spektabilität!

Meine sehr verehrten und lieben Herren Kollegen!

Es ist eine Gunst des Schicksals, daß ich die Neubegründung der Vereinigung der Deutschen Staatsrechtslehrer erleben darf, und es ist mir eine Ehre, daß mir die Aufgabe zufällt, als Alterspräsident die Konstituierung dieser Tagung zu leiten.

Achtzehn Jahre sind vergangen, seit die deutschen Staatsrechtslehrer zum letzten Male versammelt waren. Es waren Jahre der Verwirrung, der Gewaltherrschaft, des verheerendsten Krieges, der unsagbaren Mord- und Greueltaten! Wenige sind unter uns, deren Herz nicht bedrückt ist von diesem oder jenem tiefen Leid, keiner, dessen Seele nicht beschattet wäre von Vorstellungen der Angst und von Erwägungen der Sorge. Unser Vaterland ist auseinandergerissen und fremder Hilfe bedürftig. Die nächste Zukunft der ganzen Menschheit verbirgt sich hinter finster drohenden Wolken.

Dennoch ist es uns Pflicht und Vorsatz, nicht zu verzagen, sondern, solange wir leben, zu hoffen, und solange uns Kraft bleibt, zu wirken.

Das Werk unserer Vereinigung war und bleibt Dienst am Verfassungsleben einer nach Einigkeit und Recht und Freiheit strebenden Volksgemeinschaft; Dienst an der richtigen Deutung und wohlerwogenen Fortbildung des Staatsrechts eines demokratischen Rechtsstaates.

Als der Rechtsstaat unterwühlt und erstickt wurde, hat sich unsere Vereinigung nicht gleichgeschaltet, sondern ihre Tätigkeit eingestellt; erhobenen Hauptes kann sie jetzt wieder hervortreten. Ihr zahlreiches Erscheinen, meine Herren Kollegen, zeigt, daß Ihnen der Ruf, den die Veranstalter dieser Tagung an uns ergehen ließen, willkommen war. In unserer aller Namen spreche ich den Herren Apelt, Helfritz, Jellinek und Kaufmann für ihre Initiative und ihre Bemühungen herzlichsten Dank aus! Einen persönlichen Dank möchte ich dafür beifügen, daß sie Heidelberg zur Stätte der Wiederaufrichtung unserer Vereinigung ausersehen haben, wo ich so viele Jahre lang leben, lernen und lehren durfte. Heidelberg — die Stadt mit dem Zauber des Zusammenklangs von Landschaft, Kunst und Geschichte, die im geistigen Leben der Menschheit so ruhmvoll strahlende Universität!

Lassen Sie mich, ehe ich Sie aufrufe zur Wahl eines Vorstands dieser Tagung, drei Wünsche aussprechen, in denen wir alle uns einig wissen:

Möge es der Sache der Freiheit und der Menschlichkeit beschieden sein, auf anderen Wegen, als auf denen eines unvorstellbar verderblichen Krieges zu dem Siege zu gelangen, ohne den die Menschheit in Barbarei versinken müßte;

möge es dem deutschen Volke beschieden sein, im Kreise versöhnter Nationen auf seinem Boden und in seinem Staat zu neuer Daseinssicherung und kultureller Entfaltung emporzusteigen;

möge es unserer Vereinigung beschieden sein, jetzt und künftig eine Arbeit zu leisten, die sich den Leistungen der ersten zehn Jahre ihrer Tätigkeit würdig zur Seite stellt!

Indem ich mich nunmehr den Geschäften zuwende, schlage ich Ihnen vor, die drei hier anwesenden Veranstalter, die Herren: Hans Helfritz, Walter Jellinek und Erich Kaufmann zum Vorstand dieser Tagung zu wählen mit der Vollmacht, nach ihrem Ermessen den Vorsitz zu führen und einander darin abzulösen."

Anschließend übernahm Herr Helfritz-Erlangen den Vorsitz und gedachte der seit der letzten Tagung der Vereinigung verstorbenen Kollegen, nämlich der Herren:

Anschütz, Bornhak, Bruns, van Calker, Dochow, Graf zu Dohna, Finger, Fleiner, Fleischmann, Frisch, Gmelin, Heller, Hensel, Horneffer, Hübner, Kahl, Kühn, Kulisch, Lassar, Layer, Frh. Marschall von Bieberstein, Ad. Menzel, Neuwiem, Oeschey, Perels, Redlich, Richter, Ritterbusch, Rothenbücher, Sander, Schindler, Richard Schmidt, Schoen, Stier-Somlo, Strupp, Triepel, Waldecker, Ernst Walz, Gustav Adolf Walz, Wittmayer.

II. Erster Beratungsgegenstand:

Kabinettsfrage und Gesetzgebungsnotstand nach dem Bonner Grundgesetz

1. Bericht von Professor Dr. Walter Jellinek, Heidelberg.

1. Bei der Vielgestaltigkeit der Staatsrechtswissenschaft konnte es nicht ausbleiben, daß an der Auswahl der Gegenstände für die diesjährigen Berichte Kritik geübt wurde. So meinte ein leider heute nicht anwesender Kollege, die Gegenstände unserer Beratungen seien zweitrangig. Für das Thema des morgigen Tages: Tragweite der Generalklausel im Art. 19 Abs. 4 des Bonner Grundgesetzes muß ich dies entschieden bestreiten. Art. 19 Abs. 4 mit seinem durchgängigen Rechtsschutz des einzelnen gegenüber Übergriffen der Staatsgewalt gehört sicher zu den königlichen Artikeln des Grundgesetzes, von dem sich der von der öffentlichen Gewalt Benachteiligte sogar dann eine Rettung verspricht, wenn er die Anfechtungsfristen des bisherigen Rechts hat verstreichen lassen. Beim Thema des heutigen Tages dagegen möchte ich sogar hoffen, daß es sich als dritt- und viertrangig erweisen, d. h. daß es nie zu unliebsamen Störungen bei der Regierungsbildung kommen möge. Aber wir sind nicht Herren der Zukunft, und wenn es einmal zu Kabinettskrisen kommt, dann ist es gut, wenn wir Staatsrechtslehrer gründliche Vorarbeit in einem Augenblicke geleistet haben, da wir die Dinge noch ganz unbefangen betrachten konnten und die politischen Möglichkeiten noch im Schoße der Zukunft lagen. Wenn der verehrte Kritiker an der Auswahl der Vortragsgegenstände auch noch den Mangel an Allgemeinheit gerügt hat, so ist zu erwidern, daß es auch für die Staatsrechtswissenschaft Gebote der Stunde gibt, so heute das Gebot, den Männern von Bonn bei ihrem schweren Werke beizustehen. Dies kann aber nicht durch allgemeine Erörterungen und Kritiken am Verfassungswerk geschehen, sondern nur durch tätige Mitarbeit an der Klärung bestimmter staatsrechtlicher Fragen.

Es hat mir persönlich immer einen großen Eindruck gemacht, daß der verewigte Heinrich Triepel, der offen bekannte, kein Freund der Weimarer Verfassung zu sein, es trotzdem für seine Pflicht ansah, gleich zu Beginn der Weimarer Epoche im Archiv des öffentlichen Rechts einen bis in alle Einzelheiten gehenden Aufsatz über den Weg der Gesetzgebung nach der Weimarer Verfassung zu schreiben. Außerdem sollte die Auswahl der Vortragsgegenstände die neu zu gründende Vereinigung der Staatsrechtslehrer mit der alten Vereinigung verbinden. Die alte Vereinigung begann zwar ihre Tätigkeit mit jenem großartigen Vortrag von Richard Thoma über das richterliche Prüfungsrecht, in dem Thoma ganz neue Wege für die Auslegung verfassungsrechtlicher Bestimmungen wies. Dies Thema ist aber heute nicht mehr so problemgeladen wie damals, da sich die Verfassungsgesetzgeber seit 1946 der Frage durch positive Bestimmungen angenommen haben. Aber bei der zweiten Tagung der Staatsrechtslehrer, 1924 in Jena, stand die Diktatur des Reichspräsidenten auf der Tagesordnung. Hierbei war Erwin Jacobi, den wir heute als Kollegen aus der Ostzone hier begrüßen dürfen, Mitberichterstatter. Und ein Jahr darauf, in Leipzig, wurde im Beisein von Vertretern des Reichsgerichts über den Rechtsschutz im öffentlichen Recht gesprochen und gestritten. An diese beiden Tagungen knüpft die diesjährige an, wenn wir heute über den Gesetzgebungsnotstand nach dem Bonner Grundgesetz und morgen über den Rechtsschutz gegenüber Übergriffen der Verwaltung Vorträge halten, hören und kritisieren.

2. In einem Lande von solch alter, glücklicher Überlieferung wie England wird man es kaum begreifen, daß wir Fragen der Kabinettsbildung in gesetzliche Formeln gebracht haben und diese Formeln einer Kritik unterziehen. Aber wir können es nicht erzwingen, daß sich bei uns alles so reibungslos vollzieht wie in England. Dazu fehlt uns die lange Überlieferung und der glückliche Instinkt des Engländers. Wir wollen die Hoffnung nicht aufgeben, daß wir uns durch jahrelange Selbsterziehung dem englischen Ideal nähern, daß wir z. B. lernen, bei den Wahlen nicht auf eine aussichtslose Karte zu setzen, daß wir uns von der falschen Sentimentalität losmachen, die darin liegt, daß wir allzu lange einer Partei treu bleiben, die abgewirtschaftet hat. Solange aber dieses Ideal noch in weiter Zukunft liegt, hat sich der Bonner Parlamentarische Rat mit Recht die größte Mühe gegeben, einen guten Mittelweg zwischen Kabinettskrise, Gesetzgebungsohnmacht und Diktatur zu finden, und wir sollten dieses Bemühen durch bestmögliche Klärung der entstehenden Zweifelsfragen nach unseren Kräften unterstützen.

3. Im Goethejahr sollten wir uns der Mahnung Goethes erinnern, daß man bei der Kritik vor allem das Vortreffliche hervorheben soll, das geleistet worden ist, und so sei an die Spitze der Kritik das Bekenntnis gesetzt, daß sich der Parlamentarische Rat nicht nur die größte Mühe gegeben hat, eine für den Fall der Kabinettskrise brauchbare Lösung zu finden, sondern daß ihm dies auch allem Anscheine nach gelungen ist und daß er sich dabei auch zu durchaus originellen Leistungen emporgeschwungen

hat. Bei der großen Zeitnot und bei dem Mangel an völliger Freiheit konnte es aber nicht ausbleiben, daß die im Rohbau treffliche Arbeit in gewissen Einzelheiten noch nicht den Grad wünschenswerter Vollendung erreicht hat. Hier etwas nachzuhelfen, ist ein Hauptanliegen meines Berichtes.

4. Bei jeder Auslegung des Bonner Grundgesetzes muß man bedenken, daß dieses Gesetz kein ausgeklügeltes Werk ist, wie etwa das in vielen Jahren geschaffene Bürgerliche Gesetzbuch; daher ist der sog. Umkehrschluß nur mit größter Vorsicht zu handhaben. Schweigen des Grundgesetzes ist nicht immer beredtes Schweigen, sondern kann auch Vergeßlichkeit sein. Als Beispiel für die technische Unvollkommenheit des Grundgesetzes in Einzelheiten sei auf dessen Art. 63 Abs. 2 und 3 hingewiesen, wo für die volle absolute Mehrheit zwei ganz verschiedene Ausdrücke gebraucht werden. Aber auch mit der historischen Auslegung müssen wir vorsichtig sein, etwa in der Richtung, daß wir Mitglieder des Parlamentarischen Rates fragen, was sie sich unter gewissen Wendungen gedacht haben. Antworten, die ich auf solche Anfragen erhielt, zeigen ganz deutlich, daß die Mitglieder des Parlamentarischen Rates keineswegs Kronzeugen sind. Ich selbst habe in dieser Beziehung eine gewisse Erfahrung, weil ich als Vorsitzender des Gesetzgebungsausschusses für das süddeutsche Gesetz über Verwaltungsgerichtsbarkeit öfters gefragt werde, was wir uns bei gewissen, nicht ganz eindeutigen Fassungen gedacht haben. Ich gestehe, daß mir solche Anfragen nicht ganz angenehm sind, weil ich zu sehr davon überzeugt bin, daß ein Gesetz aus sich selbst heraus und nach seinen Zusammenhängen ausgelegt werden muß, und nicht nach der Meinung seiner Verfasser. Besser scheint es mir, das Bonner Grundgesetz in seinen polemischen Spitzen gegen die Vergangenheit auszulegen. Das Grundgesetz wollte verhindern, daß sich die Nöte der Weimarer Zeit wiederholen, und dieser gewollte Gegensatz zu der Weimarer Regelung scheint mir eines der wichtigsten Auslegungsmittel für das Bonner Grundgesetz zu sein.

5. Zwei Quellen politischer Unzuträglichkeiten der früheren Zeit hat das Bonner Grundgesetz verstopft: Es gibt keine autoritäre Entlassung des Kanzlers mehr, wie die beiden, das Weltgeschehen beeinflussenden Kanzlerentlassungen des Kaiserreichs und der Weimarer Zeit, die Entlassung Bismarcks im Jahre 1890 und die Brünings im Jahre 1932. Wenn der Bundespräsident genötigt ist, den vom Bundestag gewählten Mann zum Bundeskanzler zu ernennen, dann kann es ihm nicht freistehen, ihn von sich aus zu entlassen. Die zweite Verbesserung aber besteht in der Abschaffung des rein negativen, destruktiven Mißtrauensvotums. Allerdings war dieses in der Weimarer Zeit mehr in der Landesebene als in der Reichsebene gefährlich, da es im Reiche

der Reichspräsident immer in der Hand hatte, einen ihm genehmen Mann zum Reichskanzler zu ernennen, ohne daß es eines vorgängigen Vertrauensvotums des Reichstags bedurfte. Das Vertrauen wurde vielmehr, wie man sich ausdrückte, präsumiert. Obgleich auf diese Weise dem Mißtrauensvotum im Reiche viel von seiner Schärfe genommen wurde, so ist doch der im Bonner Grundgesetz für den Bundestag ausgesprochene Zwang, sich auf einen neuen Kanzler zu einigen, ehe der alte gestürzt wird, ein entschiedener Fortschritt gegenüber dem Weimarer System.

6. Zu den Fragen, die im weiteren Zusammenhang zu dem Gegenstand dieses Berichtes gehören, zählt auch die Art des parlamentarischen Wahlrechts. Das Grundgesetz schreibt im Art. 38 bekanntlich nicht vor, ob Verhältniswahl oder Mehrheitswahl für die Bundestagswahlen eingeführt werden soll. Das Wahlgesetz vom 15. Juni 1949 galt nur für die Wahlen zum ersten Bundestag. Bekanntlich wird von Anhängern der Mehrheitswahl behauptet, bei deren Einführung würden wir klare parlamentarische Mehrheitsverhältnisse haben, wie das englische Beispiel lehre. Ob dies zutrifft, bedürfte einer genauen, durch Wahlstatistik erhärteten Untersuchung, die Gegenstand einer späteren Staatsrechtslehrertagung sein könnte, aber bei meinem heutigen Vortrag zu weit führen würde. Die Frage hat allerdings auch eine rein juristische Seite, nämlich die, bis zu welchem Grade eine gesetzliche Bekämpfung der Splitterparteien zulässig ist, ohne daß damit die Allgemeinheit oder die Gleichheit oder die Freiheit der Wahl beeinträchtigt wird. Aber auch diese Frage bleibe heute unerörtert.

7. Noch eine weitere Begrenzung des Gegenstandes dieses Berichts ist erforderlich. Es sind ganz außerordentliche Schwierigkeiten in bezug auf die Kabinettsfrage denkbar, so der Fall der Geisteskrankheit eines der höchsten Amtsträger, der Fall seiner Vertretung, die Grenzen der Vertretungsmacht, auch der Fall, daß durch schwere Verstöße gegen das Wahlgesetz die Wahl in einem ganzen Lande für ungültig erklärt wird und daß während der Verwaisung der in Frage kommenden Bundestagssitze wichtige Beschlüsse im Bundestag gefaßt werden müssen. Die heute zu erörternden Fragen sind schwierig genug, um uns zu veranlassen, uns nur mit den normalen Bestimmungen über Kabinettsfrage und Gesetzgebungsnotstand zu befassen. Das Problem der Stellvertretung und das des unvollständig besetzten Bundestages sind weitschichtig genug, um Gegenstand besonderer, heute nicht beabsichtigter Darlegungen zu sein.

8. Die heute zu erörternden Zweifel bei Handhabung des Grundgesetzes beziehen sich auf Wahl- und Abstimmungsfragen, Fristen und deren Versäumung, Identität und Wechsel, die Befugnisse des Bundespräsidenten, den Gesetzgebungsnotstand in seiner Gesamtheit. Als Form der Beantwortung dieser Fragen seien Ge-

setzesformulierungen vorgeschlagen, die nur besagen sollen, was der vermutliche wirkliche Sinn des Grundgesetzes ist, nicht, wie das Grundgesetz geändert werden sollte. Es hat dies den Vorzug der Kürze, da mit der Formulierung mit einem Schlage gesagt werden kann, was im Grundgesetz undeutlich ist. Außerdem wird dadurch klargelegt, daß die Kritik nicht im Verneinenden stecken bleibt, sondern die Zweifelsfragen positiv klären möchte. Die Bestimmungen des Grundgesetzes aber, die einer solchen Klärung bedürfen, sind folgende:

a) An einigen Stellen spricht das GG von den „Stimmen der Mehrheit der Mitglieder des Bundestages", z. B. im Art. 63 Abs. 2 und 4. Man kann diese Mehrheit die volle absolute Mehrheit nennen. Demgegenüber würde die schlichte absolute Mehrheit mehr als die Hälfte der mit Ja oder Nein Stimmenden bedeuten. Dazwischen gibt es noch die gesteigerte absolute Mehrheit, d. h. mehr als die Hälfte aller Abstimmenden, einschließlich der sich der Stimme Enthaltenden. Bei Gesetzesbeschlüssen des Bundestages ist es wichtig, zu wissen, welche Mehrheit für deren Zustandekommen erforderlich ist, auch kann hiervon der Eintritt des Gesetzgebungsnotstandes abhängen. Nach Art. 42 (2) des GG ist zu einem Beschlusse des Bundestages „die Mehrheit der abgegebenen Stimmen" erforderlich. Nach dem Wortlaut scheint damit die gesteigerte absolute Mehrheit gemeint zu sein, bei 120 Ja-Stimmen, 90 Nein-Stimmen und 60 Stimmenthaltungen wäre der Antrag abgelehnt. Dies war der Standpunkt in der Geschäftsordnung des früheren Württembergischen Landtags (§ 76 Abs. 3). Es wäre aber gegen den parlamentarischen Brauch des früheren Reichstags, auch eine Vergewaltigung des Willens derer, die sich der Stimme enthalten und eben nicht mit Nein gestimmt haben. Die Geschäftsordnung des Reichstags bestimmte im § 100 ausdrücklich: „Stimmenthaltungen und ungültige Stimmen zählen mit bei Feststellung der Beschlußfähigkeit, nicht aber bei Berechnung der Mehrheit". Da die gleiche Regelung auch im Preußischen Landtag galt (GeschO § 81 Abs. 1), ist nicht anzunehmen, daß das GG für Beschlüsse des Bundestages die gesteigerte absolute Mehrheit verlangt, dies schon deshalb nicht, weil der Präsident des Bundestages bei den üblichen Abstimmungen mit Gegenprobe nur die beiden Gruppen derer, die die Hand oder sich vom Sitze erhoben haben, miteinander vergleicht und die bei Probe und Gegenprobe Passiven vernachlässigt. Die dem mutmaßlichen Sinn des GG entsprechende Fassung des Art. 42 Abs. 2 Satz 1 wäre also folgende:

> „Zu einem Beschlusse des Bundestages ist die Mehrheit der abgegebenen, auf Ja oder Nein lautenden Stimmen erforderlich, soweit dieses Grundgesetz nichts anderes bestimmt."

b) Wie schon erwähnt, hatten wir zweimal in der deutschen Geschichte eine folgenschwere autoritäre Entlassung des Kanzlers, 1890 die Bismarcks und 1932 die Brünings. Nach dem Bonner Grundgesetz ist sie nicht mehr möglich, schon deshalb nicht, weil der Bundestag bestimmt, wer Bundeskanzler sein soll, nicht der Bundespräsident (Art. 63, 67). Es war ein Fehler der Weimarer Verfassung, daß sie autoritäre Kanzlerentlassungen zuließ. Nach GG Art. 58 bedarf es keiner Gegenzeichnung „für die Ernennung und Entlassung des Bundeskanzlers". Obgleich man vernünftigerweise in dieser Bestimmung keine zusätzliche Ermächtigung zu Kanzlerernennungen und -entlassungen erblicken kann, sondern nur eine Einschränkung des durchgängigen Gegenzeichnungszwanges, ist es doch vielleicht nicht unangebracht, den wahren Sinn der Bestimmung durch folgende Fassung über jeden Zweifel zu stellen:

> „Dies (nämlich: Gegenzeichnungszwang) gilt nicht für die nach dem Grundgesetz zulässige oder gebotene Ernennung oder Entlassung des Bundeskanzlers, ..."

c) Hauptsitz für die Frage der Regierungsbildung ist Art. 63, der hier im vollen Wortlaut wiedergegeben werde:

> „(1) Der Bundeskanzler wird auf Vorschlag des Bundespräsidenten vom Bundestage ohne Aussprache gewählt.
>
> (2) Gewählt ist, wer die Stimmen der Mehrheit der Mitglieder des Bundestages auf sich vereinigt. Der Gewählte ist vom Bundespräsidenten zu ernennen.
>
> (3) Wird der Vorgeschlagene nicht gewählt, so kann der Bundestag binnen vierzehn Tagen nach dem Wahlgange mit mehr als der Hälfte seiner Mitglieder einen Bundeskanzler wählen.
>
> (4) Kommt eine Wahl innerhalb dieser Frist nicht zustande, so findet unverzüglich ein neuer Wahlgang statt, in dem gewählt ist, wer die meisten Stimmen erhält. Vereinigt der Gewählte die Stimmen der Mehrheit der Mitglieder des Bundestages auf sich, so muß der Bundespräsident ihn binnen sieben Tagen nach der Wahl ernennen. Erreicht der Gewählte diese Mehrheit nicht, so hat der Bundespräsident binnen sieben Tagen entweder ihn zu ernennen oder den Bundestag aufzulösen."

In diesem Artikel ist manches nicht eindeutig klar ausgedrückt.

Die Wahl des Bundeskanzlers auf Vorschlag des Bundespräsidenten ist keine gewöhnliche Wahl, sondern die Abstimmung über einen Wahlvorschlag. Es widerspräche der Würde des Bundespräsidenten, wenn trotz dessen Vorschlag frei gewählt würde mit der Wirkung, daß schon beim ersten Wahlgang ein anderer als der Vorgeschlagene als Bundeskanzler aus der Wahl hervorgehen könnte. Vielmehr sind alle nicht für den Vorgeschlagenen abgegebenen Stimmen als Nein-Stimmen zu werten, während die für ihn mit Namensnennung abgegebenen, also nicht auf Ja, sondern auf seinen Namen lautenden Stimmen trotzdem ohne

Bedenken als Ja-Stimmen zu zählen sind, wie dies auch am 15. September 1949 bei der Wahl Dr. Adenauers geschehen ist.

Es fehlt an einer Bestimmung darüber, welche Folge es hat, wenn sich der Bundespräsident nicht zu einem Vorschlag entschließen kann. In einem solchen Falle muß es dem Bundestag freistehen, dem Bundespräsidenten in aller Ehrerbietung eine angemessene Frist zu setzen, nach deren fruchtlosem Ablauf das Kanzler-Bestimmungsrecht in vollem Umfange auf den Bundestag übergeht; denn wenn der Bundestag durch freie Wahl eines neuen Bundeskanzlers sogar den im Amte befindlichen Bundeskanzler stürzen kann (Art. 67), um wieviel mehr den durch Unentschlossenheit des Bundespräsidenten noch nicht einmal zur Benennung gelangenden Kandidaten des Bundespräsidenten. Auch der Gedanke der Verwirkung einer Befugnis durch deren Nicht-Ausübung, trotz vorhandener Pflicht zu ihrer Ausübung, spielt hier herein.

Die Wahlhandlungen, die dem mißglückten ersten Wahlgang folgen, sind kein einzelner Wahlgang, sondern unter Umständen eine Gruppe von Wahlgängen, die innerhalb der Vierzehn-Tage-Frist so lange wiederholt werden können, bis die volle absolute Mehrheit erreicht ist.

Es ist eine Nachlässigkeit des GG, daß es die Verpflichtung des Bundespräsidenten zur Ernennung des mit voller absoluter Mehrheit Gewählten nur für die nach fruchtlosem Ablauf der Vierzehn-Tage-Frist angesetzte Wahl mit sieben Tagen befristet. Vielmehr muß der Bundespräsident sinngemäß auch bei den sonstigen mit voller absoluter Mehrheit geglückten Wahlen die Ernennung binnen sieben Tagen aussprechen, ein Umkehrschluß aus Art. 63 Abs. 4, etwa mit der Begründung, nun dauere die Krise schon reichlich lange und es müsse deshalb endlich Schluß mit der Unsicherheit gemacht werden, wäre verfehlt. Wenn der Bundestag einmal mit voller absoluter Mehrheit gesprochen hat, hat der Bundespräsident nicht mehr das Recht, den alten geschäftsführenden Bundeskanzler länger als eine Woche zu halten. Das GG hält sich seinem ganzen Geiste nach frei von solchen autoritären Gedankengängen.

Wenn sich beim letzten Wahlgang nach Art. 63 Abs. 4 Stimmengleichheit herausstellt, ist das Gegebene, daß das Los entscheidet. Augenscheinlich soll in diesem dritten Stadium der Wahlgang wirklich der letzte Wahlgang sein, so daß eine Stichwahl nicht in Frage kommt.

Beim Nicht-Erreichen der vollen absoluten Mehrheit stehen die beiden, am Ende des Art. 63 Abs. 4 vorgesehenen Möglichkeiten: Kanzlerernennung binnen sieben Tagen oder Bundestagsauflösung binnen sieben Tagen, scheinbar gleichberechtigt nebeneinander. In Wirklichkeit ist die Pflicht zur Kanzlerernennung die stärkere von beiden. Sie besteht weiter, auch wenn die sieben Tage einmal verstrichen sein sollten, während eine Bundestagsauflösung nach Ablauf der Sieben-Tage-Frist unmöglich ist; denn die Auflösung des Bundestages, sogar ohne Gegenzeichnung (Art. 58), ist etwas so Außergewöhnliches, daß man die Befugnis hierzu nicht über den Wortlaut des GG hinaus annehmen darf.

Zusammenfassend ist also Art. 63 so zu deuten, als ob er lautete:

„(1) Der Bundeskanzler wird auf Vorschlag des Bundespräsidenten vom Bundestage ohne Aussprache gewählt.

(2) Gewählt ist der Vorgeschlagene, wenn er die Stimmen der Mehrheit der Mitglieder des Bundestages auf sich vereinigt.

(3) Wird der Vorgeschlagene nicht gewählt oder macht der Bundespräsident keinen Vorschlag innerhalb einer ihm vom Bundestag genannten angemessenen Frist, so kann der Bundestag binnen vierzehn Tagen in einem oder in mehreren Wahlgängen einen Bundeskanzler wählen. Die Wahl ist zustande gekommen, wenn der Gewählte die Stimmen der Mehrheit der Mitglieder des Bundestages auf sich vereinigt.

(3a) Der nach Abs. 2 oder 3 Gewählte ist vom Bundespräsidenten binnen sieben Tagen nach der Wahl zu ernennen.

(4) Kommt eine Wahl nach Abs. 3 nicht zustande, so findet unverzüglich ein neuer Wahlgang statt, in dem gewählt ist, wer die meisten Stimmen erhält; bei Stimmengleichheit entscheidet das vom Präsidenten des Bundestages zu ziehende Los. Vereinigt der Gewählte die Stimmen der Mehrheit der Mitglieder des Bundestages auf sich, so muß der Bundespräsident ihn binnen sieben Tagen nach der Wahl ernennen. Erreicht der Gewählte diese Mehrheit nicht, so hat ihn der Bundespräsident binnen sieben Tagen nach der Wahl zu ernennen; statt dessen kann er innerhalb dieser Frist den Bundestag auflösen."

d) Art. 64 (1) bestimmt:

„Die Bundesminister werden auf Vorschlag des Bundeskanzlers vom Bundespräsidenten ernannt und entlassen."

Es sollte keinem Zweifel begegnen, daß der Bundespräsident hierbei an den Vorschlag des Bundeskanzlers gebunden ist. Denn wenn nach Art. 63 Abs. 3 und 4 dem Bundespräsidenten sogar der Bundeskanzler aufgezwungen werden kann, dann kann es dem Bundespräsidenten nicht gestattet sein, die Regierungsbildung auf dem Umweg über die Bundesminister unmöglich zu machen oder zu erschweren. Dazu ist der Bundeskanzler zu sehr nach dem Vorbild des britischen Premierministers geschaffen.

Die abweichende Ansicht von Giese ist daher nicht zu billigen[1]). Wohl kann sich der Bundespräsident für seinen Entschluß, wen er als Bundeskanzler vorschlagen will, über die Kabinettspläne des Vorzuschlagenden zu unterrichten suchen. Aber der künftige Bundeskanzler braucht dahin gehende Fragen weder zu beantworten noch ist er an die von ihm etwa dem Bundespräsidenten in Aussicht gestellte Ministerliste gebunden. Art. 64 Abs. 1 sollte also lauten:

„Die Bundesminister werden auf verbindlichen Vorschlag des Bundeskanzlers vom Bundespräsidenten ernannt und entlassen.“

e) Beim „konstruktiven Mißtrauensvotum“ nach Art. 67 (1) fehlt, wie bei den Kanzlerwahlen nach Art. 63 Abs. 2 und 3, die Setzung einer Frist, binnen welcher der alte Kanzler zu entlassen und der neue zu ernennen ist. Art. 67 (1) sollte daher in folgender Form zur Anwendung kommen:

„Der Bundestag kann dem Bundeskanzler das Mißtrauen nur dadurch aussprechen, daß er mit der Mehrheit seiner Mitglieder einen Nachfolger wählt und den Bundespräsidenten ersucht, den Bundeskanzler zu entlassen. Der Bundespräsident muß dem Ersuchen binnen sieben Tagen entsprechen und gleichzeitig den Gewählten ernennen.“

f) Art. 68 (1) mit seiner Regelung der Vertrauensfrage bedarf einiger erläuternder Ergänzungen. Er lautet im GG:

„(1) Findet ein Antrag des Bundeskanzlers, ihm das Vertrauen auszusprechen, nicht die Zustimmung der Mehrheit der Mitglieder des Bundestages, so kann der Bundespräsident auf Vorschlag des Bundeskanzlers binnen einundzwanzig Tagen den Bundestag auflösen. Das Recht zur Auflösung erlischt, sobald der Bundestag mit der Mehrheit seiner Mitglieder einen anderen Bundeskanzler wählt.“

Im Gegensatze zu Art. 81 (2), wo das passive Verhalten des Bundestages innerhalb einer Vier-Wochen-Frist der Ablehnung eines Regierungsantrages gleichgesetzt wird, fehlt es hier an einer Regelung des passiven Verhaltens. Es ist aber klar, daß sich auch hier der Bundestag innerhalb einer angemessenen Frist, die am besten geschäftsordnungsmäßig festgelegt wird, äußern muß.

Satz 2 verlangt, um den Bundestag der Auflösung zu entziehen, die Wahl eines anderen Bundeskanzlers. Der „andere“ Bundeskanzler kann aber vernünftigerweise auch der bisherige Minderheitskanzler sein, wenn er mit der vollen absoluten Mehrheit Mehrheitskanzler geworden oder wieder geworden ist.

Mitten in die Kanzlerwahl kann das Auflösungsdekret nicht hineinplatzen. Dazu ist das unwürdige Schauspiel zwischen von Papen und Göring bei der Reichstagsauflösung vom 12. 9. 1932 noch in zu schlimmer Erinnerung. Wenn sich der Bundestag

[1]) Vgl. meinen Aufsatz „Die Ernennung der Bundesminister“ im „Mannheimer Morgen“ vom 20. 9. 1949.

einmal angeschickt hat, einen neuen Bundeskanzler zu wählen oder dem alten das Vertrauen nachträglich auszusprechen, dann wäre es nicht fair, ihn durch Auflösung daran zu hindern. Die an sich schon eigenartige Bestimmung, die ein Wettrennen zwischen Auflösung und Kanzlerwahl zuläßt, darf nicht zur Groteske werden. Mit dem Wortlaut vereinbar ist aber diese Auffassung vermöge der Form des Präsens („sobald ... wählt"), womit die ganze Wahlhandlung, auch noch vor ihrem Abschluß, gemeint sein kann. Jenem Wettrennen kann der Bundestag übrigens dadurch entgehen, daß er vor der Abstimmung über die Vertrauensfrage den Bundeskanzler gemäß Art. 67 stürzt.

Noch eine wichtige Frage taucht bei der Auslegung des Art. 68 auf. Wer an englische Parlamentsbräuche denkt[2]), könnte die Bestimmung des Art. 81 (1) Satz 2 — Möglichkeit der Erklärung des Gesetzgebungsnotstandes, wenn eine Gesetzesvorlage abgelehnt worden ist, obwohl der Bundeskanzler mit ihr die Stellung der Vertrauensfrage verbunden hatte — auf Art. 68 zurückbeziehen und behaupten, die Ablehnung der Gesetzesvorlage unter diesen Umständen komme notwendig der Versagung des Vertrauens gleich. Dies wäre aber eine gewagte Auslegung. Es ist gut möglich, daß eine Koalition — z. B. CDU und FDP — treu zum Bundeskanzler steht und auch die Vertrauensfrage mit der vollen absoluten Mehrheit bejaht, aber bei der Beurteilung eines bestimmten Gesetzes, etwa über die Einführung der reinen Mehrheitswahl, nicht zusammenhält. Um in einem solchen Falle den Bundestag für auflösbar zu erklären oder die Voraussetzungen des Gesetzgebungsnotstandes für gegeben anzusehen, hätte es ganz klarer Bestimmungen bedurft, die aber im GG fehlen.

Berücksichtigt man dies alles, so müßte Art. 68 (1) folgendermaßen lauten:

> „(1) Findet ein Antrag des Bundeskanzlers, ihm das Vertrauen auszusprechen, nicht innerhalb einer angemessenen, durch die Geschäftsordnung des Bundestages bestimmbaren Frist die Zustimmung der Mehrheit der Mitglieder des Bundestages, so kann der Bundespräsident auf Vorschlag des Bundeskanzlers binnen 21 Tagen den Bundestag auflösen. Das Recht zur Auflösung erlischt, sobald der Bundestag mit der Mehrheit seiner Mitglieder einen anderen Bundeskanzler wählt oder dem gegenwärtigen Bundeskanzler nachträglich das Vertrauen ausspricht; die Auflösung kann nicht während der Wahlhandlung oder der Abstimmung ausgesprochen werden. Dem Bundestag bleibt es unbenommen, vor der Abstimmung über die Vertrauensfrage die Entlassung des Bundeskanzlers nach Art. 67 zu verlangen."

[2]) Vgl. Hatschek, Englisches Staatsrecht II, 1906, S. 82.

g) Gewisse Schwierigkeiten bereitet dann Art. 69 mit seinem 2. und 3. Absatz, die lauten:

„(2) Das Amt des Bundeskanzlers oder eines Bundesministers endigt in jedem Falle mit dem Zusammentritt eines neuen Bundestages, das Amt eines Bundesministers auch mit jeder anderen Erledigung des Amtes des Bundeskanzlers.

(3) Auf Ersuchen des Bundespräsidenten ist der Bundeskanzler, auf Ersuchen des Bundeskanzlers oder des Bundespräsidenten ein Bundesminister verpflichtet, die Geschäfte bis zur Ernennung seines Nachfolgers weiterzuführen."

Wann ist das Amt des Bundeskanzlers, außer bei seinem Tode und beim Zusammentritt eines neuen Bundestages, erledigt? Der wichtigste Fall wird der seines Rücktritts sein. Daraus, daß der Bundespräsident es war, der den Bundeskanzler ernannt hat, muß man schließen, daß der Rücktritt jenem gegenüber zu erklären ist. Ist er aber einmal ausgesprochen, dann ist er auch voll wirksam. Eine Erklärung des Bundespräsidenten, er nehme den Rücktritt nicht an, gibt es nicht. Das einzige, was der Bundespräsident tun kann, ist, den zurücktretenden Bundeskanzler zu ersuchen, die Geschäfte bis zur Ernennung seines Nachfolgers weiterzuführen. Damit wird aber die „Amtszeit" des Bundeskanzlers im Sinne der Vorschriften über den Gesetzgebungsnotstand (Art. 81 Abs. 3) nicht fortgesetzt, diese endet vielmehr unwiderruflich mit dem Rücktritt des Kanzlers.

Sodann bedarf die Befugnis des Bundespräsidenten, einen Bundesminister um Weiterführung seiner Geschäfte zu ersuchen, einer einengenden Auslegung. Der Bundespräsident darf dies nicht über den Kopf des Bundeskanzlers hinweg tun, sondern nur dann, wenn kein Bundeskanzler vorhanden ist; denn sonst würden dem Bundespräsidenten in diesem Falle im Verhältnis zum Bundeskanzler Befugnisse zustehen, die ihm nach früher, unter d, Gesagtem bei Ernennung der Bundesminister versagt sind.

Die beiden Absätze des Art. 69 hätten also zu lauten:

„(2) Das Amt des Bundeskanzlers oder eines Bundesministers endigt in jedem Falle mit dem Zusammentritt eines neuen Bundestages, das Amt eines Bundesministers auch mit jeder anderen Erledigung des Amtes des Bundeskanzlers, insbesondere mit dessen dem Bundespräsidenten gegenüber erklärtem Rücktritt.

(3) Auf Ersuchen des Bundespräsidenten ist der Bundeskanzler, auf Ersuchen des Bundeskanzlers oder, falls dieser fehlt, auf Ersuchen des Bundespräsidenten ein Bundesminister verpflichtet, die Geschäfte bis zur Ernennung seines Nachfolgers weiterzuführen."

h) In den neuartigen Bestimmungen über den Gesetzgebungsnotstand ist einiges erläuterungsbedürftig. Der wohl durchdachte Art. 81 hat folgenden Wortlaut:

„(1) Wird im Falle des Artikels 68 der Bundestag nicht aufgelöst, so kann der Bundespräsident auf Antrag der Bundesregierung mit Zustimmung des Bundesrates für eine Gesetzesvorlage den Gesetzgebungsnotstand erklären, wenn der Bundestag sie ablehnt, obwohl die Bundesregierung sie als dringlich bezeichnet hat. Das Gleiche gilt, wenn eine Gesetzesvorlage abgelehnt worden ist, obwohl der Bundeskanzler mit ihr den Antrag des Artikel 68 verbunden hatte.

(2) Lehnt der Bundestag die Gesetzesvorlage nach Erklärung des Gesetzgebungsnotstandes erneut ab oder nimmt er sie in einer für die Bundesregierung als unannehmbar bezeichneten Fassung an, so gilt das Gesetz als zustande gekommen, soweit der Bundesrat ihm zustimmt. Das Gleiche gilt, wenn die Vorlage vom Bundestage nicht innerhalb von vier Wochen nach der erneuten Einbringung verabschiedet wird.

(3) Während der Amtszeit eines Bundeskanzlers kann auch jede andere vom Bundestage abgelehnte Gesetzesvorlage innerhalb einer Frist von sechs Monaten nach der ersten Erklärung des Gesetzgebungsnotstandes gemäß Abs. 1 und 2 verabschiedet werden. Nach Ablauf der Frist ist während der Amtszeit des gleichen Bundeskanzlers eine weitere Erklärung des Gesetzgebungsnotstandes unzulässig.

(4) Das Grundgesetz darf durch ein Gesetz, das nach Abs. 2 zustande kommt, weder geändert noch ganz oder teilweise außer Kraft oder außer Anwendung gesetzt werden."

Am meisten Schwierigkeiten bereitet der erst gegen Schluß der Verfassungsberatungen eingefügte zweite Satz des ersten Absatzes. Daß er nicht die Tragweite einer Ergänzung des Art. 68 in dem Sinne haben kann, daß die Ablehnung der mit der Vertrauensfrage verkoppelten Gesetzesvorlage einer Verneinung der Vertrauensfrage gleichkommt, wurde schon oben, unter f dargetan. Vielmehr hat Satz 2 nur die Bedeutung, daß in der hier angegebenen Form die vielleicht zum Gesetzgebungsnotstand führende Gesetzesvorlage bereits bei Stellung der Vertrauensfrage eingebracht werden kann, während die Bundesregierung sonst mit der Einbringung einer solchen privilegierten Vorlage oder doch mit deren Dringlichkeitserklärung warten muß, bis die Vertrauensfrage verneint worden ist.

Hier, wie bei Beantwortung der Vertrauensfrage (oben unter f), ist dem Bundestag nicht gestattet, die erste Beschlußfassung über die Gesetzesvorlage ungebührlich zu verzögern. Der Gedanke des Abs. 2 Satz 2 mit der Deutung des Schweigens als erneuter Ablehnung hat schon für die erste Beschlußfassung Gültigkeit.

Das Notgesetzgebungsverfahren kann sich Wochen und Monate hinziehen. Während dieser Zeit kann ein Kanzlerwechsel eintreten. Sobald der Bundesrat als „Legalitätsreserve", wie man sich in Bonn auszudrücken pflegte, das Gesetz durch Zustimmung ausfertigungsreif gemacht hat, bleibt der Kanzlerwechsel ohne Einfluß auf das weitere Schicksal des Gesetzes. Ein Kanzlerwechsel vor der Zustimmung des Bundesrats aber entzieht dem Notgesetzgebungsverfahren seine wesentliche Voraussetzung und macht die bundesrätliche Zustimmung unzulässig.

Nicht, „soweit" der Bundesrat zustimmt, kommt das Notgesetz zustande, sondern „sobald" er zustimmt, wie es auch in den Entwürfen hieß. Bis zum Beweise des Gegenteils, für dessen etwaige Führung es Verf. z. Zt. an den nötigen Unterlagen fehlt[3]), muß man die Vertauschung des „sobald" durch ein „soweit" als einen sinnwidrigen Redaktionsfehler bezeichnen. Die Bundesregierung kann unmöglich an eine Gesetzesvorlage gebunden sein, die der Bundesrat teilweise angenommen, teilweise abgelehnt hat. Zumindest müßte es ihr in einem solchen Falle gestattet sein, die Vorlage zurückzuziehen.

Die Sechs-Monate-Frist für die Erklärbarkeit des Gesetzgebungsnotstandes kann sich nur auf diese Erklärung, nicht auf die Abwickelung der Notgesetzgebung beziehen. Dies ergibt sich aus Art. 81 Abs. 3 Satz 2, während Satz 1 Erklärung des Gesetzgebungsnotstandes und Abwickelung der Notgesetzgebung durcheinander mengt. Auch ohne Kanzlerwechsel findet aber die Erklärbarkeit des Gesetzgebungsnotstandes ihr Ende, wenn der Minderheitskanzler durch nachträgliches, mit voller absoluter Mehrheit beschlossenes Vertrauensvotum zum Mehrheitskanzler geworden ist; denn die Notgesetzgebung ist nur als Waffe für den Minderheitskanzler gedacht.

Es ist endlich vielleicht nicht unwichtig, hervorzuheben, daß die im Art. 81 genannte Ablehnung einer Gesetzesvorlage durch den Bundestag nur die normale Ablehnung sein kann. Hat der Bundesrat Einspruch gegen einen Gesetzesbeschluß des Bundestages eingelegt und gelingt diesem nicht dessen Überwindung nach Art. 77 (4), so darf dies Versagen des Bundestages nicht als Ablehnung der Gesetzesvorlage gedeutet werden.

Zur Erläuterung alles vorstehend Gesagten diene also folgende Fassung des Art. 81:

„(1) Wird im Falle des Art. 68 der Bundestag nicht aufgelöst, so kann der Bundespräsident auf Antrag der Bundesregierung mit Zustimmung des Bundesrates für eine Gesetzesvorlage den Gesetzgebungsnotstand erklären, wenn der Bundestag sie ablehnt oder nicht innerhalb einer angemessenen, durch die Geschäftsordnung des Bundestages bestimmbaren Frist annimmt, obwohl die Bundesregierung sie, nach Verneinung der Vertrauensfrage gemäß Art. 68, als dringlich bezeichnet hat oder obwohl der Bundeskanzler mit ihrer Einbringung die Stellung der Vertrauensfrage verbunden hatte.

---

3) Das Wort „soweit" begegnet erstmalig, ohne Erläuterung, in der Drucksache Nr. 840 vom 5. 5. 1949 (Kurzprotokoll der 57. Sitzung des Hauptausschusses des Parlamentarischen Rates vom gleichen Tage, S. 42f. und Anlage 4, verglichen mit dem Kurzprotokoll der 50. Sitzung vom 10. 2. 1949, S. 7f.).

(2) Lehnt der Bundestag die Gesetzesvorlage nach Erklärung des Gesetzgebungsnotstandes erneut ab oder nimmt er sie in einer für die Bundesregierung als unannehmbar bezeichneten Fassung an, so gilt das Gesetz als zustande gekommen, sobald ihm während der Amtszeit des gleichen Bundeskanzlers der Bundesrat zustimmt. Das gleiche gilt, wenn die Vorlage vom Bundestage nicht innerhalb von vier Wochen nach der erneuten Einbringung verabschiedet wird.

(3) Während der Amtszeit des gleichen Bundeskanzlers kann der Bundespräsident nach Maßgabe des Abs. 1 innerhalb einer Frist von sechs Monaten nach der ersten Erklärung des Gesetzgebungsnotstandes auch für jede andere vom Bundestage abgelehnte Gesetzesvorlage den Gesetzgebungsnotstand erklären mit der Wirkung, daß die Vorlage gemäß Abs. 2 verabschiedet werden kann. Nach Ablauf der Frist ist während der Amtszeit des gleichen Bundeskanzlers eine weitere Erklärung des Gesetzgebungsnotstandes unzulässig. Schon vorher ist sie unzulässig, wenn der Bundestag mit den Stimmen der Mehrheit seiner Mitglieder dem Kanzler nachträglich das Vertrauen ausspricht.

(3a) Die für den Bundestag eintretende Unmöglichkeit, einen vom Bundesrat gegen einen Gesetzesbeschluß eingelegten Einspruch nach Art. 77 (4) zu überstimmen, gilt nicht als Ablehnung der Gesetzesvorlage im Sinne von Abs. 1 und 2.

(4) (Bleibt unverändert)."

9. Nach dieser Bereinigung der Vorschriften des Grundgesetzes wird der Blick frei für eine Vergleichung der Befugnisse des Bundespräsidenten mit denen des früheren Reichspräsidenten. Sicher hat der Bundespräsident lange nicht die gleichen Machtbefugnisse wie der Reichspräsident. Der Reichspräsident ernannte den Reichskanzler frei; der Bundespräsident ist, jedenfalls bei Erzielung der vollen absoluten Mehrheit im Bundestag, an die Wahl des Bundeskanzlers durch den Bundestag gebunden. Der Reichspräsident konnte den Reichstag jederzeit auflösen, allerdings nur mit Gegenzeichnung des Reichskanzlers, den er aber ad hoc ernennen konnte. Der Bundespräsident kann den Bundestag nur in ganz bestimmten Fällen auflösen. Dem Reichspräsidenten stand die Diktaturgewalt nach Art. 48 der Weimarer Verfassung zu. Eine so weitgehende Diktaturgewalt kennt das Bonner Grundgesetz überhaupt nicht. Die in Krisenzeiten erforderlichen Notgesetze kommen nur durch Zusammenwirken des Bundespräsidenten, der Bundesregierung und des Bundesrates zustande. Eine Verfassungssuspendierung oder eine Verfassungsdurchbrechung, wie nach Art. 48 der Weimarer Verfassung, kennt das Grundgesetz nicht. Insbesondere kennt es auch nicht die Verschiebung von Zuständig-

keiten zur Gesetzgebung in Krisenzeiten zugunsten des Bundes, geschweige denn des Bundespräsidenten.

Trotzdem darf man die Stellung des Bundespräsidenten nicht zu gering achten und ihm nicht nur repräsentativen Charakter zubilligen. Schon die völkerrechtliche Vertretung des Bundes durch ihn nach Art. 59 und seine Befugnis zur Ernennung der Bundesrichter und der Bundesbeamten ist von Wichtigkeit. Vor allem aber kann er in Zeiten einer Kabinettskrise sehr aktiv eingreifen. Er allein, ohne Gegenzeichnung, entscheidet über die Auflösung des Bundestages, wenn es diesem nicht gelingt, einen Bundeskanzler mit voller absoluter Mehrheit zu wählen, und zwar kann der Bundespräsident die Auflösung so lange wiederholen, bis er einen Bundestag vor sich hat, der mit voller absoluter Mehrheit einen Bundeskanzler präsentiert. Auch die Betrauung des zurückgetretenen Bundeskanzlers mit der Fortführung der Geschäfte nach Art. 69 (3) ist nicht zu unterschätzen. Dies bedeutet, daß der Bundespräsident die Person des Bundeskanzlers für eine geraume Zeit bestimmen kann, wenn nämlich dem Bundestag eine mit voller absoluter Mehrheit zustande gekommene Bundeskanzlerwahl nicht glückt. Endlich ist zu beachten, daß dem Bundespräsidenten zwar keine Diktaturbefugnisse zustehen wie früher dem Reichspräsidenten, daß er aber Diktaturgelüsten des Bundeskanzlers entgegentreten kann, da es von ihm abhängig ist, ob er, bei Verneinung der Vertrauensfrage für den Bundeskanzler nach Art. 68, den Bundestag auflösen will oder nicht, und da auch der Gesetzgebungsnotstand nach Art. 81 nicht ohne seine Zustimmung erklärt werden kann.

10. Es würde zu weit führen, wenn dieser, hauptsächlich der Dogmatik des Bundesrechts gewidmete Bericht auch noch auf die Dynamik der grundgesetzlichen Bestimmungen über Kabinettsfrage und Gesetzgebungsnotstand eingehen würde. Auch ist es schwer, heute bereits zu sagen, wie sich die Bestimmungen im politischen Leben auswirken werden. So ahnte ja auch im Jahre 1919 kaum jemand, zu welcher Bedeutung der Art. 48 der Weimarer Reichsverfassung gelangen würde. Immerhin sei schon heute auf die Erscheinung des Verfassungsmißbrauches hingewiesen. Die Notgesetze des Art. 81 sind „Gesetze" im Sinne der Bestimmungen des Grundgesetzes. Sie nehmen daher teil an den Vorschriften des Art. 100 über das richterliche Prüfungsrecht. Diese richterliche Prüfung hat sich aber auch auf Verfassungsmißbrauch zu erstrecken; ein solcher liegt z. B. vor, wenn durch unlauteres Zusammenspiel von Bundesregierung und Bundestagsfraktion die Voraussetzungen des Gesetzgebungsnotstandes künstlich geschaffen werden, obgleich sie in Wahrheit gar nicht vorhanden sind. Eine größere Anzahl von Abgeordneten der eigenen Fraktion des Bundeskanzlers stimmt z. B. bei der Ab-

stimmung über die Vertrauensfrage gegen den Kanzler nur zu dem Zweck, um ihm die Notgesetzgebung zu ermöglichen. Oder der Bundeskanzler tritt gegen Ende der Sechs-Monate-Frist nur zu dem Zwecke zurück, um durch Wiederwahl und Wiederernennung eine neue „Amtszeit" mit ihren Möglichkeiten zur Notgesetzgebung zu beginnen. Solche Verfassungsverbiegungen dürfte das Bundesverfassungsgericht, wenn sie klar erwiesen sind, nicht hingehen lassen.

11. Wenn wir rückblickend betrachten, was zu unserem Vortragsgegenstand zu sagen war, so waren die Ausführungen, wie nicht anders beabsichtigt, vor allem der Klärung staatsrechtlicher Zweifelsfragen gewidmet, die bei der Handhabung des Grundgesetzes auftauchen können. Aber auch das Allgemeine, das man mit Recht bei einem wissenschaftlichen Vortrag über staatsrechtliche Fragen erwartet, dürfte nicht zu kurz gekommen sein. Das Allgemeine ist einmal in einer Kritik der Bonner Verfassungsberatungen zu sehen. So hoch wir die aufopfernde Tätigkeit der Bonner Herren einschätzen, so ist es doch klar, daß manche Zweifelsfrage ihre einwandfreie Lösung im Grundgesetz gefunden hätte, wenn sich der Parlamentarische Rat nicht so sehr von der Öffentlichkeit abgekapselt hätte, wie es tatsächlich geschehen ist. Wir sind überzeugt, daß die Juristischen Fakultäten gerne ihr Scherflein zum Gelingen des wichtigen Werkes beigetragen hätten, wenn sie gefragt worden wären. Zu dem Allgemeinen glaube ich auch die Anregung rechnen zu dürfen, Gesetzeskritik nicht durch absprechende Ausführungen, sondern durch verbessernde Gesetzesformulierungen zu üben. Dies führt zu einer weiteren Anregung allgemeinerer Art, nämlich der, die Kunst der Gesetzgebung schon auf den Universitäten in besonderen seminaristischen Übungen zu pflegen. Kein Meister fällt vom Himmel. Wer aber später in die Lage kommt, als Oberregierungsrat oder Ministerialrat in einem Ministerium Gesetze zu formulieren, der wird dankbar sein, wenn er sich an das erinnert, was ihm bereits die Universität mit auf den Weg gegeben hat. Aus persönlicher Erfahrung weiß ich, daß sich die Studenten solchen gesetzgeberischen Aufgaben besonders gerne widmen. Ein viertes Allgemeines wären die Ausführungen zur Abstimmungslehre, die ja noch völlig im Argen liegt. Die Vorschläge, die ich zu Art. 42 der Bundesverfassung zu machen hatte, deuten an, daß wir sogar in der Bezeichnung der verschiedenen Mehrheiten noch ohne Zucht und Ordnung sind. Endlich dürften die letzten Bemerkungen über den Verfassungsmißbrauch zum Ertrag unserer Betrachtungen für allgemeinere Erkenntnisse zu rechnen sein. Auch dies wäre der würdige Gegenstand einer künftigen Tagung unserer Vereinigung. Dies sind keine fertigen Ergebnisse, aber wie sonst, so gilt auch hier der Satz: daß Suchen im Werte über dem Erkennen steht.

Leitsätze des Berichterstatters über Kabinettsfrage und Gesetzgebungsnotstand nach dem Bonner Grundgesetz

1. Eine wichtige Aufgabe der Staatsrechtswissenschaft von heute ist es, das Bonner Grundgesetz in seinen krisenanfälligen Bestimmungen bis zur größtmöglichen Klarheit zu einer Zeit auszulegen, da noch alle politischen Möglichkeiten im Schoße der Zukunft liegen.

2. Da wir vorläufig nicht hoffen können, daß sich das parlamentarische Leben bei uns von selbst so naturgewachsen gestalten werde wie kraft alter Überlieferung in England, hat man sich in Bonn mit Recht die größte Mühe gegeben, einen guten Mittelweg zwischen Kabinettskrise, Gesetzgebungsohnmacht und Diktatur zu finden.

3. Die Bonner Regelung ist im ganzen gut durchdacht und wohlgelungen, aber in den Einzelheiten, auf die es auch ankommt, nicht überall sorgfältig und eindeutig klar.

4. Im Hintergrund der Bonner Regelung stehen die Nöte der Weimarer Zeit. Aus ihnen heraus sind die Bonner Vorschriften zu verstehen und zu deuten.

5. Auf alle Fälle hat das Grundgesetz zwei Quellen politischer Unzuträglichkeiten verstopft: die autoritäre Entlassung des Kanzlers und das rein negative und darum unfruchtbare Mißtrauensvotum.

6. Ob die Einführung des englischen Wahlsystems bei uns zu klaren Parlamentsmehrheiten und damit zum glatten Funktionieren von Regierungsbildung und Gesetzgebung führen würde, läßt sich bezweifeln. Die verfassungsrechtliche Frage, bis zu welchen äußersten Grenzen das künftige Wahlgesetz gehen darf, um eine Mehrheitsbildung im Bundestag zu begünstigen, bleibe unerörtert.

7. Gegenstand dieses Berichts sollen überhaupt nur die normalen Vorschriften über Regierungsbildung und Notgesetzgebung sein. Außerordentliche Ereignisse, wie Tod oder Geisteskrankheit eines Amtsträgers oder nachträgliche Berichtigung des Ergebnisses der Bundestagswahl, in ihrer Auswirkung auf die hier zu erörternden Fragen bedürften einer besonderen Untersuchung.

8. Die zu erörternden Zweifel bei Auslegung des Grundgesetzes beziehen sich auf Wahl- und Abstimmungsfragen, Fristen und deren Versäumung, Identität und Wechsel, die Befugnisse des Bundespräsidenten, den Gesetzgebungsnotstand in seiner Gesamtheit. Wegen aller Einzelheiten sei auf die Formulierungen im Text unter Ziff. 8 verwiesen, die nicht den Zweck haben, das Grundgesetz zu ändern, sondern nur den, das vom Grundgesetz Gewollte klarzustellen.

9. *Als Nebenerkenntnis ergibt sich die Tatsache, daß der Bundespräsident, trotz seiner Schwächung gegenüber dem Weimarer Reichspräsidenten, noch immer sehr beachtliche Befugnisse hat.*

10. *Die Erkenntnis, daß nichts vor Mißbrauch geschützt ist, gilt auch für die Bestimmungen über den Gesetzgebungsnotstand. Sollte ein solcher Verfassungsmißbrauch einmal vorkommen, z. B. absichtliche Verhinderung des Vertrauensvotums durch die Regierungspartei, so ist äußerstenfalls die Anrufung des Bundesverfassnugsgerichts gegeben.*

Kabinettsfrage und Gesetzgebungsnotstand nach dem Bonner Grundgesetz

2. Mitbericht von Professor Dr. Hans Schneider, Göttingen*).

Jede Staatsform hat ihre organische Schwäche. Der kritische Punkt einer parlamentarischen Demokratie betrifft das Verhältnis von Parlament und Regierung. Das theoretische und praktische Problem liegt — wie ich in Anlehnung an eine Bemerkung von Hugo Preuß[1]) sagen möchte — in der Schwierigkeit, einerseits einen „festen Zusammenhang" zwischen Volksvertretung und Regierung herzustellen und andererseits das Verhältnis zwischen beiden Organen doch „elastisch" zu gestalten.

Einen allgemein gültigen goldenen Schnitt für die Lösung solcher Gegensätzlichkeiten gibt es nicht. Es kann hier, wie überall bei der Verfassungsgestaltung, „immer nur Annäherungswerte"[2]) geben. Die richtige Lösung wird die sein, welche den wesentlichen Bedingungen der gegenwärtigen politischen Einheit adäquat ist, und wird die sein, die zugleich den Aufgaben entspricht, die dem konkreten Staat in der Zukunft gestellt sein werden.

I.

Der Parlamentarische Rat befand sich in einer besonders schwierigen Lage, als er bei seinen Beratungen das Verhältnis Bundesregierung—Bundesparlament festzulegen hatte. Ich brauche diese Schwierigkeiten und die Umstände, auf denen sie beruhten, hier nicht anzugeben. Sie sind ihnen bekannt. Erhöht wurden diese Schwierigkeiten durch die auf der Versammlung lastenden Erfahrungen der Vergangenheit und durch die bedrückende Ungewißheit der staatlichen Zukunft.

Die Stabilität der Regierungen litt bekanntlich in der Weimarer Republik daran, daß es infolge der Parteienzersplitterung nicht zur Bildung von klaren Mehrheitsverhältnissen kam und der

*) Der nachfolgende Abdruck enthält auch die Stellen des sonst unverändert wiedergegebenen Korreferats, die im Hinblick auf die gebotene Zeitbeschränkung nicht mündlich vorgetragen werden konnten. Diese Stellen sind im Text in eckige Klammern [ ] gesetzt worden.

[1]) Bericht und Protokolle des 8. Ausschusses (der Nat.-Vers.) über den Entw. einer Verf. d. D. R. (Berlin 1920) S. 300.

[2]) Abgeordneter Heuß am 9. 9. 1948 im Plenum des Parl. Rats (Stenogr.-Bericht I, S. 42).

Reichstag jedes Kabinett leicht durch ein Mißtrauensvotum stürzen konnte. Wenn es auch tatsächlich nur zu wenigen förmlichen Mißtrauensbeschlüssen gekommen ist, so hat doch schon die bloße Möglichkeit, die Regierung auf solche Weise zum Rücktritt zu nötigen, jedes der zwanzig Kabinette der Weimarer Republik unter Druck gehalten, hat der Wirkungskraft und dem Ansehen der Staatsführung schwer geschadet und schließlich die Regierung in den Schutzbereich des Reichspräsidenten getrieben.

Nun hat es schon damals nicht an Versuchen gefehlt, die Wirkung von Mißtrauensbeschlüssen einzuengen. Ich erinnere an die von Heinrich Herrfahrdt[3]) im Jahre 1927 entwickelte Lehre, daß ein von verschiedenen Parteien aus entgegengesetzten Gründen angenommenes Mißtrauensvotum des Reichstages ganz anders zu werten sei, als der von der Theorie des Parlamentarismus gedachte Normalfall, daß hinter der Mehrheit, die das Mißtrauensvotum erteilt, das neue Kabinett schon zum Regierungsantritt bereitsteht. Nur in diesem Normalfall — so führte Herrfahrdt damals aus — habe die verfassungsmäßige Pflicht des in die Minderheit gedrängten Kabinetts zum alsbaldigen Rücktritt einen Sinn. Auf die Forderung, daß die Regierung das Vertrauen des Reichstages genießen solle, müsse dagegen verzichtet werden, solange ihre Erfüllung an der Uneinigkeit im Reichstag scheitere. Herrfahrdt kam daher zu dem Ergebnis, daß der Anspruch einer Reichstagsmehrheit, das Kabinett aus seiner Mitte zu stellen, bedingt sei durch den Willen und die Fähigkeit dieser Mehrheit, Vertretung des ganzen Volkes zu sein, und weiter, daß der Reichspräsident die Regierung gegenüber einem Mißtrauensvotum so lange im Amt belassen dürfe, bis die Bildung eines neuen regierungsfähigen Kabinetts sichergestellt sei. Die Thesen von Herrfahrdt haben sich damals nicht durchsetzen können, nachdem insbesondere Anschütz sie mit seiner ganzen Autorität als „mit der Verfassung schlechthin in Widerspruch stehend" abgetan hatte[4]).

Ich erinnere auch an die von Carl Schmitt in seiner Verfassungslehre (1928) vorgetragene Ansicht, daß ein Mißtrauensvotum des Reichstages (z. B. von Deutschnationalen und Kommunisten beschlossen) für den Fortbestand einer Regierung dann ohne Konsequenz sei, „wenn die Motive (die zu dem Mehrheitsbeschluß geführt haben) sich offen widersprechen", weil in einem solchen Falle die Verschiedenheit der Motive das notwendige und vernünftige Korrelat eines Mißtrauensbeschlusses, nämlich die Möglichkeit des Vertrauens und einer neuen Regierungsbildung,

3) Die Kabinettsbildung nach der Weimarer Verfassung (1927), insbes. auf S. 50, 52f., 58.

4) Kom. z. RVerf. (3. Bearb. 1930) S. 278/79. Ebenso Glum, Rothenbücher, Thoma, Wolgast (Nachweise bei Thoma, Hb. d. dtsch. StR. I [1930], S. 509 Anm. 16).

ausschließe[5]). Auch diese These hat damals wenig Anklang gefunden. Richard Thoma[6]), der den Mißstand ebenso wie Carl Schmitt sah, glaubte, der Fehler lasse sich nur durch eine Korrektur des Verfassungstextes beseitigen. Er empfahl eine Änderung des Art. 54 WV in der Weise, daß die Entziehung des Vertrauens durch einen einheitlich begründeten Beschluß zu fordern sei. [So blieben die vereinzelten Versuche, dem lähmenden Einfluß nur im Negativen geeinter Mehrheiten durch sinnvolle Interpretation der Verfassungsartikel zu begegnen, damals ohne Erfolg. Man erkannte weithin noch nicht, daß es, wie dies Erich Kaufmann[7]) in einem Vortrage 1931 ausgedrückt hat, „ein Wesensgesetz der parlamentarischen Regierung ist, daß ein nur zur Reprobation fähiges, zur Approbation aber unfähiges Parlament sich selbst ausschaltet." „Ein solches Parlament verletzt" — wie Kaufmann sagte — „die ungeschriebenen, der Niederschrift aber auch nicht bedürftigen, weil wesensmäßigen Grundgesetze seines eigenen Daseins und damit zugleich die auf seinem Funktionieren beruhende Verfassung."]

Auf eine andere Weise suchte schließlich die im Jahre 1929 tagende Konferenz zur Reichsreform die genannten Mängel des parlamentarischen Systems in den Ländern zu beheben. In seinem Abschluß-Gutachten[8]) empfahl der Verfassungsausschuß der Länderkonferenz eine Abschwächung des in Art. 17 WV aufgestellten Prinzips, nach welchem die Landesregierung des Vertrauens der Volksvertretung bedurfte. Vorgeschlagen wurde, die Landesregierungen auf Zeit — und zwar höchstens auf die Dauer einer Wahlperiode des Landtages — bestellen zu lassen. Zum Rücktritt sollte eine Landesregierung nur dann gezwungen sein, wenn ihr das Vertrauen mit besonders qualifizierter Mehrheit entzogen würde. Diese Reformpläne blieben jedoch unerledigt.

Erst die neue bayerische Verfassung vom 2. 12. 1946 hat den Gedanken einer auf Zeit gewählten Regierung aufgegriffen und in abgewandelter Form verwirklicht (Art. 44). [Abgewandelt gegenüber den Vorschlägen von 1930 insofern, als einerseits ein Mißtrauensvotum (selbst wenn mit qualifizierter Mehrheit beschlossen) keinen automatischen Ministersturz auslöst, andererseits der Ministerpräsident schon „zurücktreten muß, wenn die politischen Verhältnisse ein vertrauensvolles Zusammenarbeiten

---

5) Verfassungslehre (1928) S. 345.

6) Hb. d. dtsch. Staatsrechts Bd. I (1930) S. 511, insbes. dort Anm. 20.

7) Zur Problematik des Volkswillens, Heft 17 der Beiträge zum ausl. öffentl. Recht u. Völkerrecht, S. 14.

8) Gutachten des Verfassungsausschusses der Länderkonferenz vom 21. 6. 1930, Berlin 1930. Dazu die „Niederschrift über die Verhandlungen der Unterausschüsse vom 18. und 19. 11. 1929" (Berlin 1930), insbes. S. 66/67. Zu diesen Reformarbeiten vgl. Apelt, Geschichte der Weimarer Verfassung (1946) S. 395f.

zwischen ihm und dem Landtag unmöglich machen"[9])]. Damit hat also jetzt Bayern versucht, das parlamentarische Regierungssystem alten Stils durch eine abgeschwächte Übernahme des schweizerischen Systems der Regierung auf Zeit zu ersetzen.

In der Schweizer Bundesrepublik ist es bekanntlich so, daß das oberste Vollzugsorgan, der Bundesrat, ein aus sieben Mitgliedern bestehendes Kollegium, auf die Dauer von drei Jahren von den beiden Häusern der Bundesversammlung gewählt wird. Einmal im Amt, ist der Bundesrat nicht von einer parlamentarischen Mehrheit in der Bundesversammlung abhängig. Er kann vor dem Ende seiner Amtszeit nicht durch ein Mißtrauensvotum zum Rücktritt gezwungen werden. Es ist auch nur selten vorgekommen, daß ein Mitglied des Bundesrates, dem wesentliche Anträge von der Bundesversammlung abgelehnt wurden, von sich aus den Rücktritt erklärt hat[10]). Der Bundesrat besitzt deswegen große Stabilität, und seine unabhängige Stellung hat sich im Laufe der letzten Jahrzehnte eher verstärkt als abgeschwächt, vor allem freilich durch die außerordentlichen Verhältnisse während des Weltkrieges[11]).

Ebenso wie der bayerische Verfassungsgeber haben sich auch die anderen westdeutschen Verfassungsschöpfer im Jahre 1946 die Frage vorgelegt, auf welche Weise man einer parlamentarischen Regierung größere Festigkeit verleihen könne, ohne ganz auf die Möglichkeit einer laufenden parlamentarischen Kontrolle zu verzichten. Man hat zu diesem Zweck allenthalben besonders strenge Voraussetzungen für die Durchführung von Abstimmungen über Mißtrauensanträge gestellt. Man fordert z. B., daß ein Mißtrauensantrag von mindestens einem bestimmten Teil der gesetzlichen Zahl der Abgeordneten eingebracht werden muß[12]), daß er rechtzeitig allen Beteiligten anzukündigen ist[13]). Man verlangt, daß für die Beschlußfassung bestimmte Mindest- und Höchstfristen eingehalten werden[14]). Man gebietet namentliche Ab-

9) Diese Klausel geht auf einen Vermittlungsvorschlag von Nawiasky zurück (vgl. den Kommentar von Nawiasky-Leusser S. 121). Die Formulierung läßt — wenn sie mehr sein soll als eine beruhigende Floskel — die verschiedensten Auslegungen zu. Sie kann bei unklaren Mehrheitsverhältnissen den politischen Parteien eine Handhabe dazu bieten, die Regierung noch stärker unter Druck zu setzen, als dies sonst durch die Drohung mit einem förmlichen Mißtrauensvotum geschehen könnte.

10) Nachweise bei Giacometti-Fleiner, Schweiz. Bundesstaatsrecht (1949) S. 574.

11) Dazu Giacometti-Fleiner a. a. O. S. 576.

12) Hess. Verf. Art. 114 II (ein Sechstel!), Brem. Verf. Art. 110 II (ein Viertel!).

13) Brem. Verf. Art. 110 II.

14) Hess. Verf. Art. 114 (frühestens am zweiten Tage nach Schluß der Aussprache und spätestens am zehnten Tage, nachdem der Mißtrauensantrag eingebracht ist), Rheinland-Pfalz Verf. Art. 99 III, Bad. Verf. Art. 80 (frühestens 24 Stunden nach Einbringung des Antrages).

stimmung[15]). In allen Fällen ist eine besondere Mehrheit für den Mißtrauensbeschluß notwendig, nämlich stets mindestens die Mehrheit der gesetzlichen Mitgliederzahl.

Das alles bietet nichts Bemerkenswertes. Es sind dies kleine Korrekturen des Herkömmlichen, die darauf abzielen, Überraschungsmanöver zu verhüten. Die Erschwernisse schützen ebenso die Regierung, wie sie den politischen Parteien zustatten kommen, denn beide Teile können sich für die Entscheidung vorbereiten.

Verbesserungen solcher Art finden sich übrigens in ganz ähnlicher Form in der neuen französischen Verfassung[16]) und in der Verfassung der italienischen Republik[17]). Wie die Erfahrung lehrt (Frankreich!), besitzen solche Verfassungsvorschriften keine große Bedeutung, vor allem setzen sie die Gefahr von Regierungskrisen nicht wesentlich herunter.

Die neuen deutschen Landesverfassungen haben aber darüber hinaus noch einen wichtigen Schritt vorwärts getan; sie haben die schon früher erhobene Forderung, daß dem Mißtrauensvotum eines Parlaments auch die Möglichkeit eines positiven Vertrauensbeschlusses entsprechen müsse, aufgegriffen und zum Rechtssatz erhoben. Der Gedanke ist dabei in den einzelnen Landesverfassungen — für Bayern erübrigt sich die Frage — in verschiedener Weise und in geringerer oder größerer Reinheit verwirklicht worden.

Nach der Hess. Verf. (Art. 114 IV) kann der Landtag zwar durch ein bloßes Mißtrauensvotum den Regierungschef zum Rücktritt zwingen, aber wenn das Haus nicht binnen zwölf Tagen einer neuen Regierung das Vertrauen ausspricht, so ist der Landtag aufgelöst. Eine ganz ähnliche Bestimmung sieht die Verfassung von Rheinland-Pfalz vor (Art. 99 III). Abweichend davon muß nach den Verfassungen von Württemberg-Baden (Art. 73), Baden (Art. 80) und Württemberg-Hohenzollern (Art. 51) die Landesregierung auf ein Mißtrauensvotum hin zwar zurücktreten, doch wird der Rücktritt erst wirksam, wenn der Landtag einer neuen Regierung das Vertrauen ausspricht. Diese rechtstechnisch unbeholfene und zu allerlei Zweifelsfragen führende Regelung hat die Verfassung von Bremen verbessert (Art. 110 III), indem sie nicht die Wirksamkeit des Rücktritts der Regierung (des Senats), sondern die Wirksamkeit des Mißtrauensbeschlusses von der erfolgten Wahl eines Nachfolgers abhängig macht. In allen diesen Fällen — die Bremer Konstruktion ausgenommen — führt das bloße Mißtrauensvotum zwar nicht zur Entfernung der bisherigen Regierung aus dem Amt, bewirkt aber doch ihre Rang-

---

15) Hess. Verf. Art. 114, Rheinl.-Pfalz Verf. Art. 99 III.
16) Vgl. Art. 49 und 50 der franz. Verf. von 1946.
17) Vgl. Art. 94 der ital. Verf. von 1947.

minderung. Denn die abgelehnte Regierung bleibt lediglich als eine geschäftsführende im Amt und zwar möglicherweise für einen längeren Zeitraum, nämlich solange, bis das Parlament sich mit Mehrheit zu einem positiven Beschluß zusammengefunden hat.

Dieses Ergebnis ist in seiner Halbheit nicht befriedigend. Gleichwohl wird man die Verbesserung gegenüber der Weimarer Verfassungslage nicht bestreiten können. Von einer praktischen Bewährung kann man freilich heute noch nicht sprechen. Zwar sind bisher in den „konstitutionellen" Ländern der amerikanischen und der französischen Besatzungszone keine ernsthaften, durch die Parlamente bzw. Parteien ausgelösten Regierungskrisen entstanden, aber das Gleiche gilt auch von den Ländern der britischen Besatzungszone, in denen die parlamentarische Regierungsweise nach Weimarer Muster gehandhabt wird und jedenfalls nicht schlechter funktioniert als in den „konstitutionellen" Ländern, ein Beispiel übrigens, an welchem man ersehen kann, daß es Lagen und Perioden gibt, in denen die Existenz oder das Nichtvorhandensein einer Verfassungsurkunde von untergeordneter Bedeutung ist.

II.

Betrachten wir nunmehr, auf welche Weise der Parlamentarische Rat das Verhältnis von Bundesregierung und Bundesparlament geordnet hat. Auch der Parlamentarische Rat hat, als er das Verhältnis von Regierung und Volksvertretung zu gestalten unternahm, seine Bemühungen darauf konzentriert, den verhängnisvollen Einfluß nur im Negativen geeinter Mehrheiten auf die Regierungsführung auszuschalten. Ob das Auftreten von solchen unechten Mehrheiten heute wirklich die entscheidende Gefahr für den Bestand der parlamentarischen Demokratie in Deutschland bildet, mag hier dahingestellt bleiben. Jedenfalls hat dieser Tatbestand den Verfassungsschöpfern von Bonn im Hinblick auf die Entwicklung des deutschen Parteienwesens ständig mahnend und abschreckend vor Augen geschwebt. Um solchen Gefahren zu begegnen, hat daher der Parlamentarische Rat eine Regelung getroffen, die den Gegenstand des folgenden Berichtes bildet. Ich darf dazu vorausschicken, daß Referat und Korreferat unabhängig voneinander entstanden sind. Erstberichterstatter und Mitberichte haben sich weder über den Inhalt ihrer Referate und ihrer Leitsätze verständigt, noch eine stoffliche Aufteilung verabredet. So konnte es nicht ausbleiben, daß der Herr Erstberichterstatter heute Vormittag eine Reihe von Fragen erörtert hat, die ich auch zu diskutieren gedachte. Um Wiederholungen zu vermeiden, will ich versuchen, in meinem Korreferat solche Punkte hervorzuheben, die vielleicht, den Bericht von Herrn Jellinek nach verschiedenen Seiten hin zu ergänzen, geeignet sind.

A. Das Bonner Grundgesetz bietet dem einmal gewählten Bundeskanzler im Verhältnis zu den politischen Parteien eine gewisse Bewegungsfreiheit. Nicht nur, daß allein der Kanzler die Richtlinien der Politik bestimmen soll, sondern vor allem dadurch, daß ihm keine Verpflichtung auferlegt ist, jede Wendung seiner Politik durch ein Vertrauensvotum der Volksvertretung legitimieren zu lassen. Es bleibt ihm vielmehr freigestellt, selbst zu entscheiden, ob, wann und in welcher Form er dem Bundestag die Vertrauensfrage vorlegt[18]). Diese Entscheidung ist ganz in die Hand des Regierungschefs gelegt. Er mag sie treffen ohne Zustimmung, ja selbst gegen den Willen seiner Minister. Das ist theoretisch folgerichtig insofern, als die Vertrauensfrage sich nur auf den Kanzler bezieht, nicht auf das Kabinett als solches. Es gibt also streng genommen nach dem Grundgesetz keine Kabinettsfrage, sondern nur eine Kanzlerfrage. Oder richtiger gesehen: das Grundgesetz verdichtet die Kabinettsfrage von vornherein zur Kanzlerfrage. Ob der Kanzler die Vertrauensfrage auch von der Regierungspartei bzw. von den ihn stützenden Koalitionsparteien stellen lassen kann, gibt der Text des Artikels 68 nicht klar zu erkennen. Die Vorschrift spricht nur von den Folgen, die die Ablehnung einer vom Bundeskanzler ausgehenden Vertrauensfrage hat. Aber die ganze Regelung zielt darauf ab, die verfassungsrechtliche Initiative bezüglich der Vertrauensfrage ausschließlich dem Regierungschef vorzubehalten.

Findet der Antrag des Kanzlers, ihm das Vertrauen auszusprechen, nicht die Zustimmung des Parlaments, so begründet selbst diese Niederlage keine verfassungsrechtliche Verpflichtung zum Rücktritt. Vielmehr erschließt sie dem Kanzler sogar Möglichkeiten, die ihm sonst nicht offenstehen, nämlich: sie gewährt ihm die Möglichkeit, beim Bundespräsidenten die Parlamentsauflösung zu beantragen (Art. 68), und sie gibt der Regierung eine Chance, mit Hilfe des Bundesrates die parlamentarische Legislative zu überspielen (Art. 81). So führt die Niederlage verfassungsrechtlich zu einer Stärkung des amtierenden Kanzlers. Es kann deshalb Lagen geben, in denen dem Kanzler bei der Vertrauensfrage eine knappe Niederlage erwünschter ist, als ein schmaler Erfolg.

B. Die Stellung des Kanzlers und der Bestand seiner Regierung sind auch gegen Mißtrauensbeschlüsse des Parlaments verhältnismäßig stark geschützt. Der Bundestag kann dem Bundeskanzler das Mißtrauen nur aussprechen, wenn er zugleich mit der Mehr-

---

[18]) Selbstverständlich bleibt es einer Partei unbenommen, dem Kanzler nahezulegen, die Vertrauensfrage zu stellen; aber selbst eine dahingehende förmliche Aufforderung der Mehrheit des Bundestages hätte nur die Bedeutung einer Einladung.

heit seiner Mitglieder einen neuen Bundeskanzler wählt (Art. 67 I GG).

Diese Bestimmung soll nach den Worten eines Abgeordneten „der eigentliche Kern des neuen Regierungssystems" sein[19]). Sie enthält sozusagen die Patentlösung, das neue Mittel, mit dem man die Gefahr von Regierungsstürzen durch unechte, d. h. nur im Negativen geeinte, Mehrheiten auszuschließen hofft. Über die Notwendigkeit, nur ein von einer echten Mehrheit getragenes Mißtrauensvotum als beachtlich zuzulassen, war sich der Parlamentarische Rat von Anfang an einig. Zweifelhaft und bis zum Schluß der Ausschußberatungen umstritten war lediglich die verfassungstechnische Form und Ausgestaltung dieses Gedankens. Ich sehe davon ab, die wechselvolle Beratungsgeschichte des Art. 68 GG. darzustellen und halte mich an das vorliegende Ergebnis.

Es erweist sich, im Ganzen gesehen, als eine Fortentwicklung der von den Landesverfassungsgebern gewählten Form des konstruktiven Mißtrauensvotums. Verbessert ist die vom GG. gewählte Lösung gegenüber dem Landesverfassungsrecht insofern, als sie den Schwebezustand einer bloß geschäftsführenden, aber doch nicht zum Rücktritt verpflichteten Regierung vermeidet. Sie verkoppelt Mißtrauensvotum und Nachfolgerwahl zu einem Akt. Modifiziert ist die Regelung im Vergleich zu den bisherigen Lösungen in den Ländern, indem nur auf die Person des Kanzlers abgestellt wird. Nur er ist gewählt, nur gegen ihn kann sich ein Mißtrauensvotum richten. Das GG. spitzt also jede Kabinettskrise auf eine Kanzlerkrise zu. Mißtrauensbeschlüsse gegen die Gesamtheit der Regierung sind ebenso ausgeschlossen wie solche gegen einen einzelnen Minister[20]). — Die durch diese Regelung erreichte Stärkung der Position des Bundeskanzlers im Verhältnis zur Volksvertretung ist um so notwendiger, als die Regierung in Zukunft von dem Staatsoberhaupt nicht den politischen Schutz erwarten darf, den der Reichspräsident früher der Reichsregierung bei einer parlamentarischen Krise zu geben vermochte.

C. Welche Auswirkungen kann die Einführung des mit der Nachfolgerwahl verschmolzenen Mißtrauensvotums in der Verfassungspraxis im Einzelnen haben?

1. Das Verbot von einfachen Mißtrauensbeschlüssen schließt zunächst die Zulässigkeit von allgemeinen oder speziellen Tadels-Beschlüssen des Bundestages nicht aus, wobei selbstverständlich

---

[19]) Abg. Katz in der 33. Sitzung des Hauptausschusses vom 8. 1. 1949 (Kurzprotokoll).

[20]) Der Parl. Rat wollte nicht, daß der Bundestag einzelne Minister aus der Regierung „herausschießt" und damit die Geschlossenheit des Kabinetts stört. Vgl. Abg. Dr. Lehr vor dem Plenum am 8. 5. 1949 (Stenogr.-Berichte I S. 202).

solche Entschließungen für die davon Betroffenen keine verfassungsrechtlichen Verpflichtungen zur Demission auslösen. Mit Recht hat der Abgeordnete v. Mangoldt schon vor dem Hauptausschuß des Parlamentarischen Rates darauf hingewiesen, die in Art. 67 getroffene Regelung werde nicht verhindern, daß das Parlament dem Kanzler die Mißbilligung des Hauses ausdrückt und durch die Art der Debatte der Öffentlichkeit klarmacht, daß der Bundeskanzler nicht das Vertrauen der Mehrheit besitzt[21]). Man darf nun freilich die Regelung des Art. 67 GG. nicht deswegen als imperfekt tadeln, weil sie dem Bundestag nicht verwehrt, durch protestierende oder sonstwie negative Beschlüsse oder Debatten das Ansehen der Regierung zu erschüttern. Dieses Risiko liegt nun einmal in der Natur des parlamentarischen Gedankens. Beschlüsse der Volksvertretung zu verbieten, die auf eine Kritik an der Regierung hinauslaufen, hieße, das parlamentarische Prinzip selbst aufgeben. Parlamentarische Attacken bleiben der Regierung auch nach Einführung des konstruktiven Mißtrauensvotums nicht erspart.

2. Unerwünschte Folgen könnten sich aus der vom Grundgesetz gewählten Regelung des konstruktiven Mißtrauensvotums freilich dadurch ergeben, daß die Wahl des nachfolgenden Bundeskanzlers stattfinden muß, solange der bisherige Kanzler im Amt ist. Das fordert geradezu ein Spiel hinter den Kulissen heraus. Denn es ist klar, daß die politischen Parteien, die einen Mißtrauensbeschluß unterstützen, die Vorverhandlungen über den Nachfolger ganz unter sich führen müssen. Praktisch wird ein fait accompli außerhalb des parlamentarischen Rahmens geschaffen sein, noch bevor ein Mißtrauensantrag eingebracht ist. Der Bundespräsident ist bei diesen Vorverhandlungen verfassungsrechtlich nicht beteiligt. Das GG versetzt ihn nicht in die Lage, in diesen Fällen eine notwendige Mittlerrolle zu übernehmen oder ein Vorschlagsrecht auszuüben.

3. Die Notwendigkeit des konstruktiven Mißtrauensvotums kann auch noch andere unerwünschte Konsequenzen ergeben. Gerade der Zwang, sich über einen neuen Kanzler zu verständigen, kann dazu führen, daß sich extrem heterogene Oppositionsparteien in einem politischen Nullpunkt treffen und auf einen farblosen und harmlosen Kandidaten einigen, von dem jede Gruppe die geringsten Schwierigkeiten erhofft. Im Hinblick auf solche Möglichkeiten bleibt es bedauerlich, daß das Grundgesetz den Bundespräsidenten verpflichtet, den vom Parlament gewählten neuen Kanzler in jedem Falle zu ernennen (Art. 67 I S. 2).

---

[21]) 49. Sitzung d. Hauptausschusses vom 9. 2. 1949 (Kurzprotokoll, Drucks. Nr. 603).

4. Da der Bundespräsident so Gefahr läuft, einen schlechten Kanzlertausch vollziehen zu müssen, dürfte es ihm erwünscht sein, daß der amtierende Kanzler seinerseits die Vertrauensfrage stellt und damit einem drohenden Mißtrauensvotum des Parlaments zuvorkommt. Denn dies eröffnet dem Bundespräsidenten, falls der Kanzler bei der Abstimmung über die Vertrauensfrage unterliegt, eine Möglichkeit, den Bundestag aufzulösen. Auch der amtierende Kanzler wird regelmäßig ein politisches Selbsterhaltungsinteresse daran haben, durch das Stellen der Vertrauensfrage dem Mißtrauensvotum und der Wahl seines Nachfolgers zu begegnen.

Mit anderen Worten: der Bundeskanzler, aber auch der Präsident werden sich bemühen, bei einer Regierungskrise die Initiative zu behalten. Dies ist auch verfassungspolitisch umso erwünschter, als sich — wie schon erwähnt — die Initiative der Oppositionsparteien praktisch nur auf einem Wege entfalten kann, der hinter den Kulissen der amtlichen Politik, jenseits der parlamentarischen Öffentlichkeit und außerhalb einer obligatorischen Mittlertätigkeit des Präsidenten verläuft.

5. Die Einführung des konstruktiven Mißtrauensvotums bedeutet ohne Frage eine Abschwächung des parlamentarischen Einflusses auf die Regierung. Ob durch dieses dem Bundestag zugemutete Opfer bereits der Bundesregierung eine genügende Stabilität, Unabhängigkeit und Stärke erkauft wird, bleibt noch zu erproben. Gewiß, die Fälle, in denen künftig der Bundestag die Kabinettsfrage aufrollen kann, hat man stark eingeschränkt. Aber das bedeutet weder, daß die Gefahr von Koalitionskrisen vermindert worden ist, noch daß die tatsächliche Rückwirkung solcher Zerwürfnisse und Spannungen auf den Fortbestand einer Regierung ausgeschaltet wäre. Man könnte sogar im Gegenteil befürchten, daß künftig — nachdem jetzt der Weg des einfachen, zum Rücktritt zwingenden Mißtrauensbeschlusses verbaut ist — Koalitionskrisen verstärkt mit außerparlamentarischen Mitteln ausgetragen werden, wobei vielleicht eine Pressekampagne noch zu den mildesten Methoden gehören dürfte.

6. Vor allem darf man nicht vergessen, daß die Existenzfrage nicht bloß von innen her, sondern auch von außen her (um nicht zu sagen: von oben her) an das Kabinett herangetragen werden wird. Das Grundgesetz, das gerade für die Übergangszeit einer Besatzungskontrolle gelten will, kann selbstverständlich den vielleicht gefährlichsten Fall einer Regierungskrise nicht regeln, nämlich den Fall eines Konfliktes zwischen Bundesregierung und der Alliierten Hohen Kommission.

III.

Die dargestellte Minderung und Begrenzung des parlamentarischen Einflusses auf die Existenz der Bundesregierung wäre nicht effektiv, wenn dem Bundestag ein Gesetzgebungsmonopol zustehen würde. Heutzutage verliert jede Regierung in kurzer Zeit ihre Aktionsfähigkeit, wenn die Gesetzgebungsmaschinerie nicht in ihrem Sinn läuft. [Das ist nicht nur in Deutschland so, sondern gilt für alle modernen Staatswesen. Man erinnert sich daran, daß die Regierung Roosevelts in große Schwierigkeiten geriet, als der Kongreß die von dem Präsidenten gewünschten wirtschaftspolitischen Gesetze nicht annahm. Roosevelt suchte deswegen seinen „New Deal" mit Hilfe von gesetzgeberischen Ermächtigungen durchzuführen, ein Ausweg, der ihm wiederum durch die strengen Anschauungen des Bundesgerichtshofs schwer gemacht wurde. In kritischen Zeiten, in denen der Bestand des Staates gefährdet erscheint, genügt den Regierungen nicht einmal die willige Mitarbeit der gesetzgebenden Körperschaft, die Exekutive sichert sich dann vielmehr die Verfügung über die Legislative selbst in weitem Umfange. Das war nicht nur in den kriegführenden Staaten des zweiten Weltkrieges der Fall, sondern geschah auch bei den Neutralen. In der Schweiz hatte sich durch die dem Bundesrat von der Bundesversammlung eingeräumte Ermächtigung ein förmliches Vollmachten-Regime entwickelt[22]). In solchen Lagen leuchtet die Richtigkeit des Satzes ein: „gouverner c'est légiférer".]

Wenn also der Parlamentarische Rat das Dasein und die Lebensfähigkeit einer Minderheitsregierung verfassungsmäßig sichern wollte, so durfte er sich nicht bloß mit der Einrichtung des konstruktiven Mißtrauensvotums begnügen, sondern mußte auch die Möglichkeit ausschalten, durch Lahmlegung der parlamentarischen Legislative die Regierung zum Verzicht zu zwingen.

Die Schwierigkeiten, die sich aus dem Zusammenhang von gouverner und légiférer ergeben, sucht das Grundgesetz auf eine neue Weise, wenn auch nicht zu beheben, so doch auf ein erträgliches Maß zu reduzieren.

Ich komme damit zu dem Institut des Gesetzgebungsnotstandes.

A. Die Bestimmung des Artikels 81 steht in engem Zusammenhang mit Artikel 68, nämlich mit dem Fall, daß dem Kanzler ein Vertrauensvotum oder ein mit der Vertrauensfrage verbundener Gesetzentwurf abgelehnt worden ist. Bei einer so beschaffenen Situation kann der Bundespräsident auf Vorschlag des Kanzlers

---

22) Dazu Z. Giacometti in der Neubearbeitung von Fleiners Schweizerischem Bundesstaatsrecht (Zürich 1949) S. 786f.

den Bundestag auflösen (Art. 68) und damit eine Klärung der Lage durch Wahl herbeizuführen suchen. Will der Bundespräsident von dieser Möglichkeit keinen Gebrauch machen, so kann er auf Antrag der Bundesregierung mit Zustimmung des Bundesrates für eine dringende Gesetzesvorlage den Gesetzgebungsnotstand erklären. In diesem Fall geht die Gesetzesvorlage dem Bundestag erneut zu. Lehnt das Parlament die Vorlage wiederum ab oder nimmt es sie in einer für die Regierung unannehmbaren Fassung an, „so gilt das Gesetz als zustandegekommen, soweit[23]) der Bundesrat ihm zustimmt".

Um eine ständige Anwendung des Gesetzgebungsnotstandes auszuschließen und der Gefahr einer permanenten Ausschaltung des Parlaments zu begegnen, darf die Erklärung des Gesetzgebungsnotstandes während der Amtszeit ein und desselben Bundeskanzlers nur binnen sechs Monaten wiederholt werden. Nach einem halben Jahr muß also die Regierungskrise spätestens ausgetragen sein. Soweit die Regelung des Art. 81.

Das Wort „Gesetzgebungsnotstand" ist neu. Der Tatbestand, den es bezeichnet, ist zuerst bei den Beratungen des Organisations-Ausschusses des Parlamentarischen Rates im November 1948 ins Auge gefaßt worden[24]). Man empfand bei der Behandlung des Notstandsrechts eine „Lücke" insofern, als man sich bis dahin nur mit dem „technischen" Notstand beschäftigt hatte, d. h. dem Nichtfunktionieren der Bundesgesetzgebung infolge höherer Gewalt. Den Fall, daß das versammelte Parlament nicht zu einem positiven Beschluß kommen könne und deswegen die Gesetzgebung gelähmt sei, hatte man bis dahin nicht erwogen. Die entdeckte „Lücke" sollte ein alsbald vom Organisationsausschuß entworfener Artikel 90b ausfüllen[25]). Er enthielt schon bei seiner ersten Fassung im wesentlichen die Regelung, die wir heute in Art. 81 GG finden. Von vornherein hat man dabei den Tatbestand, den es zu regeln galt, den „Gesetzgebungsnotstand" genannt. Dabei handelt es sich in Wahrheit um einen Regierungsnotstand, um eine Notlage, in die eine Minderheitsregierung leicht geraten wird.

---

[23]) „Soweit" muß hier im Sinne von „wenn", „falls" oder „sobald" gelesen werden. Würde man nämlich „soweit" wörtlich nehmen, so könnte der Bundesrat einem Teil der Vorlage zustimmen, den Rest ablehnen; dann wäre nur dieser Teil zum Gesetz erhoben, das andere — vielleicht das wichtigste — Stück würde unter den Tisch fallen. Ein unsinniges Ergebnis! Vgl. ebenso W. Jellinek, der in seinem Referat (oben S. 15) und in der Ztschr. „Öff. Verw." 1949 S. 384 an Hand der bisher bekannt gewordenen Entstehungsgeschichte darlegt, daß das Wort „soweit" wahrscheinlich ein sinnwidriger Redaktionsfehler ist.

[24]) Vgl. die Mitteilung des Abg. Lehr, des Vorsitzenden des Org. Ausschusses, in der 13. Sitzung des Hauptausschusses am 1. 12. 1948 (Kurzprotokoll). Ferner Abg. Katz in der 16. Sitzung am 3. 12. 1948 (Kurzprotokoll).

[25]) Art. 90b in der Fassung des Org. Ausschusses (Umdruck Nr. 346).

Der Vorschlag des Organisationsausschusses, für solche Krisenlagen einen Reserve-Gesetzgebungsweg zu eröffnen, hat ohne Schwierigkeit die Zustimmung des Hauptausschusses des Parlamentarischen Rates gefunden[26]). Die vorgebrachten Ergänzungs- und Abänderungswünsche betrafen Einzelfragen und stellten den Gedanken selbst nicht in Rede. Daß es doch etwas Erstaunliches ist, wenn in einer parlamentarischen Demokratie eine nicht-parlamentarische und auch nicht-plebiszitäre Neben-Legislative verfassungsmäßig verankert wird, ist offenbar den Mitgliedern des Parlamentarischen Rates nicht zu Bewußtsein gekommen. Man hat bei den Beratungen in Bonn nur wenig über den Wegfall einer unmittelbaren Volksgesetzgebung gesprochen, aber noch weniger über die Anerkennung eines zweiten, neuen Gesetzgebers. Auf die geistesgeschichtliche Lage des Parlamentarismus wirft dieser Tatbestand ein bezeichnendes Schlaglicht. Noch vor 50 Jahren wäre es gewiß keiner Nationalversammlung eingefallen, an ihrem eigenen und ausschließlichen Beruf zur Gesetzgebung zu zweifeln. Das selbstverständliche Sendungsbewußtsein der Parlamentarier alten Schlages ist heute geschwunden. Für die Angehörigen des Parlamentarischen Rates in Bonn erschien gerade umgekehrt die Möglichkeit naheliegend, daß der parlamentarische Gesetzgeber versagen könne, und die Notwendigkeit einleuchtend, daß dann ein anderer Gesetzgeber legal zum Zuge kommen müsse.

Die Debatten in den Bonner Ausschüssen über den Gesetzgebungsnotstand drehen sich deswegen um einzelne Verbesserungen und Vorbehalte, sowie um die richtige systematische Einordnung des vorgesehenen Artikels[27]). So verkürzte man die mögliche Wiederholung des Gesetzgebungsnotstandes von der ursprünglich empfohlenen 12-Monate-Grenze auf 6 Monate. So schloß man durch einen Zusatz die Möglichkeit aus, im Gesetzgebungsnotweg Verfassungsänderungen, Durchbrechungen oder Suspensionen durchzusetzen. Und: während man anfangs daran festhielt, daß die im Gesetzgebungsnotweg erlassenen Gesetze nach 12 Monaten außer Kraft treten müßten, ließ man zum Schluß jegliche Befristung derartiger Gesetze fallen[28]). In der Plenarsitzung des Parlamentarischen Rates am 6. 5. 1949 und ebenso in der letzten Lesung am 8. 5. wurden schließlich die Vorschläge des Haupt-

---

[26]) Kurzprotokoll der 20. Sitzung des Hauptausschusses vom 7. 12. 1948.

[27]) Kurzprotokoll der 20., 34., 36. und 50. Sitzung des Hauptausschusses vom 7. 12. 1948, 11. 1. 1949, 12. 1. 1949 und 10. 2. 1949.

[28]) Für die Streichung der die Geltungsdauer befristenden Klausel hatte sich der Abg. v. Mangoldt schon in der 50. Sitzung des Hauptausschusses am 10. 2. 1949 mit der Begründung eingesetzt, eine ausdrückliche Befristung sei überflüssig, da ein ohne das Parlament erlassenes Gesetz ohnehin schon nach Ablauf des Gesetzgebungsnotstandes vom Bundestag durch ein neues Gesetz ersetzt werden könne (Kurzprotokoll S. 7).

ausschusses über die Einführung und Regelung des Gesetzgebungsnotstandes ohne jede Diskussion angenommen[29]). Soviel zur Vorgeschichte des Artikels 81.

B. Was bedeutet die Einrichtung des Gesetzgebungsnotstandes im Rahmen des Verfassungssystems? Ist der Gesetzgebungsnotstand ein Spezialfall des Ausnahmerechts? Ist er dem herkömmlichen Notverordnungsrecht der Exekutive bei Verhinderung des Parlaments gleichzusetzen?

Ich will diese Fragen zu beantworten suchen und schicke für das Folgende voraus, daß ich mich der terminologischen Unterscheidungen bediene, die sich im Anschluß an die Jenaer Tagung der deutschen Staatsrechtslehrer (1924) und die dort erstatteten Referate von Carl Schmitt und Erwin Jacobi eingebürgert haben, nämlich die Gegenüberstellung von „Ausnahmefall" im Sinne von Diktaturzustand und „Notverordnungsfall" im Sinne von einstweiliger Rechtsetzungsbefugnis für ein an der Beschlußfassung verhindertes Parlament. Als Ausnahmeverordnungen bezeichne ich also im Folgenden Vorschriften, die auf Grund der sogenannten Diktaturgewalt ergehen (z. B. früher auf Grund des Artikels 48 Abs. 2—4 WV). Notverordnungen nenne ich dagegen nur solche gesetzesvertretende Verordnungen, die von dem Träger der vollziehenden Gewalt in Eilfällen erlassen werden zu Zeiten, in denen das Parlament nicht versammelt ist (z. B. früher auf Grund des Artikels 55 Pr. Verf. v. 1920).

1. Nach dieser Klarstellung möchte ich nunmehr zunächst untersuchen, welche Wesensverwandtschaft oder Verschiedenheit zwischen dem Gesetzgebungsnotstand des Art. 81 und der Ausnahmegewalt des Art. 48 Abs. 2 WV besteht[30]). Ist es so, wie der Herr

---

29) Stenogr.-Berichte I S. 184 bzw. 228.

30) Joh. Heckel hat die Unterscheidung von Diktaturzustand und Notverordnungsrecht genauer untersucht (Diktatur, Notverordnungsrecht, Verfassungsnotstand mit besonderer Rücksicht auf das Budgetrecht, Arch. d. ö. R. N. F. Bd. 22 — 1932 — S. 257f.). Während die damals herrschende Meinung von Lehre und Praxis den Fall, daß der Reichstag zu einer positiven politischen Gesamtentscheidung über das Regierungsprogramm außerstande war, als eine mögliche Störung der öffentlichen Sicherheit und Ordnung im Sinne des Art. 48 WV ansah, legte Heckel dar, daß der Tatbestand einer „Verfassungsstörung" keine Unterart des Diktaturfalles, sondern etwas anderes sei (a. a. O. S. 275—277, 310f.). Er unterschied demgemäß scharf voneinander: 1. Diktatur, 2. Notverordnungsrecht und 3. Verfassungsnotstand (der in leichterem Grade als „Verfassungsstörung" in schwererem als „Verfassungslähmung" auftrete). Gegenüber dem s. Zt. geltenden Reichsverfassungsrecht, das eben nun einmal lediglich den Art. 48 II WV. kannte, mögen diese Unterscheidungen weder überzeugend geklungen, noch praktisch vertretbar gewesen sein. Heckels begriffliche Unterscheidungen haben eine neue Aktualität erhalten, nachdem jetzt das Grundgesetz — wie ich im Text zeigen will — nicht den Diktaturfall, auch nicht das Notverordnungsrecht, sondern gerade den Tatbestand einer bestimmten „Verfassungsstörung" ins Auge faßt.

Erstreferent an anderer Stelle bemerkt hat[31]), daß Art. 81 GG eine abgeschwächte Neuauflage des berüchtigten Art. 48 WV darstellt?

Der grundlegende Unterschied zwischen dem Institut des Gesetzgebungsnotstandes und der Regelung des Ausnahmezustandes in Art. 48 WV läßt sich an folgenden Punkten erkennen:

a) Art. 48 betraf, so wie die Bestimmung gedacht war, den Fall einer Ausnahmelage, einer existenziellen Staatskrise. Art. 81 GG faßt demgegenüber eine im Rahmen des üblichen, sozusagen in der Natur eines Mehrparteienstaates liegende Störung ins Auge, nämlich den Fall, daß eine in sich gespaltene Mehrheit des Parlaments die Gesetzgebungsmaschinerie nicht im Sinne der Regierungspolitik laufen läßt, sondern blockiert. Dahinter wird regelmäßig eine Koalitions- oder Fraktionskrise stehen. Aber dieser Vorgang ist keine Ausnahme, die das System der Verfassung überhaupt sprengt, sondern ein, wenn auch nicht gerade erwünschter, so doch bewußt in Kauf genommener Tatbestand. Die Erscheinung soll keine Abnormität bilden, vielmehr wird sie jetzt als eine in der Natur des Mehrparteiensystems liegende Möglichkeit von der Verfassung mit einkalkuliert, also anerkannt.

b) Art. 48 WV gab dem Reichspräsidenten in gewissen Grenzen plein pouvoir und machte ihn zum Herrn einer Ausnahmelage. Art. 81 GG gewährt weder dem Bundespräsidenten Handlungsfreiheit, noch bestellt er überhaupt jemanden zum Diktator. Der Bundespräsident, der den Gesetzgebungsnotstand erklärt, trifft keine Entscheidung über den Streitgegenstand selbst. Er bestimmt nicht, was nach Eintritt des kritischen Falles rechtens ist, sondern wie weiter prozediert werden kann. Seine Befugnis beschränkt sich darauf, einen zweiten Gesetzgebungsweg zu öffnen. Der Präsident betätigt sich als Weichensteller; er leitet die Gesetzgebung auf ein Reservegleis, weil das erste Gleis blockiert ist.

c) Die außerordentlichen Befugnisse nach Art. 48 II WV waren gedacht als ein Mittel zur Wiederherstellung der öffentlichen Sicherheit und Ordnung. Der Reichspräsident sollte die abnorme Lage beheben. Die Erklärung des Gesetzgebungsnotstandes verfolgt demgegenüber lediglich den Zweck, eine störende Auswirkung der parlamentarischen Krise auf den Lauf der Gesetzgebungsmaschinerie zu verhüten. Die politische Krise selbst, die Krise in dem Verhältnis von Parlament und Regierung, soll auf diesem Wege nicht ins Reine gebracht werden.

Der Gesetzgebungsnotstand unterscheidet sich also seinen Voraussetzungen, seinem Inhalt und seiner Wirkung nach vom Fall einer kommissarischen Diktatur. Art. 81 ist kein Spezialfall des

---

[31]) W. Jellinek in einem Aufsatz in der „Neuen Zeitung" vom 16. 8. 1949.

Ausnahmezustandes, sondern bedeutet gerade umgekehrt einen Versuch, das Entstehen einer existenziellen Gefahrenlage, die eine Diktatur auslösen könnte, zu verhindern.

Wenn es noch eines weiteren Beweises bedarf, daß der Gesetzgebungsnotstand etwas anderes ist und sein soll als ein spezieller und abgeschwächter Diktaturzustand, so liefern ihn die Beratungen des Parlamentarischen Rates zum Notstands-Thema.

Der Parlamentarische Rat hat nämlich von vornherein auf den Versuch verzichtet, den Tatbestand des Ausnahmezustandes in das System seiner rechtsstaatlichen Verfassung einzubeziehen.

Diese Zurückhaltung erscheint umso auffälliger, als verschiedene neue Landesverfassungsgeber in diesem Punkt einigen Mut bewiesen haben. Denn in Bayern, Württemberg-Baden, Württemberg-Hohenzollern, Rheinland-Pfalz und in Bremen hat man der Regierung in Ausnahmelagen gewisse Diktaturbefugnisse zugestanden[32]). Auch der Sachverständigenausschuß für Verfassungs-

---

[32]) Der Ausnahmezustand hat in folgenden Landesverfassungsurkunden eine Behandlung gefunden:

1. Nach Art. 48 der bayer. Verf. ist die bayerische Staatsregierung bei drohender Gefährdung der öffentlichen Sicherheit und Ordnung ermächtigt, bestimmte, im einzelnen aufgezählte Grundrechte für die Dauer einer Woche zu suspendieren. Fraglich könnte sein, ob Art. 48 der bayer. Verf. nur verwaltungsmäßige Maßnahmen oder auch generelle Notverordnungen zuläßt. Nawiasky, der Verfassungsmitarbeiter und Kommentator verliert kein Wort darüber, ob zu den in Art. 48 erwähnten „Maßnahmen" auch der Erlaß von Rechtsverordnungen gehört. Sein Schweigen wird man so auffassen dürfen, daß es für ihn außer Zweifel steht, daß der Begriff „Maßnahme" die gleiche Bedeutung besitzen soll, wie dies nach herrschender Lehre und Praxis im Text des Art. 48 WV. der Fall war.

2. Ähnlich gibt die Verfassung von Württemberg-Baden (Art. 79) der Regierung die Möglichkeit, bei gegenwärtiger Gefahr für den Bestand des Staates bestimmte, näher aufgezählte Grundrechte zu suspendieren und Verordnungen mit Gesetzeskraft zu erlassen.

3. Besonders forsch ist die Verfassung von Württemberg-Hohenzollern, die in ihrem Art. 50 dem Staatspräsidenten bei unmittelbarer Gefahr für den Bestand des Württemberg-Hohenzollernschen Staates ermächtigt, die zur Wiederherstellung der öffentlichen Sicherheit und Ordnung erforderlichen Maßnahmen zu treffen.

4. Auch Rheinland-Pfalz (Art. 111 u. 112) gewährt seiner Landesregierung ein Recht zum Erlaß von Ausnahmeverordnungen, wenn die Behebung eines ungewöhnlichen Notstandes, der durch Naturkatastrophen oder andere äußere Einwirkungen verursacht ist, dringliche Maßnahmen erfordert. Außerdem kann die Landesregierung, wenn die öffentliche Sicherheit und Ordnung erheblich gestört ist, Verordnungen mit Gesetzeskraft erlassen und gewisse näher aufgezählte Grundrechte auf die Dauer einer Woche einschränken oder außer Kraft setzen.

5. Schließlich gibt die bremische Verfassung (Art. 101 Abs. 2), wenn außerordentliche Umstände ein sofortiges Eingreifen erforderlich machen, dem Senat der Stadt das Recht, Verordnungen zu erlassen.

Eine detaillierte Übersicht über „die Ausnahmebefugnisse in den neuen deutschen Landesverfassungen" bietet die so betitelte Leipziger jur. Dissertation von Martin Klotz (1948, ungedruckt).

fragen, der von der Ministerpräsidentenkonferenz eingesetzt war, hatte sich mit der Mehrheit seiner Mitglieder für die Beibehaltung eines Ausnahmeverordnungsrechts ausgesprochen[33]). Doch sollte die Diktaturzuständigkeit, anders als in der Weimarer Verfassung, dem Bundespräsidenten ganz entzogen sein und auf die Bundesregierung und den Bundesrat übergehen. Nach den Vorschlägen von Herrenchiemsee sollte die Bundesregierung „bei drohender Gefahr für die öffentliche Sicherheit und Ordnung im Bundesgebiet" mit Zustimmung des Bundesrats Ausnahmeverordnungen mit Gesetzeskraft erlassen können.

Bei den Beratungen in Bonn waren die politischen Parteien vorsichtiger als die Verfassungsgeber der Länder und die Fachmänner von Herrenchiemsee. Von vornherein wurde empfohlen, ein nicht-parlamentarisches Verordnungsrecht nur für solche Fälle vorzusehen, in denen es der gesetzgebenden Körperschaft „aus rein technischen Gründen" (Streik, Naturereignisse u. ä.) unmöglich sei, in Funktion zu treten[34]). Man lehnte es stillschweigend ab, den Ausnahmezustand als einen verfassungsrechtlich zu regelnden Tatbestand anzuerkennen. Denn man beschränkte sich bewußt und ausdrücklich darauf, nur den Fall des sozusagen klassischen Notverordnungsrechts ins Auge zu fassen[35]).

2. Das führt mich zu der zweiten Frage, ob der Gesetzgebungsnotstand ein Fall von Notstandsgesetzgebung ist. Auf den ersten Blick besitzt das Institut des Gesetzgebungsnotstandes eine Ähnlichkeit mit dem Notverordnungs-Tatbestand.

Ein Notverordnungsrecht im engeren Sinne ist dem deutschen Verfassungsrecht seit langem geläufig[36]). Ich erinnere z. B. an die Regelung, welche die preußische Verfassungsurkunde von 1850 enthielt (Art. 63): wenn die Aufrechterhaltung der öffentlichen Sicherheit oder die Beseitigung eines ungewöhnlichen Notstandes es dringend erforderte, konnten — falls die Kammern nicht versammelt waren — unter Verantwortlichkeit des gesamten Staatsministeriums Verordnungen, die der Verfassung nicht zuwider liefen, mit Gesetzeskraft erlassen werden.

Auch die preußische Verfassungsurkunde von 1920 (Art. 55)

---

33) Bericht S. 48 und Art. 111 des Entwurfs.

34) Vorbericht des Abg. Menzel vor dem Plenum am 9. 9. 1948 (Stenogr. Berichte I S. 30).

35) Vgl. z. B. die Debatte in der 50. Sitzung des Hauptausschusses am 10. 2. 1949 (Kurzprotokoll, Drucksache Nr. 615); die verschiedenen Abgeordneten waren sich darin einig, daß man nur den „technischen Notstand" regeln sollte. Streit bestand nur darüber, ob die zur Beratung gestellte Vorschrift (Art. 111) des Entwurfs nicht mehr enthielt, als man sagen wollte.

36) Zur Geschichte, Ausgestaltung und praktischen Anwendung des Notverordnungsrechts vgl. H. Peters in Verw. Arch. Bd. 31 (1928) S. 375f.

und die meisten Landesverfassungen der Weimarer Zeit sahen ein ähnliches Notverordnungsrecht vor[37]).

[In der Reichsverfassung von 1919 hatte dagegen ein allgemeines Notverordnungsrecht nicht Aufnahme gefunden. Eine dahingehende Gesetzesvorlage der Regierung Luther im Jahre 1925[38]) ist unerledigt geblieben. Als Ersatz für diesen Mangel hat sich bekanntlich das Notverordnungsrecht des Reichspräsidenten gestützt auf Art. 48 entwickelt. Die Rolle des Art. 48 wandelte sich so von einer ursprünglichen Ermächtigung zu Maßnahmen zwecks Behebung des Ausnahmezustandes zu einer Quelle des gesetzvertretenden Verordnungsrechts. Die Ausweitung des Art. 48 war dabei nicht die Ursache, sondern eine Folge der Krise des parlamentarischen Gesetzgebers[39])].

Das Problem, wie man den Lauf der Gesetzgebungsmaschinerie auch bei zeitweiligem Ausfall des Parlaments sicherstellen kann, hat auch die neuen Landesverfassungsgeber bewegt. Soweit die in den Jahren 1946 und 1947 geschaffenen Verfassungsurkunden eine Antwort auf diese Frage bereithalten, bezieht sie sich aber nur auf den Fall, daß die Gesetzgebungsmaschinerie ausfällt, weil das Parlament aus äußeren Ursachen nicht zusammentreten kann. Die neuen Landesverfassungen behandeln also einen Tatbestand, von dem man eigentlich annehmen sollte, daß er bei den Möglichkeiten des heutigen Nachrichten- und Verkehrsnetzes und bei den engen Grenzen des Landesgebietes kaum noch eine Rolle spielen dürfte. Schon seit langem pflegen ja die Schwierigkeiten weniger im Versammeln des Parlaments zu liegen, als vielmehr im versammelten Parlament.

Im geltenden Landesverfassungsrecht hat sich also das alte Notverordnungsrecht — ich möchte es das klassische Notverordnungsrecht nennen, ohne damit das konstitutionelle Verfassungs-

---

[37]) Dazu neben der in voriger Anmerkung genannten umfangreichen Studie von Peters die übersichtliche Zusammenfassung von W. Schoenborn im Hdb. d. dtsch. StR. II (1932) S. 304f. mit näheren Literaturangaben. Bemerkenswert ist übrigens, daß damals einzelne Landesverfassungen diese Notverordnungen der Regierung als „Notgesetze" oder gar, ohne jeden Zusatz, schlechthin als „Gesetze" bezeichneten (Nachweise bei Schoenborn a. a. O. S. 305), ein Zeichen dafür, daß das Bewußtsein von der spezifischen Bedeutung, die der Begriff „Gesetz" im demokratischen Staat besitzt, bereits im Schwinden begriffen (oder noch nicht durchgedrungen?) war.

[38]) Reichstagsdrucksache Nr. 696/III WP. Dazu Nawiasky, DJZ. 1925 Sp 779f.

[39]) In Preußen fand sich durch Ausweitung des Art. 55 Pr. Verf. des Jahres 1920 ein Weg, um durch Notverordnungen auch parlamentarische Funktionskrisen zu meistern. Peters, der 75 preußische Notverordnungen aus den Jahren 1921—1925 verzeichnet (a. a. O. S. 419f.), gibt an, die Existenz des Art. 55 habe sich „als zweckmäßig bei Arbeitsunfähigkeit des Parlaments infolge von Schwierigkeiten bei Mehrheitsbildungen" erwiesen.

recht als klassisch zu preisen — erhalten. So sieht z. B. Artikel 110 der heutigen hessischen Verfassung in einer wohlüberlegten Formulierung vor: wenn die Beseitigung eines ungewöhnlichen Notstandes, der durch Naturkatastrophen oder andere äußere Einwirkungen hervorgerufen worden ist, es dringend erfordert, kann die Landesregierung, sofern der Landtag nicht versammelt ist oder nicht rechtzeitig zusammentreten kann, in Übereinstimmung mit dem zuständigen Ausschuß des Landtages Verordnungen, die der Verfassung nicht zuwiderlaufen, mit Gesetzeskraft erlassen[40] [41]).

Auch der Parlamentarische Rat hatte, einem Herrenchiemseer Vorschlag folgend, den Fall dieses „klassischen" Notverordnungsrechts zunächst in seinen Entwurf einbezogen.

[Bei der Abfassung einer entsprechenden Vorschrift verquickte man jedoch die herkömmlichen Voraussetzungen des Notverordnungsrechts (Notwendigkeit dringender Legislation und Nichtversammeltsein der gesetzgeberischen Körperschaft) mit der bekannten Wendung aus dem Recht des Ausnahmezustandes (drohende Gefahr für den Bestand des Staates und seiner Verfassung). Das Produkt dieser Kreuzung war der Art. 111 des ersten Entwurfs des Hauptausschusses[42]), ein Konglomerat von Vorbehalten und Bedenken. Es scheint beinahe, als ob gerade die unübersichtliche Häufung der verschiedenen Generalklauseln den Argwohn der Besatzungsmächte wachgerufen hat. Die alliierten Militärgouverneure sprachen jedenfalls in ihrem Schreiben an den Präsidenten des Parlamentarischen Rates vom 22. 11. 1946 die Ansicht aus, „daß Ausnahmebefugnisse der Executive — wenn überhaupt — so beschränkt werden müssen, daß sie unverzüglich einer gesetzlichen oder gerichtlichen Nachprüfung bedürfen". Der Fall wurde durch diese Stellungnahme nicht einfacher.

[40]) Zu beachten ist, daß hiernach — von der Gefahrenlage abgesehen — das bloße Nichtversammeltsein des Parlaments den Weg zu Notverordnungen noch nicht eröffnet. Hinzukommen muß weiter die Unmöglichkeit des rechtzeitigen Zusammentretens des Landtages.

[41]) Der Gedanke, den ständigen Ausschuß des Landtages zu beteiligen, wird bedenkenlos und radikal fortgeführt von den Artikeln 18 der brandenburgischen und der thüringischen Verfassungsurkunde. Danach kann dort sogar der ständige Ausschuß des Landtages in dringenden Fällen, wenn das Parlament aufgelöst oder nicht versammelt ist, selbst „Gesetze beschließen".

[42]) Art. 111 Abs. I des Entwurfs lautete: „Ist eine der gesetzgebenden Körperschaften infolge höherer Gewalt nicht imstande die ihr durch die Verfassung auferlegten Aufgaben zu erfüllen, so kann die Bundesregierung zur Abwehr einer unmittelbar drohenden Gefahr für den verfassungsmäßigen Bestand des Bundes oder seiner freiheitlichen und demokratischen Grundordnung mit Zustimmung des Präsidenten des Bundestages und der Länderkammern im Rahmen der Bundeszuständigkeit Notverordnungen mit Gesetzeskraft erlassen."

Der geplante Art. 111 wurde zunächst vom Hauptausschuß zur erneuten Vorberatung an den Organisationsausschuß zurückverwiesen[43], kehrte dann aber in nahezu unveränderter Fassung zum Hauptausschuß zurück. Ein Vorstoß des Abgeordneten Dehler, der in etwa darauf hinauslief, den Notverordnungsfall auf seine „klassischen" Elemente zu reduzieren (also lediglich abzustellen auf eine unmittelbar drohende Gefahr für die öffentliche Sicherheit oder Ordnung und eine Verhinderung der legislativen Körperschaft infolge höherer Gewalt), fand keine Mehrheit im Hauptausschuß[44]. Bei nochmaliger Beratung des Gegenstandes wurden erneut Bedenken gegen die Art und Weise der vorgeschlagenen Regelung des sogenannten technischen Notstandes erhoben[45]. Diese Kritik führte zur Zurückweisung des umstrittenen Notverordnungsartikels an einen Fünfer-Ausschuß, ein Vermittlungs-Komittee, in welchem damals die großen Parteien die aufgetretenen Streitfragen kurzerhand unter sich aushandelten. Dieser Fünferausschuß einigte sich noch am selben Tage und präsentierte bereits am Nachmittag dem Hauptausschuß eine einfache Lösung[46]. Sie machte den Notverordnungsfall nicht mehr von dem Vorliegen einer Gefahr für den verfassungsmäßigen Bestand des Bundes oder einer Gefahr für die freiheitliche oder demokratische Grundordnung abhängig, sondern ließ eine Gefahr „für die öffentliche Sicherheit und Ordnung" genügen. Der Hauptausschuß nahm diesen Vorschlag an (Art. 111 des Entwurfs). Danach sollte es übrigens auch zulässig sein, durch eine Notverordnung die Pressefreiheit, die Versammlungsfreiheit, die Vereinigungsfreiheit und das Fernsprech- und Telegraphen-Geheimnis vorübergehend außer Kraft zu setzen oder einzuschränken].

Gleichwohl ist dieser Artikel 111 des Entwurfs in die letzte Fassung des Grundgesetzes nicht aufgenommen worden. Die ganze Notstands-Regelung kehrt in der entscheidenden letzten Fassung des Grundgesetzes im „Allgemeinen Redaktionsausschuß"[47] nicht wieder. Warum es im letzten Augenblick zu dieser Streichung gekommen ist, läßt sich aus den mir zugänglich gewesenen Unterlagen nicht ersehen. Sicher ist, daß sie durch die Beschlüsse eines inzwischen im Stillen tätig gewesenen Siebener-Ausschusses bzw.

---

[43]) 12. Sitzung des Hauptausschusses am 1. 12. 1948 (Kurzprotokoll).

[44]) Der Antrag, der einen Vorschlag des Redaktionsausschusses aufgriff, wurde mit 11 gegen 10 Stimmen abgelehnt (Kurzprotokoll d. 36. Sitzung des Hauptausschusses vom 12. 1. 1949).

[45]) Einwendungen wurden vorgebracht von den Abgeordneten v. Mangoldt (CDU), Dehler (FDP) und Seebohm (DP). Vgl. Kurzprotokoll der 50. Sitzung des Hauptausschusses vom 12. 2. 1949 (Drucksache Nr. 615).

[46]) Vorschlag des Abgeordneten v. Brentano namens des Fünferausschusses in der 51. Sitzung des Hauptausschusses am 10. 2. 1949 (Kurzprotokoll, Drucksache Nr. 657).

[47]) Drucksache Nr. 751.

durch andere interfraktionelle Entscheidungen veranlaßt ist. Man wird den Wegfall des Notverordnungs-Artikels kaum zu bedauern haben. Kann man sich doch auch keinen Tatbestand, der die öffentliche Sicherheit und Ordnung der Bundesrepublik bedrohte, vorstellen, der nicht die Alliierte Hohe Kommission auf den Plan rufen würde[48]). Überlassen wir also die Behebung von auftretenden Gefahrenfällen vertrauensvoll der Entscheidung einer Alliierten Hohen Kommission.

Mögen nun dies auch die Erwägungen der Bonner Verfassungsschöpfer gewesen sein oder nicht, jedenfalls steht außer Zweifel, daß der Parlamentarische Rat eine Regelung des Notverordnungsfalles ursprünglich eingeführt wissen wollte, sie aber zuletzt bewußt nicht in das Grundgesetz aufgenommen hat.

Nun könnte man vielleicht meinen, daß der Gesetzgebungsnotstand des Art. 81 ein besonderes Notverordnungsrecht der Regierung ohnehin überflüssig mache. Beiden Fällen ist es ja gemeinsam, daß eine Kompetenzverschiebung eintritt, weil der normale legislative Weg ausfällt. Worin unterscheidet sich der Gesetzgebungsnotstand des Art. 81 vom Notverordnungsfall älterer Art?

In ihren Voraussetzungen unterscheiden sich beide Tatbestände insofern voneinander, als in dem einen Fall die legislative Körperschaft eine Beschlußfassung verweigert, während sie in dem anderen Fall ihre Zustimmung nicht erteilen kann. In dem einen Fall wird von der Weigerung des Parlaments ausgegangen, in dem anderen von der mutmaßlichen Zustimmung der gesetzgebenden Körperschaft.

In ihren Wirkungen unterscheiden sich beide Tatbestände in entsprechender Weise voneinander: die klassischen Notverordnungen gelten nur solange, wie die Präsumption der parlamentarischen Zustimmung andauert. Ihre Geltung ist auflösend bedingt. Die im Wege des Gesetzgebungsnotstandes zustande gekommenen Vorschriften gelten dagegen unabhängig von der Stellungnahme des Parlaments, unbedingt.

Schon diese Verschiedenheiten schließen m. E. die Möglichkeit aus, den Gesetzgebungsnotstand zu erklären und Gesetze im Wege des Art. 81 zu verabschieden, wenn der Bundestag nicht zusammentreten kann. Der Fall des technisch verhinderten Parlaments ist dem Fall des sich selbst blockierenden Parlaments nicht gleichzusetzen. Eine Analogie ist ebenso wenig zulässig wie der naheliegende Kurzschluß: wenn schon der anwesende Bundestag überspielt werden kann, dürfte erst recht

---

[48]) In diesem Sinne heißt es in dem Memorandum der Militärgouverneure, das einer Abordnung des Parl. Rates am 2. 3. 1949 in Frankfurt a. M. überreicht wurde: „meine Kollegen und ich möchten Ihnen zu verstehen geben, daß wir (also die Militärgouverneure) letzten Endes für die Sicherheit verantwortlich sind ...“

der abwesende Bundestag in Eilfällen ausschaltbar sein. Art. 81 kann also keine Anwendung finden, wenn der Bundestag aus äußeren Gründen am Zusammentreten verhindert ist.

Halten wir das Bisherige zusammenfassend fest: Der Gesetzgebungsnotstand ist seinen Voraussetzungen, seinem Inhalt und seiner Wirkung nach etwas anderes, als ein kleiner Diktaturfall. Ebenso unterscheidet er sich vom Notverordnungs-Tatbestand im klassischen Sinne.

3. Worin liegt nunmehr positiv die Bedeutung der Einführung des Gesetzgebungsnotstandes? Ich möchte sagen, in dem Versuch, eine **Legalitätsbrücke** zu bauen, in dem Versuch, bei einer akuten Unfähigkeit des parlamentarischen Gesetzgebers die Gesetzgebung über ein zweites legales Gleis zu leiten. Artikel 81 dient, wie man gesagt hat, der Schaffung einer „Legalitätsreserve". Dieser Ausdruck, der bereits in den Besprechungen auf Herrenchiemsee gefallen ist[49]), wurde bei den Beratungen des parlamentarischen Rates häufig gebraucht. Er ist treffend und wird sich einbürgern[50]).

Im Falle des Gesetzgebungsnotstandes kommt ein echter Gesetzgeber zum Zuge. Jedenfalls nennt Art. 81 die im Falle des Gesetzgebungsnotstandes erlassenen Normen „Gesetze". Das ist allerdings vom Standpunkt des demokratischen Verfassungsrechts auffällig.

Nun ist uns freilich der Sinn für die richtige Benennung eines Rechtssatzes seit langem getrübt. Wir haben schon alle möglichen nicht parlamentarischen und nicht plebiszitären Gesetzgeber kennengelernt: Die Reichsregierung, den Länderrat, die Militärbefehlshaber, die Militärregierung und die Alliierte Hohe Kommission. Wir haben auch erlebt, daß diese Gesetzgeber ihre legislativen Erzeugnisse mit den verschiedensten Etiketten versehen. Trotzdem möchte ich das Grundgesetz beim Wort nehmen, wenn es die im Wege des Artikels 81 zustandegekommenen Normen als „Gesetze" bezeichnet.

Freilich, eine repräsentative Demokratie müßte konsequenterweise den Namen „Gesetz" den legislatorischen Akten der Volksvertretung vorbehalten. Und das Grundgesetz bemüht sich immerhin, durch eine Fiktion das Gesicht zu wahren. In Art. 81 II GG heißt es, ein Gesetz **gelte** als zustandegekommen, soweit der Bundesrat zustimme. Der Verfassungsgeber scheint also davon auszugehen, daß immerhin ein fiktiver Gesetzesbeschluß des Bun-

[49]) Bericht S. 41 und 44, wo es heißt, bei der Regierungsbildung sollte der Bundesrat, wenn das Parlament versagt, als „Legalitätsreserve" zum Zuge kommen.

[50]) So sprechen von „Legalitätsreserve" u. a. Katz (Öff. Verw. 1949 S. 277) Carlo Schmid (ebd. S. 205), Strauß (ebd. S. 273) Süsterhenn (Stenogr. Berichte I S. 22).

destages vorliegt, dem dann der Bundesrat seine Zustimmung erteilt. Also ähnlich, wie man im konstitutionellen Verfassungsrecht die Gesetzeskraft echter Notverordnungen des Königs begründet hat durch die vermutete Zustimmung des Parlaments[51]), so wird hier das Gesetz als durch einen fingierten Akt des in sich uneinigen Parlaments beschlossen gedacht.

Nun sind gesetzliche Fiktionen für den modernen Gesetzgeber ein überaus beliebter technischer Kniff. Doch meine ich, daß auch der Verwendung dieses Mittels Grenzen gezogen sind. Sie lassen sich schwer bestimmen. Immerhin dürfte klar sein, daß sich ein rechtsstaatlicher Gesetzgeber nicht jedweder Fiktion ungestraft bedienen darf. Es kann sinnvoll sein, daß ein Gesetz Tote als lebendig und Lebendige als tot fingiert, aber es ist offenbar Unsinn, wenn eine Fiktion das Prinzip, welches den Kunstgriff legitimieren soll, selbst aus den Angeln hebt. Kurz, ich meine, daß es vom Standpunkt der parlamentarischen Demokratie eine nicht überzeugende Fiktion wäre, wenn ein Gesetzesbeschluß des Parlaments als vorliegend fingiert würde, obwohl feststeht, daß das Parlament nichts dergleichen, sondern u. U. sogar das Gegenteil beschlossen hat.

Ich halte es deswegen für ehrlicher und richtiger, das Wort von der Legalitäts-Reserve ernst zu nehmen und davon auszugehen, daß im Falle des Art. 81 II wirklich zwei andere Bundesorgane gemeinschaftlich als Gesetzgeber auftreten: die Bundesregierung und der Bundesrat. Diese beiden Stellen beschließen im Falle des Art. 81 GG. über das Gesetz. Die Rolle der beiden Beteiligten ist dabei verschieden: die Bundesregierung, die die Vorlage gestaltet hat, bestimmt den Inhalt des Gesetzes, der Bundesrat habilitiert ihn. Man kann nicht sagen, daß *nur* der Bundesrat als Reservegesetzgeber zum Zuge käme, also den Bundestag ersetze. Denn was wäre das für ein merkwürdiger Gesetzgeber, der den Inhalt seines Gesetzes nicht gestalten dürfte!

Der Bundesrat kann ja nur ablehnen oder zustimmen, und zwar trotz der irreführenden Wendung „*soweit* der Bundesrat zustimmt", nur dem Ganzen zustimmen[52]). Wünschte der Bundesrat eine Änderung der Vorlage, so müßte die ganze Prozedur noch einmal abrollen; selbst wenn die Regierung mit den Abänderungswünschen des Bundesrats einverstanden wäre, müßte sie zunächst ihre Vorlage in der neuen Fassung wieder beim Bundestag einbringen. Erst das Zusammenwirken von Bundesrat *und* Bundesregierung schafft das Gesetz. Beide Organe tragen daher die Verantwortung für diesen Akt.

---

51) Diese Lehre ist besonders klar entwickelt worden von L. v. Rönne, Das Staatsrecht der Pr. Monarchie, I. Bd. (4. Aufl. 1881) S. 368f. (insbesondere S. 376).

52) Vgl. oben Anm. 23.

Die verfassungstheoretischen Konsequenzen, die sich aus dieser Lage für den Legalitätsbegriff ergeben und die Rückwirkungen auf das Prinzip der Gewaltenteilung sind bedeutend. Die praktischen Folgerungen sind nicht weniger interessant.

C. Lassen Sie mich deshalb nach diesen allgemeinen Bemerkungen über die Besonderheiten des Gesetzgebungsnotstandes in eine Untersuchung der Einzelheiten des Art. 81 eintreten. Ich schicke voraus, daß es mir im Folgenden mehr darauf ankommt, diskutable Fragen zu stellen, als fertige Antworten zu präsentieren.

1. Nach dem Wortlaut des Art. 81 „kann" der Bundespräsident den Gesetzgebungsnotstand erklären, d. h. also, er ist nicht genötigt, lediglich zwischen der Auflösung des Bundestages und der Verkündung des Gesetzgebungsnotstandes zu entscheiden. Er darf auch etwas Drittes wählen, nämlich den Antrag der Regierung, das Verfahren nach Art. 81 auszulösen, zurückweisen, also untätig bleiben. Damit ist dem Präsidenten im Rahmen seines pflichtgemäßen Ermessens die Möglichkeit eingeräumt, den Gesetzgebungsnotstand in den Dienst seiner Mittler- und Schlichtertätigkeit zu stellen. Es wäre z. B. denkbar, daß der Bundespräsident für eine Gesetzesvorlage den vom Kanzler und vom Bundesrat beantragten Gesetzgebungsnotstand nicht erklärt, also die Weiche nicht umstellt, weil er glaubt, bei einer Umgestaltung der Vorlage würde sich doch noch eine parlamentarische Mehrheit für ihre Annahme finden lassen.

Die Erklärung des Gesetzgebungsnotstandes bedeutet also mehr als eine authentische Feststellung, daß der parlamentarische Gesetzgebungsweg blockiert ist und die übrigen Voraussetzungen des Art. 81 vorliegen. Sie enthält auch eine politische Entscheidung. Der Präsident gibt durch die Erklärung des Gesetzgebungsnotstandes zu verstehen, daß er der im Amte befindlichen Regierung eine neue Chance geben will und daß er ihre bevorstehende legislative Aktion jedenfalls nicht mißbilligt.

2. Eine damit zusammenhängende Frage ist, ob der Bundespräsident über die Motive, aus denen er den Gesetzgebungsnotstand erklärt oder einen dahingehenden Antrag zurückweist, Rechenschaft ablegen muß. Die Frage kann akut werden, wenn der Verfassungsgerichtshof mit der Nachprüfung eines solchen Falles befaßt werden sollte. Ich möchte meinen, daß der Bundespräsident die ihm durch Art. 81 überlassene Entscheidung im Rahmen seines pflichtgemäßen Ermessens treffen darf. Warum er die eine oder die andere der ihm gebotenen Möglichkeiten (Parlamentsauflösung, Erklärung des Gesetzgebungsnotstandes oder Abwarten) wählt, ist allein seine Sache.

3. Wie die Erklärung des Gesetzgebungsnotstandes erfolgen soll und wem gegenüber sie abzugeben ist, sagt das Grundgesetz

nicht. Man wird davon ausgehen dürfen, daß der Präsident seine Erklärung wenigstens den beteiligten Bundesorganen (Regierung, Bundesrat und Bundestag) bekannt geben muß. Zur Klarstellung des Vorganges und zu seiner zeitlichen Fixierung wäre es zweckmäßig, die Form eines im Bundesgesetzblatt zu veröffentlichenden Präsidenten-Erlasses zu wählen. Übrigens bedarf die Erklärung des Gesetzgebungsnotstandes — wie grundsätzlich alle Akte des Präsidenten (nach der Regel des Art. 58 I) — der Gegenzeichnung[53].

4. Auffällig ist, daß der Gesetzgebungsnotstand zu beantragen ist von der Bundes-Regierung (Art. 81 I S. 1), während eine Parlamentsauflösung allein auf den Vorschlag des Bundes-Kanzlers hin ausgesprochen werden kann (Art. 68 I S. 1). Ich möchte in dieser Verschiedenheit nicht ein redaktionelles Versehen erblicken, sondern die Absicht ausgedrückt finden, im Falle eines Gesetzgebungsnotstandes die Einheit und Geschlossenheit der Regierung festzustellen. Wenn der Bundestag aufgelöst werden soll, so ist der Zusammenhalt der Regierung ohnehin unwichtig geworden, so daß der Auflösungsvorschlag von dem Bundeskanzler auch ohne Zustimmung seiner Kabinettsmitglieder abgegeben werden kann. Wenn dagegen der Gesetzgebungsnotstand erklärt werden soll, so muß für diese Krisenlage von vornherein sichergestellt werden, daß auch das Kollegium der Minister sich in seiner Mehrheit einig ist.

Aus dem gleichen Grunde ist es für den Präsidenten wichtig, zu wissen, daß auch der Bundesrat der künftigen Aktion zustimmt, so daß ein Umschalten auf die Legalitätsreserve Erfolg verspricht. Dem Bundesrat wird damit eine Schlüsselposition zugewiesen. Blockiert er sich ebenfalls, so ist die gesetzgeberische Tätigkeit auf beiden Gleisen unmöglich gemacht und damit das Schicksal der Regierung besiegelt.

Der Wortlaut des Art. 81 I S. 1 läßt übrigens nicht zweifelsfrei erkennen, auf was sich die geforderte Zustimmung des Bundesrats beziehen soll. (Stimmt der Bundesrat dem Antrag der Regierung oder der Erklärung des Präsidenten zu?) Da die Entscheidung des Präsidenten das Verfahren stets abschließen dürfte, bedeutet dies, daß der Gesetzgebungsnotstand nur auf übereinstimmenden Antrag von Regierung und Bundesrat erklärt werden kann.

5. Auch nachdem der Bundespräsident den Gesetzgebungsnotstand erklärt hat, muß nochmals versucht werden, die dringliche

---

53) Anderer Ansicht wohl Giese, Erl. 2 zu Art. 81 GG. Warum „Antrag und auch Zustimmung (?) die Gegenzeichnung ersetzen", wie Giese dort bemerkt, ist mir nicht ersichtlich. Den Antrag stellt die Regierung (also Kollegialbeschluß), die Gegenzeichnung obliegt dem Kanzler oder dem zuständigen Minister.

Gesetzesvorlage auf dem parlamentarischen Wege zu verabschieden. Erst wenn der Bundestag sich erneut blockiert, kommt die Legalitätsreserve des Bundesrates zum Zuge. Die Frage ist, ob in diesen Gang des Verfahrens auch der in Art. 77 vorgesehene Vermittlungsausschuß eingeschaltet werden kann. Die Einberufung dieses Kompromiß-Komitees setzt nach dem Wortlaut des Art. 77 voraus, daß bereits ein Gesetzesbeschluß des Parlaments vorliegt. Diese Voraussetzung wäre im Falle des Art. 89 nur dann erfüllt, wenn der Bundestag die kritische Gesetzesvorlage in unannehmbarer Form beschlossen hat.

Man wird aber annehmen dürfen, daß auch in den Fällen der Vermittlungsausschuß einberufen werden kann, in denen der Bundestag die strittige Vorlage schlicht abgelehnt hat. Für diese Antwort spricht einmal, daß es von technischen Zufälligkeiten abhängen kann, ob das Parlament eine Regierungsvorlage schlechthin ablehnt oder sie in Form eines inhaltlich abweichenden Gesetzbeschlusses verwirft. Zum anderen wäre es wenig sinnvoll, die Hilfe des Vermittlungsausschusses gerade in den schwersten Konfliktsfällen auszuschließen.

6. Der Gesetzgebungsnotstand darf für „eine" Gesetzesvorlage erklärt werden, also für eine ganz bestimmte Vorlage. Gleichwohl soll der einmal proklamierte Gesetzgebungsnotstand in den folgenden sechs Monaten auch noch für eine beliebige Zahl von anderen dringlichen Gesetzesvorlagen ausgenutzt werden können, wenn der Bundestag deren Annahme ablehnt[54]). Die Frage ist, ob in diesen weiteren Fällen jedes Mal wieder die ganze Prozedur nach Art. 81 I durchlaufen werden muß, nämlich: Antrag der Bundesregierung an den Präsidenten, Zustimmung des Bundesrates, Erklärung des Gesetzgebungsnotstandes durch den Präsidenten. Man wird die Frage im Hinblick auf den Wortlaut des Art. 81 Abs. 3 S. 1 („gemäß Abs. 1 und 2") bejahen müssen. Das umständliche Verfahren hat den Nach- und Vorteil, daß Bundespräsident und Bundesrat in allen Fällen von vornherein eingeschaltet bleiben.

7. Während der Amtszeit ein- und desselben Bundeskanzlers ist eine weitere Erklärung des Gesetzgebungsnotstandes nicht mehr zulässig, wenn sechs Monate seit der ersten Erklärung eines Gesetzgebungsnotstandes verstrichen sind. Das ergibt sich aus Art. 81 Abs. 3 S. 2. Die 6-Monats-Frist ist als Ausschlußfrist gedacht. Die Beteiligten sollen gezwungen werden, in dieser Zeit die Funktionskrise zu beheben.

---

[54]) Die Gesetzesvorlagen müssen dabei wie Art. 81 Abs. 3 sagt, innerhalb der sechs Monate „gemäß Abs. 1 und 2 verabschiedet" (nicht etwa: erlassen!) sein, d. h. der Bundesrat muß noch innerhalb der Frist „zugestimmt" haben, Ausfertigung und Verkündung sind auch nach Ablauf der sechs Monate zulässig.

Die starre zeitliche Begrenzung und vor allem die Anknüpfung an den Termin der ersten Erklärung kann zu unbefriedigenden Ergebnissen führen. Denkbar ist z. B. folgender Fall: Auf die erste Erklärung des Gesetzgebungsnotstandes hin, hat der Bundestag sich doch noch bereitgefunden, die von der Regierung gewünschte Gesetzesvorlage zu beschließen. Der Reservegesetzgeber ist also nicht zum Zuge gekommen, die Erklärung des Gesetzgebungsnotstandes ist nicht ausgenutzt worden. Tritt nun nach Jahr und Tag ein zweiter Krisenfall auf, so ist gleichwohl demselben Kanzler der Weg des Art. 81 verschlossen, weil die 6-Monats-Frist schon durch die erste, nicht praktisch gewordene Erklärung in Gang gesetzt wurde und abgelaufen ist.

8. Den im Wege des Art. 81 erlassenen Gesetzen kommt grundsätzlich die gleiche Geltungsdauer und Geltungskraft zu, wie den vom Bundestag verabschiedeten Gesetzen.

a) Sie gelten weder befristet, noch bedürfen sie einer späteren parlamentarischen Bestätigung. Die Gefahr, daß sich die politischen Parteien um notwendige, aber unpopuläre Gesetzesbeschlüsse drücken und die Entscheidung nicht ungern der Bundesregierung und dem Bundesrat überlassen, kann also auftreten. Einer Flucht aus der Verantwortung ist aber mit Verfassungsartikeln ohnehin nicht beizukommen.

b) Was die Geltungskraft der im legislativen Notwege erlassenen Gesetze anbetrifft, so führt eine genauere Prüfung zu einem überraschenden und von den Verfassungskonstrukteuren in Bonn wohl kaum geahnten Ergebnis. Nehmen wir an, im Bundestag habe sich eine Mehrheit gegen die Regierung zusammengefunden. Diese Mehrheit ist sich darin einig, daß ein soeben im Wege des Art. 81 zustandegekommenes Gesetz nicht hätte ergehen sollen. Über das, was positiv zu geschehen hätte, besteht dagegen keine Einigkeit. Dann könnte die negative Mehrheit nunmehr ein Aufhebungsgesetz beschließen und so das im legislativen Notwege erlassene Gesetz wieder umstoßen. Ein offenbar unsinniges Ergebnis! [Nur ein zur Approbation fähiges Parlament ist auch zur Reprobation legitimiert, um die bekannte Prägung Erich Kaufmanns zu wiederholen[55].] Man muß daher verlangen, daß zur Abänderung oder Aufhebung eines nach Art. 81 verabschiedeten Gesetzes in jedem Fall der Bundesrat und die Bundesregierung ihre Zustimmung geben müssen, solange die Gesetzgebungsnotlage andauert. Das bedeutet aber: die im legislativen Notweg zustande gekommenen Gesetze sind — solange der Gesetzgebungsnotstand währt — nur erschwert abänderbar!

9. Die mit Hilfe des Art. 81 erlassenen Rechtsvorschriften sind Gesetze. Nur durch das Verfahren bei ihrem Zustandekommen

55) Vgl. oben Anm. 7.

unterscheiden sie sich von anderen Gesetzen. Man müßte also annehmen. daß die auf dem Wege des Art. 81 erlassenen Vorschriften ihrem Inhalt nach alles das regeln können, was auf dem parlamentarischen Gesetzgebungsgeleise geschehen dürfte. Nicht mehr und nicht weniger. Diese Annahme bedarf jedoch näherer und kritischer Prüfung:

a) Klar dürfte zunächst folgendes sein: Während früher der Reichspräsident bei der Ausübung seines Notverordnungsrechts nicht an die in der Weimarer Verfassung festgelegte Kompetenzverteilung zwischen Reich und Ländern gebunden war, erweitert jetzt der Gesetzgebungsnotstand die legislative Zuständigkeit des Bundes nicht.

b) Klar dürfte weiter sein: nach der ausdrücklichen Bestimmung des Art. 81 Abs. 4 darf keine im Wege des Art. 81 zustande kommende Norm das Grundgesetz ändern oder ganz oder teilweise außer Kraft oder außer Anwendung setzen. Man darf diese Bestimmung als eine Antwort ansehen auf den bekannten Streit, der sich im Anschluß an Art. 48 Abs. 2 der Weimarer Verfassung erhoben hatte über die Frage, ob der Reichspräsident neben der Möglichkeit, gewisse Grundrechtsartikel außer Kraft zu setzen, auch noch die Befugnis zu Verfassungs-Suspensionen und Durchbrechungen besaß. Das Grundgesetz stellt sich, um einen neuen Streit dieser Art in bezug auf Art. 81 von vornherein zu vermeiden, auf den Boden der sogenannten Unantastbarkeitslehre von Richard Grau u. a. Die alte Frage sollte hiernach entschieden sein[56]. Da aber die Glossatoren stets schlauer sind als die Kaiser, so werden auch die Kommentatoren zum Grundgesetz alsbald mehr Fragen aufwerfen, als der Verfassungsgeber Antworten gegeben hat. Ich will hier gleich den Anfang machen:

(1) Zunächst kann es zuweilen zweifelhaft sein, ob ein Gesetz das Grundgesetz ändert oder nicht. Zwar macht Art. 79 jede Grundgesetzänderung von einer förmlichen Änderung des Grundgesetztextes abhängig. Es kann aber Gesetze geben, die tief in

---

[56]) Die Tatsache, daß Art. 81 IV GG. für die im Reservegesetzgebungsweg erlassenen Gesetze nicht nur Verfassungsänderungen, sondern ausdrücklich auch Durchbrechungen und Suspensionen verbietet (das Grundgesetz darf „weder geändert, noch ganz oder teilweise außer Kraft oder außer Anwendung gesetzt werden"!), verleitet leicht dazu, aus dieser Fassung ein argumentum e contrario für Art. 79 zu gewinnen, also anzunehmen, daß Art. 79 im Gegensatz zu Art. 81 nur Verfassungsänderungen im engeren Sinne betrifft. Eine solche juristische Folgerung dürfte indessen kaum den Absichten des Parl. Rates entsprechen. Bei der Beratung von Art. 81 erinnerte der Abg. Seebohm an den Streit, der sich im Anschluß an Art. 48 WV. erhoben hatte. (Vgl. Kurzprotokoll der 34. Sitzung des Hauptausschusses am 11. 1. 1949). Um künftige Zweifel ähnlicher Art nicht aufkommen zu lassen, nahm man den Abs. 4 auf, wollte aber keinen Gegensatz zu Art. 79 ausdrücken.

die Ordnung der neuen Bundesrepublik eingreifen und ihre verfassungsrechtliche Struktur verändern, ohne daß ein Buchstabe des Grundgesetzes geändert werden müßte. Das sind die Fälle von verdeckten oder mittelbaren Verfassungsumgestaltungen. Wenn etwa durch ein neues Gesetz ein strenges Mehrheitswahlsystem eingeführt würde, so hätte dies wahrscheinlich beträchtliche Auswirkungen auf die Stellung der politischen Parteien im Staat und damit auf ihre Rolle im Bundestag und der Regierung gegenüber. Ein solches Wahlgesetz wäre gleichwohl nicht Grundgesetz-ändernd im Sinne des Art. 79, denn Art. 38 Abs. 3 GG. überläßt die nähere Bestimmung des Wahlssystems (Mehrheitswahl, Verhältniswahl oder kombiniertes System) einem einfachen Bundesgesetz. Trotzdem müßte man sich fragen, ob ein neues Bundeswahlgesetz auch auf dem Wege des Gesetzgebungsnotstandes verabschiedet werden könnte.

(2) Wie wäre es, wenn der Gesetzgebungsnotstand dazu benutzt werden sollte, um ein Gesetz über Volksbefragung zu erlassen und so Plebiszite in Einzelfällen oder allgemein einzuführen? Ein solches Gesetz würde nicht unbedingt eine Änderung des positiven Verfassungstextes erfordern, aber jedenfalls eine Verfassungsergänzung bedeuten, ein Tatbestand, von dem Art. 81 Abs. 4 zwar ebenfalls nicht ausdrücklich spricht, der aber wohl sinnvollerweise den Änderungen im strengen Sinne des Wortes gleichzustellen wäre.

(3) Im Zusammenhang damit muß man sich auch fragen, ob ganz allgemein Ausführungsgesetze zum Grundgesetz im Wege des Art. 81 verabschiedet werden können, also z. B. das in Art. 94 III vorgesehene Gesetz über den Bundesverfassungsgerichtshof, in dem auch bestimmt werden soll, wann die Entscheidungen des Verfassungsgerichts Gesetzeskraft haben.

10. Abgesehen von den Fällen des Art. 81 IV, also den Unantastbarkeits-Tatbeständen zugunsten der Verfassung, gibt es m. E. noch eine weitere Gruppe von Fällen, in denen der Gesetzgebungsnotweg nicht ohne weiteres beschritten werden darf, jedenfalls nicht in unmittelbarer Anwendung des Art. 81. Ich meine solche Fälle, in denen das Grundgesetz ausdrücklich eine besondere Zuständigkeit des Parlaments — außerhalb von dessen allgemeiner Gesetzgebungsaufgabe — begründet und gerade die Mitwirkung der Volksvertretung als solcher in Form eines Gesetzes gesichert wissen will. Denn Art. 81 schafft seiner Stellung im Rahmen des Grundgesetzes gemäß (er steht im Abschnitt „Die Gesetzgebung des Bundes") und seiner technischen Ausgestaltung nach nur Raum für einen Reserve-Gesetzgeber, sieht aber nicht — wenn ich so sagen darf — eine allgemeine Gebrechlichkeitspflegschaft für die parlamentarische Körperschaft vor. Eine solche ließe sich nur aus allgemeinen Grundsätzen und

Wesensgesetzen[57]) (also nicht unmittelbar aus Art. 81) herleiten, wobei noch offen stände, wer dann als Pfleger legitimiert wäre.

Wenn also z. B. Art. 59 von völkerrechtlichen Verträgen verlangt: sie „bedürfen der Zustimmung oder Mitwirkung der jeweils für die Bundesgesetzgebung zuständigen Körperschaften in Form eines Bundesgesetzes", so scheint mir klar, daß die Beteiligung der Volksvertretung usw. und die Einhaltung der Gesetzesform wesentlich sind. Mit Hilfe des Gesetzgebungsnotstandes dürfte daher in diesen Fällen das Parlament nicht überspielt werden[58]). Entsprechende Erwägungen schließen es m. E. aus, den Gesetzgebungsnotweg des Art. 81 für die Feststellung des Haushaltsplanes (Art. 110) und für Kreditgewährungen und die Übernahme von Sicherheitsleistungen zu Lasten des Bundes (Art. 115) auszunutzen[59]). Für den Fall, daß der Haushaltsplan nicht rechtzeitig verabschiedet sein sollte, gibt übrigens Art. 111 GG. der Regierung die erforderlichen Handhaben.

11. Im Anschluß an diese Zweifelsfälle möchte ich schließlich noch auf einen letzten ebenso wichtigen wie problematischen Tatbestand hinweisen, nämlich auf die hintergründige Frage der Ermächtigungsgesetze.

Welche bedeutsame Rolle die gesetzgeberische Ermächtigung in der Praxis der modernen Staaten spielt, ist bekannt[60]). Ich erinnere nur daran, daß die Fragen der „delegated legislation" ein wesentliches Kapitel des anglo-amerikanischen Verfassungsrechts ausmachen. Auch das Bonner Grundgesetz konnte der Frage nach der Zulässigkeit der gesetzgeberischen Ermächtigung nicht ausweichen. Sein Art. 80 läßt nur „kleine" Ermächtigungsgesetze zu, er schränkt die Delegationsmöglichkeit im Sinne der Triepelschen Bestimmtheits-Lehre[61]) ein. Die Frage ist, ob solche Er-

---

57) Vgl. oben Text zu Anm. 7.

58) Für das Weimarer Staatsrecht ergab sich eine ähnliche Frage: War es zulässig, die verfassungsrechtlich gebotene Zustimmung des Reichstages zu Staatsverträgen des Reichs mit auswärtigen Staaten auf dem Wege über Art. 48 II WV. zu ersetzen? Vgl. dazu (die Frage im Ergebnis bejahend) H. Schade, Arch. d. öff. R., N. F., Bd. 21 (1931) S. 364f.

59) Über das ähnliche Problem der Budget- und Kreditdiktatur (im Anschluß an den Streit zwischen der Reichsregierung und der Reichsschuldenverwaltung in den Jahren 1931/32) vgl. J. Heckel, Arch. d. öff. R., N. F., Bd. 22 (1932) S. 319, mit zahlreichen Lit.-Angaben und Hinweisen auf die diesbezüglichen Untersuchungen von Anschütz, W. Jellinek, Kühnemann, Poetzsch-Heffter, C. Schmitt, Thoma u. a.

60) Dazu Carl Schmitt: Vergleichender Überblick über die neueste Entwicklung des Problems der gesetzgeberischen Ermächtigungen, Ztschr. f. ausl. öff. R. u. VölkerR., Bd. 6 (1936) S. 252f., wiederabgedr. in „Positionen und Begriffe" (1940) S. 214f.

61) H. Triepel: Bericht vor dem 32. Deutschen Juristentag (1921) S. 17f. Noch weitergehend Poetzsch-Heffter ebenda S. 35f. Triepel hat sich auch später noch zu seiner These bekannt, „daß die Delegation nur im Dienste begrenzter Zwecke für ein bestimmtes Lebensverhältnis

mächtigungen (die also den Erfordernissen des Art. 80 entsprechen) auch mit Hilfe des Gesetzgebungsnotstandes erteilt werden können. Ich brauche nicht darzulegen, daß die Antwort große Tragweite besitzt.

Bejaht man die gestellte Frage, so leistet man einer weiteren Emanzipation der Exekutive Vorschub. Eine Regierung, die die Zeit des Gesetzgebungsnotstandes verstreichen sieht, ohne daß eine Lösung der parlamentarischen Krise zu ihren Gunsten eingetreten ist, könnte sich z. B. durch im Wege des Art. 81 zustande gekommene Ermächtigungsgesetze auch über die 6 Monate hinaus eine legislative Handhabe sichern. Man läuft also Gefahr, illegitime Selbstermächtigungen und Selbstverlängerungen in legalen Formen zu ermöglichen. Da legaler Schein in Deutschland hoch im Kurse zu stehen pflegt, befindet man sich auf bedenklichem Wege.

Verneint man unsere Frage, hält also das Zustandekommen von „kleinen" Ermächtigungsgesetzen auf dem Wege des Art. 81 für unzulässig, so beschneidet man einer Minderheitsregierung die ohnehin schon begrenzten Lebensmöglichkeiten noch weiter. Ohne die Hilfe von legislativen Ermächtigungen kann heute keine Regierung ihre Aufgaben erfüllen. „Gouverner c'est légiférer". Das ist so, weil Regieren im technisierten Massenstaat im wesentlichen Planen heißt. Planung ohne Normierung ist aber unmöglich.

Diese Schwierigkeiten kann man vielleicht in der Weise praktisch lösen, daß man befristete Ermächtigungsgesetze auf dem Wege über Art. 81 passieren läßt. Freilich darf man dabei nicht übersehen, daß die auf Grund einer solchen Ermächtigung einmal erlassenen Verordnungen der Regierung im allgemeinen fortleben und fortwirken, auch wenn der Verordnungsgeber seine legislative Kompetenz längst verloren hat. Ich erinnere z. B. daran, daß noch heute die Landesregierungen von den Früchten der Ermächtigung zehren, die der Reichstag im Jahre 1923 der damaligen Reichsregierung zur Behebung der durch die Ruhrbesetzung entstandenen Schwierigkeiten auf die Dauer von mehreren Monaten gewährt hatte[62]).

Für die richtige Beantwortung der Frage, ob der Notweg des Art. 81 für die Erteilung legislativer Delegationen benutzt werden

---

erfolgen kann" (Delegation und Mandat, 1942, S. 120/121). Auf die neuere Kritik von C. Schmitt (Positionen S. 224f.) ist er nicht eingegangen.

[62]) So hat das niedersächsische Staatsministerium am 24. 10. 1947 zur Vorbereitung der Bodenreform eine „Verordnung über die Anmeldung von Grundbesitz" erlassen (Nds. GVBl. S. 91) unter Berufung auf die Verordnung der Reichsregierung über Auskunftpflicht vom 13. 7. 1923 (RGBl. I S. 723). Diese Verordnung wiederum stützt sich auf das bis zum 31. 10. 1923 befristet gewesene Ermächtigungsgesetz des Reichstages vom 24. 2. 1923 (RGBl. I S. 147) in der Fassung des Ges. vom 25. 5. 1923 (RGBl. I S. 299).

darf, wird man auf die Art und den Inhalt des konkreten Ermächtigungsgesetzes abstellen müssen. Man wird ihrer rechtlichen Qualität nach verschiedene Arten von Ermächtigungen unterscheiden müssen, etwa solche, bei denen es dem Delegierten überlassen bleibt, echte Rechtsprinzipien von bleibender Bedeutung zu entwickeln (also rechtsschöpferisch voranzugehen) und solche, bei denen es sich lediglich darum handelt, einer bereits festgelegten Route zu folgen oder innerhalb eines Systems von festen Punkten die rechtlichen Verbindungen zu ziehen. In den letzteren Fällen handelt es sich eigentlich um nichts anderes als um eine Autorisierung, die Form der Rechts-Verordnung für Regierungsentscheidungen zu benutzen. Diese Ermächtigungen betreffen einen Tatbestand, den man in Anlehnung an einen neuen englischen Begriff[63]) „Administrative-Quasi-Legislation" nennen kann. Gesetzgeberische Ermächtigungen solchen minderen Grades mag man getrost im Notgesetzgebungsweg passieren lassen.

Ich muß mich hier mit diesen Andeutungen begnügen. Immerhin lassen sie schon erkennen, wie viele grundsätzliche Fragen der Gesetzgebungsnotstand aufwirft. Veranlaßt mag manche Zweifelsfrage sein durch die mangelhafte Fassung, in welche der Verfassungsgeber seinen Willen gekleidet hat. Die Gründe der Problematik liegen tiefer, nämlich in der verfassungsmäßigen Anerkennung einer Regierungsgesetzgebung im Rahmen des parlamentarisch-demokratischen Systems. Im Hintergrunde dieser Entwicklung steht eine tiefgehende Unsicherheit des herkömmlichen Legalitätsdenkens, ja bahnt sich wahrscheinlich eine Wandlung des Gesetzesbegriffes an.

Ich komme zum Schluß. Das Grundgesetz hat auf seine Weise den Versuch unternommen, einerseits die Abhängigkeit der Regierung von der Mehrheit des Parlaments zu sichern und andererseits der Regierung eine ausreichende Stabilität zu verleihen. In dem dabei entwickelten System der Beziehungen, Kontrollen und Balancen sind drei Punkte wesentlich: die Wahl des Kanzlers durch den Bundestag, die Einrichtung des konstruktiven Mißtrauensvotums und die Schaffung eines Reservegesetzgebungsweges. Überblickt man die komplizierte Regelung als Ganzes, so kann man sich schwerlich des Eindrucks erwehren, daß der Parlamentarische Rat bei seinen Entscheidungen ungleich stärker an die Erfahrungen der Vergangenheit gedacht, als die Aufgaben und Erfordernisse der staatlichen Zukunft ins Auge gefaßt hat. Prüft man weiter die juristischen Einzelheiten der gewählten Lösung, so wird der Kenner die Punkte nicht übersehen können, in denen die Weimarer Verfassung den Grundgesetzgestaltern von Bonn, wenn auch in Widerspruch und Umkehr, den Weg vor-

[63]) R. E. Megarry, Administrative Quasi-Legislation, Law Quarterly Review Bd. 60 (1944) S. 125f.

gezeichnet hat[64]). Freilich darf nicht vergessen werden, daß der Parlamentarische Rat sich nicht nur von den Geistern der Vergangenheit bedrückt fühlen mußte, sondern auch gezwungen war, Abwehrstellung gegen eine leibhafte Gegenwart zu beziehen, nämlich gegen die Diktatur in demokratischem Verfassungsgewande, gegen das System einer sogenannten radikalen Demokratie.

Ob das Grundgesetz dabei nicht ein Übermaß von Sicherungen zugunsten der Länder und Parteien und zu Lasten einer sicheren und wirkungskräftigen Bundesführung entwickelt hat, will ich hier nicht entscheiden. Das System wird seine Wirksamkeit und Krisenfestigkeit zu beweisen haben. Ich möchte mich nur zu der Überzeugung bekennen, die Robert v. Mohl am Ende seiner Heidelberger Zeit in die folgenden Worte gekleidet hat[65]):

„Der wirkliche Schutz gegen Regierungsübergriffe liegt nicht in der prinzipiellen Versagung von Befugnissen, welche tatsächlich notwendig oder doch sehr nützlich sein können, sondern in der Einsicht und in dem verfassungsmäßigen Sinn des Volkes und seiner Vertreter, welcher jede ungerechtfertigte Maßregel alsbald als solche erkennt und dann mit Kraft zurückweist."

Leitsätze des Mitberichterstatters über Kabinettsfrage und Gesetzgebungsnotstand nach dem Bonner Grundgesetz

I. Das Grundgesetz schwächt das herkömmliche parlamentarische Regierungssystem in verschiedenen Punkten zugunsten größerer Selbständigkeit der Regierungsführung vor allem gegenüber unechten parlamentarischen Mehrheiten ab.

1. Der Kanzler trägt zwar breitere Verantwortung (die Kabinettsfrage wird zur Kanzlerfrage zugespitzt), kann aber durch einfaches Mißtrauensvotum des Bundestages nicht gestürzt werden.

2. Die Verschmelzung von Mißtrauensbeschluß und Nachfolgerwahl verbessert die bisher entwickelten Formen des sog. konstruktiven Mißtrauensvotums. Art. 67 GG. schließt im übrigen Mißbilligungsbeschlüsse des Bundestages nicht aus.

3. Die Regelung gleicht wenigstens teilweise den Fortfall der Stabilisierungsfaktoren aus, die früher der Reichspräsident der Reichsregierung bot.

---

64) Dazu grundsätzlich Werner Weber, Weimarer Verfassung und Bonner Grundgesetz (1949) S. 5f.

65) Staatsrecht, Völkerrecht und Politik II, 1. Bd. (1862) S. 625.

4. *Die in Art. 67 GG. getroffene Regelung kann zu unerwünschten Auswirkungen führen: schwelende Opposition hinter den Kulissen, Bevorzugung außerparlamentarischer Kampfmittel, Druck auf heterogene Parteien sich in einem politischen Nullpunkt zu vereinigen.*

II. *Der Gesetzgebungsnotstand (Art. 81 GG.) bildet eine notwendige Ergänzung zu der in Art. 67 und 68 GG. getroffenen Regelung. Unechten parlamentarischen Mehrheiten soll durch Art. 81 die Möglichkeit genommen werden, die Gesetzgebungsmaschinerie zu blockieren. Bei dem engen Zusammenhang von légiférer und gouverner könnte sonst jeder Minderheitskanzler mittelbar zum Rücktritt genötigt werden.*

1. *Der Gesetzgebungsnotstand ist nach Voraussetzung, Wesen und Wirkung weder ein Spezialfall des Ausnahmezustandes, noch kann er dem herkömmlichen Notverordnungs-Tatbestand (Art. 55 Pr. Verf. von 1920) gleichgesetzt werden.*
2. *Art. 81 schafft eine Legalitätsbrücke („Legalitätsreserve"), wenn der parlamentarische Gesetzgeber sich blockiert.*
3. *Die durch Art. 81 GG. anerkannte Existenz eines nichtparlamentarischen und nicht-plebiszitären Reserve-Gesetzgebers wirft für das parlamentarisch-demokratische Verfassungsrecht theoretische und praktische Probleme von großer Tragweite und grundsätzlicher Bedeutung auf. (Insbesondere in bezug auf den Begriff des Gesetzes, die Gewaltenteilungslehre, das Rangverhältnis und die Macht der verschiedenen Gesetzgeber.)*
4. *Ferner ergeben sich eine Reihe von Zweifelsfragen aus der Wortfassung des Art. 81 und aus der rechtstechnischen Ausgestaltung des Gesetzgebungsnotstandes.*

Kabinettsfrage und Gesetzgebungsnotstand nach dem Bonner Grundgesetz (3. Aussprache)

Laforet-Würzburg: Mitglied des Parlamentarischen Rates: I. Der Bundespräsident hat nach Art. 63 Abs. I dem Bundestag einen Bundeskanzler vorzuschlagen. Das ist eine Rechtspflicht des Bundespräsidenten. Der Präsident ist in seinem Vorschlag in keiner Weise eingeschränkt. Er kann vor seinem Vorschlag mit der Persönlichkeit, die er vorschlagen will, in Verhandlungen treten, insbesondere über die Richtlinien der Politik, die der Kanzler nach Art. 65 Abs. I bestimmen wird. Er kann auch mit dem vorzuschlagenden Kanzler vereinbaren, welche Bundesminister der Kanzler dem Bundespräsidenten nach Art. 64 Abs. I vorschlagen wird. Der Bundespräsident kann aber auch nach seinem Ermessen von jeder Verhandlung mit dem vorzuschlagenden Kanzler absehen und nur den Kanzler nach dessen Gesamtpersönlichkeit auswählen und vorschlagen. Dann ist der Kanzler, insbesondere im Vorschlag der Bundesminister, frei.

Beim ersten Vorschlag eines Kanzlers durch den Bundespräsidenten nach dem Zusammentritt des Bundestages am 15. 9. 1949 ist ein Vorschlag ohne jede vorherige politische Bindung erfolgt.

II. Das Grundgesetz steht schlechthin auf dem Boden des Grundgedankens, daß der Bundeskanzler die Rechtsstellung eines verantwortlich leitenden „Reichsoberministers" hat, wie es Anschütz in Anm. 1 zu Art. 52 WRV. gesagt hat. (Ich selbst habe im Hauptausschuß des Parlamentarischen Rates geäußert, daß noch mehr als für die WRV. diese klare Beurteilung für das GG. zutrifft.)

Der Kanzler bestimmt, wenn auch in entscheidender Abhängigkeit vom Bundestag, die Richtlinien der Politik. Er bildet die Bundesregierung aus Männern und Frauen seines Vertrauens, denn er schlägt dem Bundespräsidenten die Bundesminister vor. Alle Minister sind vom Kanzler abhängig. Endigt das Amt des Bundeskanzlers (mit dem Zusammentritt eines neuen Bundestages oder auf andere Weise, z. B. durch den Tod des Kanzlers oder seine Entlassung nach Art. 67), so endigt das Amt jedes Bundesministers.

Nach Art. 64 Abs. I werden die Bundesminister auf Vorschlag des Bundeskanzlers vom Bundespräsidenten ernannt und entlassen. Damit ist eine Pflicht des Bundespräsidenten ausgesprochen, nach dem Antrag des Bundeskanzlers zu verfahren. Es liegt eine gleiche Pflicht vor, wie sie in Art. 82 Abs. I Satz 1 für die Ausfertigung der Gesetze gegeben ist.

Auf die Auswahl der Person der Minister hat der Bundespräsdent, wenn diese Auswahl nicht von ihm vor seinem Vorschlag nach Art. 63 Abs. I mit dem künftigen Bundeskanzler vereinbart ist, keinen rechtlichen Einfluß. Gestaltungsbefugnis, politische Befugnis, ist dem Präsidenten nur gegeben, wenn und soweit sie im Grundgesetz ausdrücklich bestimmt ist, z. B. in Art. 63 Abs. IV. Für die Ernennung der Bundesminister hat der Bundespräsident nur die Möglichkeit der persönlichen unverbindlichen Stellungnahme gegenüber dem Kanzler.

Der Bundestag kann einen Bundeskanzler wählen, nachdem dieser dem Bundestag eine Ministerliste vorgelegt hat. Er kann aber auch eine Wahl vornehmen, ohne daß der zu wählende Kanzler dies getan hat. So war dies am 15. 9. 1949 der Fall. Dann ist, rechtlich betrachtet, der Bundeskanzler in seiner Befugnis der Auswahl der Personen für die Ministerposten frei. Er ist frei gegenüber seiner Partei, wie gegenüber etwaigen Koalitionsparteien. Auch der Bundestag kann ihm keine Weisung geben. Hat der Bundestag einen Kanzler gewählt, ohne daß eine Ministerliste vorgelegt war, so liegt keinerlei rechtliche Bindung vor. Man wird jedoch bejahen müssen, daß der Kanzler nach seiner Wahl auch für den Vorschlag eines Ministers an den Bundespräsidenten die politische Verantwortung gegenüber dem Bundestag trägt und, wenn man es auf die letzte Auswirkung kommen läßt, der Vorschlag eines Ministers die Grundlage eines Mißtrauensvotums nach Art. 67 geben kann.

III. Es gibt kein Mißtrauensvotum gegenüber einem einzelnen Minister. Der Bundeskanzler allein ist befugt, beim Bundespräsidenten die Entlassung eines Ministers zu beantragen. Der Bundestag hat keine Befugnis, einen Bundesminister aus dem Kabinett „herauszuschießen", doch ist es wohl als zulässig zu erachten, daß der Bundestag beschlußmäßig den Kanzler auffordert, die Entlassung eines Ministers beim Bundespräsidenten zu beantragen. Dann kann die Weigerung des Kanzlers, diesem Beschluß des Bundestages zu entsprechen, wie jeder andere Umstand, die Grundlage eines Mißtrauensvotums nach Art. 67 sein. Eine Ministerkrise kann eine Kanzlerkrise werden.

IV. Ein Mißtrauensvotum gibt es nur gegenüber dem Kanzler. Der Art. 67 hat aus der Verfassung von Württemberg-Baden einen neuen Rechtsgedanken übernommen. Ein Mißtrauensvotum im rechtlichen Sinne mit der Folge, daß der Bundespräsident den Bundeskanzler zu entlassen hat, liegt nur vor, wenn der Bundestag in einem Gesamtakt dem bisherigen Kanzler sein Mißtrauen ausspricht und gleichzeitig einen neuen Kanzler wählt. Es ist zuzugeben, daß die Stellung eines Kanzlers, über dessen Nachfolger die Parteien verhandeln, tatsächlich geschwächt ist. Rechtlich ist er, bis zum Abschluß des Gesamtaktes, in voller Wirkungsbefugnis. Liegt andererseits der Gesamtakt vor, so hat ihn der Bundespräsident zu vollziehen. Ihm kommt keinerlei Entscheidungsmacht zu. Anders ist dies, wenn der Kanzler selbst nach Art. 68 beantragt hat, ihm das Vertrauen auszusprechen. Dann kann der Bundestag mit der Mehrheit der gesetzlichen Mitgliederzahl (Art. 121) den Antrag des Kanzlers, ihm das Vertrauen auszusprechen, ablehnen. Dann ist dem Bundespräsidenten eine gestaltende Entscheidungsmacht gegeben. Er kann auf Vorschlag des Kanzlers binnen 21 Tagen den Bundestag auflösen, also im Streitfall zwischen Bundestag und Kanzler die Entscheidung des Volkes herbeiführen. Nach dem Vorschlag des Organisationsausschusses ist jedoch bestimmt, daß das Recht des Präsidenten auf Auflösung des Bundestages erlischt, sobald dieser mit Mehrheit der gesetzlichen Mitgliederzahl einen anderen Bundeskanzler wählt. Man hat geltend gemacht, daß ja dann das Ziel wieder erreicht ist, eine handlungsfähige Bundesregierung zu schaffen.

V. In der Frage des Notverordnungsrechtes gehöre ich zu denjenigen, welche es für notwendig hielten, wenn auch mit erheblichen Sicherungen, eine Befugnis der Bundesregierung — nicht des Bundespräsidenten — zu schaffen, Notverordnungen zu erlassen. Der Gedanke ist jedoch unter Hinweis auf die Erfahrungen mit Art. 48 WRV. von der Mehrzahl auf beiden Seiten des Parlamentarischen Rates abgelehnt worden. Es ist unrichtig, daß hier eine Beeinflussung durch die Besatzungsmächte erfolgt sei. Man hat auch ein Notverordnungsrecht für den Fall der tatsächlichen Behinderung des Bundestages durch Aufruhr oder große Verkehrsstörungen, also für die Fälle des tatsächlichen Notstands, im Gegensatz zu dem Gesetzgebungsnotstand des Art. 81, abgelehnt. Dagegen enthält Art. 119 für die Angelegenheit der Flüchtlinge und Vertriebenen ein echtes Notverordnungsrecht der Bundesregierung, mit Zustimmung des Bundesrates Verordnungen mit Gesetzeskraft zu erlassen.

v. Mangoldt-Kiel, Mitglied des Parlamentarischen Rates, gibt eine Schilderung der Arbeitsweise beim Zustandekommen des Bonner Grundgesetzes und tritt insbesondere dem Vorwurf entgegen, es sei hinter verschlossenen Türen verhandelt worden: Nach jeder Verhandlung ist stets der Presse eingehend berichtet worden, und die Presse hat die Entwürfe der fertiggestellten Teile übergeben erhalten, doch ist von diesen Informationen meist nur ein sehr unvollständiger Gebrauch gemacht worden. Auch enthielten die Berichte meist eine Fülle von Unrichtigkeiten. Andererseits erwies sich die öffentliche Verhandlung oft als untunlich und dem Fortgang der Sache hinderlich, so z. B. in den auf Wunsch von Karl Schmid in öffentlichen Sitzungen durchgeführten Verhandlungen im Hauptausschuß. Manche Frage hat hier wegen der damit verbundenen Gefahren für die öffentlichen Interessen nicht in der Ausführlichkeit erörtert werden können, die erforderlich gewesen wäre. Insbesondere mußte manche Ausführung wegen der Gegensätze zwischen Ost und West und im Hinblick auf unsere beschränkte Souveränität unterbleiben.

Die für das Gesamtwerk leitenden Grundgedanken waren folgende: jeder Absolutismus jedes Organs sollte verhindert, die Regierung aber trotzdem stabil gemacht werden. Die besondere Schwierigkeit war dabei, diese beiden sich widerstreitenden Ideen in Einklang zu bringen. Ein dritter Grundgedanke war der, durch die Gestaltung der formalen Zuständigkeiten Parlament und Regierung immer wieder zur Verantwortung zu zwingen. Wenn gesagt wurde (Referat Schneider), durch Verfassungsbestimmungen könne man die Flucht aus der Verantwortung nicht hindern, so sei darauf zu entgegnen, daß die Flucht aus der Verantwortung doch zum mindesten aber erschwert werden kann, und auch das sei schon wichtig. Wenn nach der Weimarer Verfassung bei Ausfall eines Organs ein anderes dafür hätte eintreten können, so z. B. nach den Vorschriften über die Diktaturgewalt des Reichspräsidenten, so sei dieser Weg jetzt nicht wieder beschritten. Die Einführung des sogen. „konstruktiven" Mißtrauensvotums — übrigens ein Begriff, der nicht sehr glücklich gewählt sei — bringe bei allem, was dafür spreche, doch auch die unerfreuliche Tatsache mit sich, daß in der Vorschrift geradezu eine Aufforderung zur Illoyalität liege, da über eine neue Regierung nur hinter dem Rücken des Kanzlers verhandelt werden könne. Über die näheren Vorgänge bei den Beratungen, in denen sich die Abschaffung eines ursprünglich vorgesehenen, aber sehr eingeschränkten Notverordnungsrechtes Weimarer Prägung ergab, sind genauere Feststellungen nicht möglich, da das in interfraktionellen Besprechungen geschehen ist, über die keine Protokolle vorliegen. Die Befürchtungen gegenüber einer jeden Notgesetzgebung sind wohl so groß gewesen, daß man sich entschloß, ganz darauf zu verzichten. Insbesondere waren auch die Bedenken gegen jede in Verbindung damit vorzusehende Aufhebung von Grundrechten sehr stark.

Merk-Tübingen: Ich vermag den Ausführungen des Herrn Jellinek, sofern sie nur Auslegung geltenden Rechts, d. h. des Bonner Grundgesetzes, und nicht rechtspolitische Vorschläge im Sinne einer Ergänzung des BGG. sein wollen, zum großen Teile nicht zuzustimmen; ich weiß nicht, wie man vom Standpunkt einer bloßen Auslegung zu z. T. so weitreichenden und ins Einzelne gehenden Rechtssätzen in einwandfreier Weise kommen kann. Wohl stimme ich der Auslegung des Art. 42 Abs. 2 Satz 1 BGG. zu, wonach bei der Berechnung der Mehrheit der abgegebenen Stimmen bei Bundestagsbeschlüssen nur die auf: „Ja" oder „Nein", nicht dagegen die auf Stimmenthaltung lautenden Stimmen berücksichtigt werden. Denn die „Enthalter" schalten sich sozusagen selbst von der Mitbestimmung bei der Entscheidung aus und überlassen diese den für „Ja" oder „Nein" Stimmenden; im übrigen entspricht dies auch der bisherigen Regelung nach § 100 der früheren Geschäftsordnung des Reichstags. —

Die zu Art. 58 BGG. gegebene Erläuterung halte ich für selbstverständlich.

Dagegen vermag ich namentlich für die weiter vorgetragene Auffassung, daß in dem Falle, daß der Bundespräsident sich nicht zu einem Vorschlag des Bundeskanzlers entschließen könne, der Bundestag dem Bundespräsidenten eine angemessene Frist für den Vorschlag setzen könne, nach deren fruchtlosem Ablauf das Kanzlerbestimmungsrecht in vollem Umfange auf den Bundestag übergehe, eine verfassungsmäßige Grundlage beim Fehlen einer derartigen Bestimmung nicht zuzuerkennen. Da die Anordnungen und Verfügungen des Bundespräsidenten zu ihrer Gültigkeit der Gegenzeichnung des Bundeskanzlers oder des zuständigen — auf Vorschlag des Bundeskanzlers zu ernennenden — Bundesministers bedürfen, so ist der Bundespräsident ja solange rechtlich handlungsunfähig, als Bundeskanzler bzw. Bundesminister nicht vorhanden sind, so daß in der Wirklichkeit ein derartiger Fall kaum vorkommen dürfte. Würde der Bundespräsident aber gleichwohl irgendwelche Anordnungen oder Verfügungen vor der Kanzlerernennung vornehmen, so würde gegen ihn die Staatsanklage wegen vorsätzlicher Verletzung des Grundgesetzes nach Art. 61 erhoben werden können; von anderem ganz abgesehen, gewährt m. E. diese Bestimmung einen genügenden rechtlichen Schutz gegenüber Verfassungsverletzungen. Im übrigen möchte ich der Auffassung Ausdruck geben, daß man dem Inhaber des höchsten Amtes, der durch die Wahl der Bundesversammlung in seine Stellung berufen wird, doch wohl ein gewisses Vertrauen mit Bezug auf die Erfüllung seiner Pflichten wird entgegenbringen dürfen; dieses höchste Amt erfordert auch eine gewisse Würde, die durch allzu weitgehende, aus übertriebenem Mißtrauen hervorgehende einengende Bestimmungen — wie sie aber hier in Wahrheit fehlen — beeinträchtigt würde. Ähnliche Bedenken habe ich auch hinsichtlich der Erläuterung zu Art. 63 Abs. 2 und 3 und Art. 67 Abs. 1, wonach der Bundespräsident dem Ersuchen binnen 7 Tagen entsprechen und gleichzeitig den zum Bundeskanzler Gewählten ernennen muß. Auch bin ich im Falle des Art. 63 Abs. 4 nicht der Auffassung, daß bei Stimmengleichheit das Los zu entscheiden hat, sondern entnehme dem Gesetz, daß dann keine Mehrheit erreicht ist. Ebensowenig vermag ich der Auffassung zuzustimmen, daß im Falle des Art. 63 Abs. 4 Satz 3, wenn der zum Kanzler Gewählte die Mehrheit der Bundestagsmitglieder nicht erhält, die Pflicht zur Kanzlerernennung die „stärkere" sein soll gegenüber der Möglichkeit der Auflösung des Bundestages; beide Möglichkeiten stehen vielmehr nach dem Gesetz dem Bundespräsidenten in gleicher Weise zur Wahl.

Daß der Vorschlag des Bundeskanzlers für die Ernennung zum Bundesminister auf alle Fälle für den Bundespräsidenten bindend sein soll, wie Herr Jellinek weiter meint, vermag ich dem BGG. im Wege der Auslegung nicht zu entnehmen; m. E. kann der Bundespräsident zwar keinen anderen zum Minister ernennen, als der Bundeskanzler vorschlägt, aber er braucht nicht jeden Vorgeschlagenen zu ernennen, wie er ja doch im Einzelfalle berechtigte Bedenken mit Bezug auf die Person des Vorgeschlagenen erheben kann, was m. E. nicht abgeschnitten werden sollte.

Die Meinung des Herrn Schneider, daß Haushaltsgesetze nicht im Wege des Notstandes nach Art. 81 verabschiedet werden können, halte ich nicht für zutreffend. Wohl sieht Art. 111 eine vorläufige besondere Regelung für den Fall der nicht rechtzeitigen Feststellung des Haushaltsgesetzes vor; für die endgültige Feststellung des Haushaltsgesetzes kann jedoch auch die Bestimmung des Art. 81 von Bedeutung werden. Eine rechtliche Grundlage, die Haushaltsgesetze anders als sonstige Gesetze zu behandeln, besteht m. E. nicht. — Daß die Beschränkung der Gesetzesnotstandsfrist auf 6 Monate zu Mißständen führen kann, sei nur nebenbei erwähnt; es bleibt eigentlich bei später neu auftretendem Bedürfnis nur die Möglichkeit des Kanzlerwechsels.

Merkl-Tübingen richtet an die versammelten Tagungsteilnehmer den Appell, die Aufgabe der Staatsrechtslehrer darin zu erblicken, die deutsche Jugend aus der Skepsis gegenüber dem erneuerten Verfassungsleben herauszureißen, damit nicht der Zustand der Weimarer Zeit sich wiederhole, daß weite Kreise dem Verfassungleben entfremdet werden. Der Staatsrechtslehrer ist nicht nur ein Lehrer, er ist auch ein Hüter der Verfassung. Das Wahlrecht ist eine moralische Pflicht. Das Werk von Bonn bringt uns zwar nach dem Zusammenbruch der nationalsozialistischen Herrschaft selbstverständlich noch nicht den Deutschen Volksstaat nach unseren Vorstellungen, ist aber im Vergleich mit der kriegsbedingten Aufspaltung Deutschlands in 17 voneinander unabhängige deutsche Länder ein gewisser Fortschritt in der Richtung der staatlichen Einheit und demokratischen Freiheit: der eigentlichen staatspolitischen Aufgabe, hinter der alle Textfragen an Bedeutung verschwinden.

Schätzel-Mainz nimmt 1. die Frage der Ministerernennung wieder auf: Wenn der Standpunkt vertreten wird, daß der einmal gewählte Kanzler seine Minister vorschlagen kann, ohne daß der Präsident Einspruch zu erheben befugt ist, wird die Folge davon sein, daß der Bundestag nur einen Kanzler wählt, der ihm eine fertige Ministerliste vorlegt.

2. Zum Mißtrauensvotum: Ist eine Bundestagsmehrheit dabei, einen anderen Kanzler vorzuschlagen, so kann der amtierende Kanzler versuchen, seiner Abberufung dadurch zuvorzukommen, daß er über Art. 68, 81 den Präsidenten zur Verkündigung eines Gesetzgebungsnotstandes zu veranlassen trachtet. Dann liegt es in der Hand des Bundespräsidenten, ob er den Kanzler opfern oder den Versuch machen will, ihn mit Hilfe des Gesetzgebungsnotstandes zu halten. Dem Bundespräsidenten fällt also hier eine sehr wichtige politische Entscheidung zu.

3. Bei der Vorstellung der jetzigen Bundesregierung vor dem Bundestage durch den Kanzler wurde von der SPD. gefordert, über ein Vertrauensvotum für die ganze Regierung abzustimmen. Der Kanzler erklärte einen solchen Antrag für verfassungswidrig. Es ist richtig, daß das GG. ein solches Vertrauensvotum nicht vorschreibt. Daraus folgt aber nicht, daß es verboten wäre. Man wird den Bundestag nicht hindern können, die Frage der Zusammensetzung der Regierung zu diskutieren. Es ist schon eigenartig, daß Minister regieren können, die von der Mehrheit des Bundestages abgelehnt werden. Zum andern ist das Ganze auch eine Etatsfrage; wenn der Bundestag von den 15 Ministern nur 13 bewilligt, so ist noch ungeklärt, was der Kanzler tun soll. Aber es ist zweifelhaft, ob damit das Übel beseitigt und nicht vergrößert wurde. Denn die Opposition im Bundestag würde sich nunmehr auch in den Landtagen rühren und den Versuch machen, dort die Stimmführung im Bundesrat zum Gegenstand der Diskussion zu machen. Aus der Regierungskrise im Bund könnten leicht weitere Regierungskrisen in den Ländern entstehen.

Herrfahrdt-Marburg: Herr Jellinek hat die Auffassung vertreten, der Bundespräsident müsse die vom Kanzler vorgeschlagenen Minister ernennen. Wenn man das gewollt hätte, wäre es m. E. das Gegebene gewesen, die Minister vom Kanzler selbst ernennen zu lassen. Es ist unnatürlich, eine Ernennung auszusprechen, mit der man nicht einverstanden ist. Allerdings darf der Präsident die Ernennung nicht willkürlich verweigern; aber Art. 64 widerstreitet nicht einer Prüfung, ob der Vorschlag ein sachgemäßer ist. Es kann sein, daß der Kanzler sehr stark unter dem Druck der Parteien steht; dann muß der Präsident das Recht haben, Vorschläge zurückzuweisen, bei denen menschliche Motive erkennbar sind. Eine weitere Einengung der Rechte des Bundespräsidenten, als sie Art. 64 vorsieht, ist nicht am Platze. Der Nationalsozialismus hat sich gerade nicht über den Reichspräsidenten, sondern als stärkste Partei im Parlament durchgesetzt.

Peters-Köln: Das wesentlich Positive der Bonner Lösung ist in dem konstruktiven System der Verkoppelung von Mißtrauensvotum und Wahl des neuen Bundeskanzlers zu sehen, ferner in der Homogenität des Kabinetts; kein einzelner Minister kann aus dem Kabinett herausgerissen werden: auf diese Weise ist nur noch die Politik und nicht die Verwaltung einem Mißtrauensvotum unterworfen. — Zu warnen ist vor der Auffassung, die Volksvertretung als das eigentlich demokratische Organ anzusehen, auch die andern Staatsorgane sind Einrichtungen der Demokratie, sofern man diese nicht im östlichen absoluten Sinne verstehen will.

Brill-Frankfurt: Der größte Scharfsinn und das umfassendste Verstehen werden nicht ausreichen, um nach der Ermittlung des grammatikalischen und des logischen Inhaltes der Rechtssätze des Bonner Grundgesetzes die eigentliche Problematik der Normenanwendung zu erfassen. Ich halte es deshalb für notwendig, die Motive des Grundgesetzes eingehend zu studieren. Wenn wir, nach dem Prinzipe Kants, das Recht vor die Politik stellen und von der Politik verlangen wollen, daß sie sich dem Rechte anpaßt, müßte wenigstens eine Stelle in Deutschland geschaffen werden, die die Motive des Bonner Grundgesetzes restlos erforscht. Es gibt deren viel mehr, als gemeinhin bekannt ist. Ich nenne in diesem Zusammenhange neben dem Entwurf von Herrenchiemsee die Verfassungsarbeiten des Länderrates für das amerikanische Besatzungsgebiet in Stuttgart, die Verfassungsberatungen des Zonenbeirates für das britische Besatzungsgebiet in Hamburg, die sehr weitreichenden Bemühungen des Ausschusses für Staats- und Völkerrecht im Deutschen Büro für Friedensfragen in Stuttgart, die Vorarbeiten des Verfassungsausschusses der SPD und die Beschlüsse ihres Nürnberger Parteitages, die Ausarbeitungen des sogenannten „Ellwanger Freundeskreises", einer Vereinigung von Politikern der CDU/CSU, und die ganz in das Grundsätzliche gehenden Beratungen der Berliner Stadtverordnetenversammlung. Auch sollten endlich der gesamte Schriftwechsel zwischen den Ministerpräsidenten der Länder und den Militärbefehlshabern sowie die Niederschriften, die von deutscher Seite über die Besprechungen dieser Persönlichkeiten gemacht worden sind, vollständig der Öffentlichkeit übergeben werden. Ich glaube, daß diese Berücksichtigung der Motive viele Dinge, die in der künftigen Entwicklung eine entscheidende Rolle spielen können, in das rechte Licht setzen würde. — Für heute möchte ich Herrn Jellinek bitten, alle seine das Verfahren betreffenden Anregungen in einer zusammenfassenden Darstellung dem Bundestagsausschuß für Geschäftsordnung und Immunität einzureichen. Dieser Ausschuß hat den Auftrag, eine Reform der Geschäftsordnung auszuarbeiten. Der Vortrag von Herrn Jellinek dürfte dafür ausgezeichnetes Material bieten.

Was die Frage des Art. 81 des Grundgesetzes angeht, so wird man die von Herrn Jellinek aufgeworfenen Fragen mehr im Zusammenhange der Dynamik und der Funktionen der einzelnen Institute sehen müssen. Dabei gestatte ich mir, darauf hinzuweisen, daß das sogenannte positive Mißtrauensvotum keine Vorkehrungen für den Zerfall einer Regierung durch Zerfall der Parteienkoalition oder durch Parteizerfall enthält. Der Gesetzgeber hat das augenscheinlich nicht als aktuell in Betracht gezogen. Der Eintritt dieser Fälle ist aber für deutsche Verhältnisse, mindestens für das nächste Jahrzehnt, sehr wahrscheinlich. Man denke an das Schicksal des Reichsvolksschulgesetzes in der Weimarer Koalition. Die Anwendung des Art. 81 müßte also hinsichtlich der Kabinettsbildung eine Mittellinie zwischen der relativen Verantwortungslosigkeit von Koalitionen oder Parteimaschinen und der Diktatur eines einzelnen Mannes zu finden versuchen. Ob in jedem einzelnen Falle die Herrschaft eines einzelnen Mannes eine Diktatur im Rechtssinne sein muß, kann, wenn wir uns an Gladstone, Disraeli und den alten Chamberlain erinnern, bestritten werden. — Das besondere Gesetzgebungsrecht des Art. 81 erscheint mir nur als ein Unterfall eines größeren Problems. So leidenschaftlich ein Notverordnungsrecht nach dem Art. 48 der Weimarer Verfassung abzulehnen ist, so nüchtern muß man die Notwendigkeit einer delegierten Gesetzgebung anerkennen. Denn die moderne Massendemokratie stellt andere Anforderungen an den Staat als der liberale Rechtsstaat mit beschränktem Wahlrechte zu stellen brauchte. Da in der Massendemokratie die Gesetzgebungsmaschine ohne Unterbrechung laufen müßte, ist das Kernproblem der Art. 80 und 81 weniger ein Notstand der Regierung als ein Notstand der Gesetzgebung. Was dabei als Ausnahmezustand bezeichnet werden könnte, wird ja vom Bonner Grundgesetze nur in Bruchstücken geregelt. Es enthält Vorschriften über die Bundesexekution und über die polizeiliche Nachbarschaftshilfe der Länder im Falle eines polizeilichen Ausnahmezustandes, über diesen selbst äußert sich das Grundgesetz jedoch so wenig wie über den militärischen Ausnahmezustand, den einfachen polizeilichen Notstand und jenen aus dem falschen Gebrauch des freien Ermessens geborenen gefährlichen Komplex, den schon Drews als „Verwaltungsstandrecht" charakterisiert hat. Ich sehe darin ein Ausweichen des Bonner Grundgesetzes vor der Entscheidung Verwaltungsstaat contra Rechtsstaat. Ich glaube auch, daß für diesen Rechtsstaat ein neuer Begriff des Gesetzes gefunden werden muß, der mit dem des Justizstaates nicht identisch ist.

Wir deutschen Staatsrechtler können nichts mehr ersehnen als das Zustandekommen einer das ganze Volk vertretenden verfassunggebenden Nationalversammlung. In dieser werden die Probleme, die auf der Skala Demokratie, Gesetzgebung, Rechtsstaat, Justizstaat, Notverordnungsrecht, Ausnahmegesetze, delegierte Gesetzgebung, Diktatur liegen, von ganz anderen juristischen Temperamenten diskutiert werden, als sie der Parlamentarische Rat enthielt. Ich verweise zu diesem Zwecke nur auf die Aufsätze der Professoren Alfons Steiniger und Karl Polak in der Zeitschrift „Neue Justiz". Es ist gefährlich, die Auffassungen dieser Juristen einfach zu ignorieren. Denn wir können ihnen auf die Dauer nicht ausweichen.

Professor Jacobi, Leipzig, regt eine durchgreifende Begriffsklärung im gesamten Wahlrecht an: Die Unterscheidung von einfacher absoluter Mehrheit und voller absoluter Mehrheit (Jellinek) ist fragwürdig. Wo mehr als zwei Personen zur Wahl stehen, unterscheidet man absolute und relative Mehrheit. Wenn nur zwei Personen zur Wahl stehen, gibt es ebenso wie bei einer „Abstimmung" über Ja oder Nein einfache und qualifizierte Mehrheit. Die im Grundgesetz Art. 63 Abs. 1 und 2 geregelte erste „Wahl" des Kanzlers auf Vorschlag des Präsidenten ist in Wahrheit eine „Abstimmung "mit qualifizierter Mehrheit.

Jellinek-Heidelberg (Schlußwort): Aus Gründen der Zeitersparnis hat Herr Schneider auf sein Schlußwort verzichtet.
Sehr gefreut haben mich die Ausführungen von Herrn Laforet, mit dem ich mich durch unsere gemeinsame Arbeit am süddeutschen Verwaltungsgerichtsgesetz verbunden fühle. Gerne nehmen wir dabei zur Kenntnis, daß der Parlamentarische Rat nicht die Absicht hatte, hinter verschlossenen Türen zu arbeiten. Nur ist leider wenig nach außen durchgesickert, und es wäre vielleicht zweckmäßig gewesen, die Entwürfe und auch Zweifelsfragen den Juristischen Fakultäten zu unterbreiten. Besonders dankbar sind wir Herrn v. Mangoldt für die Deutung des GG. Art. 81 Abs. 1 Satz 2, der also in der Tat nicht die übermäßige Bedeutung hat, die man ihm bereits hat beilegen wollen. Dagegen bedauere ich, daß Herr Merk dem Buchstaben des Bonner Grundgesetzes einen solchen Wert beilegt. Dies wäre doch nur zulässig, wenn das Grundgesetz ein ausgeklügeltes Gesetzgebungswerk wäre. Herrn Merkl stimme ich voll zu, daß es eine politische Pflicht ist, das Grundgesetz zu stützen und den Männern von Bonn nicht durch destruktive Kritik die Freude am Arbeiten zu verderben. Wirklich erstaunt bin ich, daß eine Reihe von Diskussionsrednern, so Herr Merk, Herr Schätzel und Herr Herrfahrdt, dem Art. 64 des Grundgesetzes die Deutung geben, daß der Bundespräsident den Vor-

schlag des Bundeskanzlers, einen bestimmten Minister zu ernennen, ablehnen könne. Es wurde behauptet, eine solche Bindung des Bundespräsidenten entspreche nicht der Würde seiner Stellung. Aber der Bundespräsident ist auch unbedingt verpflichtet, den ihm vom Bundestag mit der vollen absoluten Mehrheit vorgeschlagenen Mann zum Bundeskanzler zu ernennen, und es geht nicht an, daß er, um eine bekannte Wendung Friedrich Wilhelms I. zu gebrauchen, dem Bundeskanzler bei der Kabinettsbildung „allerhand Schikanen" bereitet und so in Krisenzeiten sogar in der Lage wäre, die Kabinettsbildung zu sabotieren. Zu den Ausführungen von Herrn Peters sei bemerkt, daß es doch eine sehr mittelbare Demokratie ist, wenn man auch noch die Diktaturbefugnisse des Reichspräsidenten nach Art. 48 der Weimarer Verfassung als demokratisch bezeichnet. Im übrigen sei zu seinen Ausführungen bemerkt, daß es gar nicht meine Absicht ist, die Befugnisse der staatlichen Organe einzuengen, sondern nur augenscheinliche Ungenauigkeiten und Unterlassungen des Grundgesetzes durch die vorgeschlagenen Formulierungen wettzumachen. Der Anregung von Herrn Brill, meine Vorschläge der Geschäftsordnungskommission des Bundestages mitzuteilen, werde ich gerne nachkommen, ich danke für diese Anregung. Mit Herrn Jacobi stimme ich überein, daß es geradezu ein Skandal ist, daß wir noch keine festen Bezeichnungen für die verschiedenen Arten der Mehrheit haben. Unbedingt muß einmal ein Thema aus der Abstimmungslehre auf die Tagesordnung unserer Vereinigung gesetzt werden.

Und nun zu den Ausführungen des Herrn Mitberichterstatters. Man kann darüber streiten, ob es richtig ist, dem Mitberichterstatter die Thesen des Berichterstatters vorzuenthalten. In diesem Falle scheint der Versuch geglückt zu sein, und der Mitbericht hat dadurch nur gewonnen, daß er selbständig entstanden ist. Darüber hinaus ist es mir ein Bedürfnis auszusprechen, daß wir um die Zukunft unserer Vereinigung nicht bange zu sein brauchen, wenn wir sehen, welch ausgezeichneten Bericht unser junger Kollege Schneider erstattet hat. Zu den Einzelheiten übergehend, stimme ich Herrn Schneider zu, daß schlichte Mißbilligungsbeschlüsse des Bundestages zulässig sind. Nicht ganz überzeugt haben mich seine Ausführungen über das Verhältnis der Art. 67 und 68 des Grundgesetzes. Herr Schneider meint, bei einem drohenden sog. konstruktiven Mißtrauensvotum könne der Bundeskanzler das Prävenire dadurch spielen, daß er dem Bundestag die Vertrauensfrage vorlegt. Es steht aber nirgends, daß der Bundestag die Vertrauensfrage eher auf die Tagesordnung setzen muß als einen Antrag auf Wahl eines neuen Bundeskanzlers nach Art. 67. — Das Wort „Gesetz" für die Notgesetze des Art. 81 ist für den an konstitutionelle Gedankengänge Gewohnten ein

Schlag. Aber nur so ließ sich die Gleichartigkeit der Wirkungen eines richtigen Bundestagsgesetzes und eines Notgesetzes in knapper Fassung ausdrücken.

Die Ausführungen von Herrn Schneider über die Aufhebbarkeit des Notgesetzes durch ein Bundestagsgesetz sind, wie mir scheint, in der Diskussion nicht immer richtig verstanden worden. Herr Schneider hat sicher nichts dagegen, daß nach Beendigung des Gesetzgebungsnotstandes ein Notgesetz durch ein normales Bundesgesetz wieder aufgehoben wird. Das von Herrn Schneider angeschnittene Problem ist dies, ob während des Gesetzgebungsnotstandes ein Notgesetz durch ein Bundestagsgesetz aufgehoben werden könne. Die Frage ist aus ähnlichen Erwägungen heraus zu verneinen, aus denen die Theorie zur Weimarer Verfassung dem Reichstag die sofortige Aufhebung eines Volksentscheidgesetzes verwehrte. Was endlich die von Herrn Schneider vorgeschlagene Begrenzung der Notgesetzgebung anlangt, so ist hier zu größter Vorsicht zu raten. Wenn wirklich einmal ein sonst nicht zu beseitigender Notstand vorliegt, kennt auch hier Not kein Gebot. So hielt man in der Weimarer Verfassung ursprünglich die Bestimmungen über die Kreditgewährung zu Lasten des Reiches für diktaturfest. Aber gegen Ende des Weimarer Reiches hat Anschütz mit Recht auch für diesen Fall den Weg über Art. 48 für zulässig erklärt. Insbesondere muß unter Umständen auch das Bundestags-Wahlgesetz im Wege der Notgesetzgebung erlassen werden können. Denn man bedenke, wir haben z. Zt. überhaupt kein Wahlgesetz. Das Wahlgesetz, nach dem am 14. August des Jahres gewählt wurde, galt nur für diese einmalige Wahl. Nun stelle man sich vor, daß es dem Bundestag nicht gelingt, ein Wahlgesetz zu verabschieden. Dann bleibt nichts andres übrig als der Weg der Notgesetzgebung, da wir sonst eine unausfüllbare Verfassungslücke hätten.

Das Schöne an der Aussprache sind die vielen Anregungen, die in ihr gegeben wurden. Auf diese Weise wird unsere Arbeit eine richtige Gemeinschaftsarbeit.

III. Zweiter Beratungsgegenstand.

Tragweite der Generalklausel im Art. 19 Abs. 4 des Bonner Grundgesetzes.

1. Bericht von Professor Dr. Friedrich Klein, Münster (Westf.).

Schon beim erstmaligen Lesen des Art. 19 Abs. 4 des Bonner Grundgesetzes (GG.)[1]) wird dem Fachkundigen zweierlei erkennbar und bewußt: einmal, daß diese Vorschrift als Ganzes eine alte rechtsstaatliche Forderung erfüllt und den Rechtsstaatsgedanken um ein gutes Stück seiner Ideallösung näherbringt, zum andern, daß sie im Hinblick auf das Zusammenspiel ihrer Sätze 1 und 2 einen Beitrag zur Beantwortung der alten und doch immer wieder neuen und aktuell bedeutsamen Frage des Verhältnisses von öffentlicher Verwaltung und Justiz liefert. Die rechtshistorische und die ideengeschichtliche Seite dieses zentralen Problems im Bereich des Rechtsschutzes sind für unseren heutigen Verhandlungsgegenstand von hohem Erkenntniswert. Ich darf daher Ihre Aufmerksamkeit zunächst für eine zügige Rückschau auf gewisse Ausschnitte aus der rechtshistorischen und der ideengeschichtlichen Entwicklung des Verhältnisses von öffentlicher Verwaltung und Justiz in Deutschland erbitten, soweit diese Dinge in unserem Zusammenhang belangvoll erscheinen.

I. Die Bedeutung des Art. 19 Abs. 4 im Rahmen der geschichtlichen Entwicklung des Verhältnisses von öffentlicher Verwaltung und Justiz.

1. In den Grundanschauungen des Mittelalters war der Gedanke der Einheit und Einartigkeit allen Rechts tief verwurzelt. Er fand seinen prägnanten Ausdruck nicht zuletzt darin, daß jener Zeit eine sachliche Beschränkung der gerichtlichen Zuständigkeit unbekannt war: Rechts- und Gerichtsschutz waren unzertrennliche Begriffe; zwischen der Gerichtsbarkeit in bürgerlich-rechtlichen und derjenigen in öffentlich-rechtlichen Streitsachen wurde nicht unterschieden. Dieser Zustand hat sich im angelsächsischen Recht im wesentlichen bis heute erhalten.

Anders hingegen entwickelten sich die Dinge in Deutschland und in anderen kontinental-europäischen Staaten. Hier bewahrte

[1]) Im folgenden werden die Artikel des GG. ohne Zusatz zitiert.

seit dem Emporkommen des monarchischen Absolutismus im 17. und 18. Jahrhundert faktisch und seit der Zeit des aufgeklärten Absolutismus auch mehr oder weniger rechtlich nur die Gerichtsbarkeit in Privatrechtsstreitigkeiten und in Strafsachen eine gewisse Unabhängigkeit; verwaltungsrechtliche Streitigkeiten wurden dagegen von den Verwaltungsbehörden, an letzter Stelle von den Landesherren entschieden. Seitdem sich die unbeschränkte Fürstenherrschaft durchgesetzt hatte, wurde die Zuständigkeitsgrenze zwischen öffentlicher Verwaltung und Justiz mit ständig schärfer betonter Grundsätzlichkeit dahin festgelegt, daß der Wirkungsbereich der „Justiz", d. h. die Zuständigkeit der ordentlichen Gerichte oder — anders ausgedrückt — die Zulässigkeit des ordentlichen Rechtsweges, sich nur auf bürgerlich-rechtliche Streitigkeiten und Strafsachen erstreckte, dagegen in „Verwaltungssachen", d. h. bei Streitigkeiten zwischen der öffentlichen Verwaltung und Einzelpersonen über die Machtbefugnisse der ersteren und die Gegenrechte der letzteren, ausgeschlossen war. Dementsprechend legte man auf dem Festlande die Lehre von der Gewaltenteilung so aus, daß man als Gerichtsbarkeit nur die Entscheidung von Privatrechtsstreitigkeiten und Strafsachen ansah, die Entscheidung von öffentlich-rechtlichen Streitsachen hingegen zur vollziehenden Gewalt im engeren Sinne, d. h. zur Verwaltung, zählte. Dieser Zuständigkeitsgrundsatz, der durch vereinzelte Ausnahmen mehr bestätigt als durchbrochen wurde, bewirkte, daß einer Privatperson für einen Streit mit einer Polizei-, Militär-, Steuer- oder sonstigen Verwaltungsbehörde nicht sowohl der ordentliche Rechtsweg, als überhaupt jeder Rechtsweg, d. h. der Weg zu einer unabhängigen, unparteiisch urteilenden Instanz, verschlossen und nur die Beschwerde an höhere Verwaltungsstellen gestattet war. Praktisch bedeutete er also das Nichtvorhandensein jedes wirklichen Rechtsschutzes in Verwaltungssachen.

Eine Ausnahme hiervon bestand in Deutschland nur insofern, als sich der landesherrliche Absolutismus den Gerichten des Reiches gegenüber nicht durchzusetzen vermochte. Während des Bestehens der Verfassung des alten Deutschen Reiches konnten Untertanen ihre Landesherren vor dem Reichskammergericht und dem Reichshofrat wegen Mißbrauchs von Hoheitsrechten verklagen. Da die Landesherren ebenso wie ihre Untertanen der Reichsgewalt unterworfen waren und die Landeshoheit nur nach Maßgabe des im Reiche geltenden Rechts auszuüben vermochten, konnten sie wegen Mißbrauchs ihrer landeshoheitlichen Rechte vor den Reichsgerichten zur Rechenschaft gezogen werden. Diese Gerichte entschieden also auch über Verwaltungsstreitsachen. Je mehr nun die Landesherren bestrebt waren, die aus einer Reihe einzelner Befugnisse sich zusammensetzende Landeshoheit zu einer einheitlichen Staatsgewalt auszubilden, um so hemmender empfanden sie die Schranken, die ihrer Tätigkeit durch die Privilegien, Freiheiten und „wohlerworbenen Rechte“ der Stände und ihrer sonstigen Untertanen gesetzt waren und deren Überschreitung sie jederzeit einem Prozeß vor den Reichsgerichten aussetzte. Sie suchten daher — und vermochten es schließlich in hier nicht interessierender Weise auch —, diese Schranken zu beseitigen. Mit der Auflösung des Heiligen Römischen Reiches Deutscher Nation wurden die Landesherren souverän; Reichsgerichte, vor denen sie Recht zu nehmen gehabt hätten, bestanden nicht mehr; die entsprechende Gerichtsbarkeit und damit der entsprechende Rechtsschutz der Untertanen hörten auf.

2. Durch die Einführung der konstitutionellen Staatsordnung in den deutschen Staaten in der ersten Hälfte des 19. Jahrhunderts (Bayern, Baden, Württemberg, Hessen 1818 bis 1820, Sachsen 1831, Preußen 1848) änderte sich an den geschilderten Zustande mangelhaften Rechtsschutzes in Verwaltungssachen vorerst nichts; das Verhältnis zwischen öffentlicher Verwaltung und Individuum wurde zunächst tatsächlich nicht gebessert. Zwar gaben die konstitutionellen Verfassungen diesem Verhältnis eine rechtliche Ordnung, zwar brachten Konstitutionalismus und Verfassungsstaat zur Ablösung des „Polizeistaates“ den „Rechtsstaat“ mit sich und setzten an Stelle der polizeistaatlichen Verwaltung nur nach Zweckmäßigkeitsrücksichten die rechtsstaatliche Verwaltung auf Grund und nach Maßgabe der Gesetze. Indessen war das zunächst mehr theoretisch als praktisch bedeutsam; die Unterwerfung der öffentlichen Verwaltung unter das Gesetz konnte sich vorerst, jedenfalls faktisch, nicht durchsetzen. „Der Rechtsstaat war proklamiert, aber der Polizeistaat dauerte fort“ (Gerhard Anschütz). Man hatte es nämlich versäumt, wirksame Schutzeinrichtungen vorzusehen, die dem Grundsatz der gesetzmäßigen Verwaltung im Streitfalle Achtung zu verschaffen vermochten, da man eine ausreichende Gewähr für die Gesetzmäßigkeit der Verwaltung in der konstitutionellen Verantwortlichkeit der Minister zu haben glaubte. Es blieb daher auch unter dem Konstitutionalismus vorerst dabei, daß in Verwaltungssachen jeder Rechtsweg ausgeschlossen und nur der Verwaltungsweg, d. h. letztlich also die Beschwerde an den Ressortminister, zugelassen war. Das bedeutete praktisch: Die öffentliche Verwaltung entschied, wenn der Bürger ihr ein Recht bestritt, selbst, in eigener Sache und wurde damit, wenn auch nicht gerade als ihr eigener Gesetzgeber, so doch als ihr eigener Richter tätig — eine Ignorierung elementarer Forderungen des Rechtsgedankens und des Rechtsschutzbedürfnisses.

3. Bei dem Widerspruch immer weiterer Volkskreise gegen dieses de facto-Weiterbestehen des de jure abgeschafften Polizei-

staates konnte es sich nur fragen, ob nicht in den einzelnen deutschen Staaten Einrichtungen zu schaffen seien, durch welche gegenüber den Verwaltungsbehörden eine gerichtliche Kontrolle geübt werden könne. In dieser Hinsicht machten sich der Grundsatz der Trennung der Justiz von der öffentlichen Verwaltung und vor allem die Auffassung dieses Grundsatzes geltend, die in Frankreich in Institutionen wie der justice administrative und des contentieux administratif zur Anerkennung gelangt war und auch in Deutschland vielfach bei organisatorischen Einrichtungen Nachahmung fand. Frankreich hatte bei der Aufrichtung seiner neuen Verwaltungsorganisation im Jahre 1801 die aus dem ancien régime überlieferte Kontrolle der Justiz über die öffentliche Verwaltung dadurch definitiv ausgeschaltet, daß der Gesetzgeber in der Verwaltung selbst besondere Rechtsschutzbehörden in Gestalt der Conseils de préfecture und des Conseil d'Etat einsetzte und diesen die Beurteilung von Streitigkeiten zwischen der öffentlichen Verwaltung und den Bürgern übertrug („le contentieux administratif").

In Deutschland wurde jedoch mehr und mehr die Forderung erhoben, daß Streitigkeiten über öffentliche Rechte und Pflichten in einem förmlichen Prozeßverfahren zu entscheiden seien und daß die Rechtskontrolle der Verwaltungsbehörden durch unabhängige Gerichte, und zwar im Interesse der Gewährung vollen Rechtsschutzes nur durch solche, zu handhaben sei. Dabei hatte die Bewegung für Einführung einer richterlichen „Verwaltungsjustiz" oder „Verwaltungsrechtspflege" zunächst den Einwand zu überwinden, man bedürfe in den sog. administrativ-kontentiösen Sachen eines vermehrten Rechtsschutzes gar nicht; die Verwaltungsbehörden wendeten, da sie an den ihnen übertragenen Angelegenheiten persönlich unbeteiligt seien, das Verwaltungsrecht mit derselben Unparteilichkeit an wie Gerichte. Es war nicht schwer, diesen Einwand zu entkräften und die Notwendigkeit einer Kontrolle der öffentlichen Verwaltung durch unabhängige Gerichte mit den Erfahrungen des täglichen Lebens zu begründen.

4. Über die Art und Weise, wie eine derartige „Verwaltungsjustiz" einzurichten sei, gingen die Auffassungen allerdings weit auseinander. Drei Wege boten sich dafür an:

a) Ausdehnung des „ordentlichen Rechtsweges" auf die öffentlich-rechtlichen Streitigkeiten mit der Maßgabe, daß diese ebenso wie die bürgerlichen Rechtsstreitigkeiten in den Formen des Zivilprozesses durch die ordentlichen Gerichte zu entscheiden sind;

b) Entscheidung öffentlich-rechtlicher Streitsachen zwar durch die ordentlichen Gerichte, aber nicht im Zivilprozeßverfahren, sondern in einem besonderen, ihnen angepaßten Verwaltungsstreitverfahren;

c) Einrichtung besonderer Verwaltungsgerichte im Rahmen der Verwaltung mit der Stellung unabhängiger Gerichtshöfe wenigstens in der oberen Instanz.

Die überwiegende Anzahl der wissenschaftlichen Schriftsteller jener Zeit sprach sich für die Verwirklichung des Rechtsstaates in Gestalt des „Justizstaates" aus, d. h. wollte die Verwaltungsstreitsachen kurzerhand den bestehenden Zivilgerichten zuweisen, da es im Berufe des Zivilrichters liege, Rechtsverletzungen zu beurteilen, gleichgültig, ob diese das Privatrecht oder das öffentliche Recht beträfen. Dabei entschieden sich die einen (so insbesondere Mittermaier) für das normale Zivilprozeßverfahren, die anderen (so insbesondere Otto Bähr, Lorenz von Stein, Karl Freiherr von Stengel) für ein Verwaltungsstreitverfahren. Nur eine kleine Minderheit (so insbesondere von Weiler) trat für die Verwirklichung des Rechtsstaates in Gestalt des Staates mit Verwaltungsgerichtsbarkeit, kurz des „Verwaltungsgerichtsstaates", ein, d. h. verlangte die Errichtung von besonderen Organen für die Ausübung der Verwaltungsjustiz.

Als man in den deutschen Staaten, zumeist sehr zögernd und nur widerwillig, daran ging, einen Rechtsschutz gegenüber der öffentlichen Verwaltung aufzubauen, versuchte man vereinzelt, dabei an den alten Rechtsgedanken der Verwaltungskontrolle durch ordentliche Gerichte anzuknüpfen. Eine größere praktische Wirkung hatten diese justizstaatlichen Bestrebungen allerdings nur in Kurhessen, wo das Kasseler Oberappellationsgericht auch Verwaltungsakte auf ihre Rechtmäßigkeit nachprüfte. Soweit in der ersten Hälfte des 19. Jahrhunderts andere deutsche Länder — Württemberg, Hessen, Sachsen, Bayern — Ansätze zu einer Rechtskontrolle der öffentlichen Verwaltung ausbildeten, gingen sie nicht den kurhessischen Weg, sondern schufen sie besondere Organe, die in einem mehr oder weniger prozeßähnlichen Verfahren über die Rechtmäßigkeit von Verwaltungsakten entschieden.

5. Der Gedanke, die streitentscheidende Pflege des Verwaltungsrechts an die ordentlichen Gerichte zu übertragen, die öffentliche Verwaltung der Rechtskontrolle durch die Justizgerichte zu unterstellen, spielte in der politischen Bewegung des Jahres 1848, insbesondere in der Frankfurter Nationalversammlung, und dann wieder im politischen Liberalismus der 1860er Jahre eine starke Rolle. Bezeichnend für den justizstaatlichen Gedanken in jener liberalen Epoche war der — praktisch nicht wirksam gewordene — § 182 Abs. 1 im Abschnitt VI „Grundrechte des Deutschen Volkes" der Frankfurter Reichsverfassung vom 28. 3. 1849[2]):

[2]) Vgl. dazu Werner, Fritz, „'Die Verwaltungsrechtspflege hört auf'" (§ 182 der Paulskirchenverfassung)", in DV. 1949 S. 169—172.

„Die Verwaltungsrechtspflege" — gemeint war alle von Verwaltungsbehörden ausgeübte streitentscheidende Tätigkeit — „hört auf; über alle Rechtsverletzungen entscheiden die Gerichte". Brach auch dieser erste praktische Erfolg der liberal-justizstaatlichen Bewegung mit der Paulskirchenverfassung zusammen, so war doch ein zweiter, bescheidenerer von Dauer: Die Landesgesetzgebung hatte begonnen, in steigendem Maße Strafmandate der Polizei- und Finanzbehörden der Kontrolle des ordentlichen Strafrichters zu unterstellen und in den Gesetzen über die „Erweiterung des Rechtsweges" die Zuständigkeit der Zivilgerichte auf die Beurteilung von Verwaltungsstreitsachen zu erstrecken. So unterstellte beispielsweise das einschlägige preußische Gesetz vom 24. 5. 1861 (GS. S. 242) Streitigkeiten zwischen der Steuerbehörde und den Abgabepflichtigen der Beurteilung der Zivilgerichte. Durch diese Gesetzgebung erfuhr die Auffassung im damaligen fachwissenschaftlichen Schrifttum eine Unterstützung, welche die Übertragung aller Verwaltungsjustiz auf die Zivilgerichte befürwortete und deren hervorragendster wissenschaftlicher Vertreter der kurhessische Appellationsrat und Politiker Otto Bähr mit seiner im Jahre 1864 erschienenen Schrift „Der Rechtsstaat" war. Sein Fundamentalsatz rechtsstaatlichen Denkens lautet: „Recht und Gesetz können nur da wahre Bedeutung und Macht gewinnen, wo sie einen Richterspruch zu ihrer Verwirklichung bereit finden". Das Eigenartige seines charakteristischen Buches liegt darin, daß nur die ordentlichen Zivilgerichte als diese richterlichen Instanzen angesehen werden und daß auf solche Weise das gesamte staatliche Leben der Kontrolle von Kreis- und Appellationsrichtern unterworfen werden kann. So wird der Rechtsstaat zum „Justizstaat".

Nur in wenigen deutschen Ländern, nämlich in den Hansestädten Bremen, Hamburg und Lübeck, wurde dieses Ideal des „Justizstaates" verwirklicht. Ein im großen gesehen erheblicher Einfluß auf die Gestaltung der Rechtswirklichkeit war der Bährschen Lehre nicht beschieden, auch und insbesondere nicht unter Berücksichtigung der Tatsache, daß in den Hansestädten bis in die zwanziger Jahre dieses Jahrhunderts die ordentlichen Gerichte zur Entscheidung von Streitigkeiten über die Rechtsgültigkeit von Verwaltungsakten zuständig waren.

6. In der zünftigen Wissenschaft gewann der Gedanke des Verwaltungsgerichtsstaates immer mehr an Boden. Entscheidend waren dafür die Erkenntnis, daß der Justizstaat nur eine von mehreren möglichen Formen des Rechtsstaates ist, und die Einsicht, daß die Gerichte, deren Schutz man in öffentlichrechtlichen Dingen anrufen will, nicht notwendig die Justizgerichte zu sein brauchen, sondern auch besondere Gerichte sein können, wenn nur ihre Mitglieder die gleiche persönliche Unab-

hängigkeit besitzen wie die Richter der ordentlichen Gerichtsbarkeit.

Dem Gedanken eines eigenen Verwaltungsrechtsweges verhalf namentlich der Staatsrechtslehrer und Politiker Rudolf von Gneist zum Durchbruch. In seinem berühmten Buch „Der Rechtsstaat" aus dem Jahre 1872[3]) forderte er eine besondere Verwaltungsjurisdiktion, nachdem schon Lorenz von Stein im Jahre 1865 in seiner „Verwaltungslehre" den privatrechtlich-justizstaatlichen Konstruktionen Otto Bährs und seiner Anhänger entgegengetreten war und die Besonderheiten der vollziehenden Gewalt aufgezeigt hatte. Gneist verband in einer eigenartigen Weise seinen Begriff der Selbstverwaltung als ehrenamtlicher Tätigkeit der besitzenden und gebildeten Staatsbürger mit dem Begriff des Rechtsstaates. Der Grundgedanke seiner Vorstellungen, dessen systematische Voraussetzungen sich bei Lorenz von Stein finden, liegt in der Notwendigkeit, die Gesellschaft, d. h. das besitzende und gebildete Bürgertum, in den Staat zu integrieren. Was Gneist im Sinne hatte, ist am besten aus den folgenden Sätzen zu erkennen: „Die Organe der Verwaltungsjurisdiktion ... können im „constitutionellen Staat" nicht mehr ausschließlich aus dem Berufsbeamtenthum bestehen, bedürfen vielmehr einer organischen Bildung aus dem Schooße der Gesellschaft selbst (damit war die ehrenamtliche Tätigkeit nichtbeamteter, gebildeter Staatsbürger gemeint). In dieser Neubildung liegt der archimedische Punkt des heutigen Rechtsstaats"[4]). Die Verwaltungsjurisdiktion, so führte Gneist weiter aus, lasse sich nur herstellen, „wenn Landräthe und Regierungen, durch Ehrenämter verstärkt, für die contentiösen Verwaltungsfragen collegialisch formirt, in einem „Verwaltungsgerichtshof" ihren Abschluß finden"[5]). Das wesentliche sei, so meinte er, die organisatorische Trennung der höchsten Beschwerdeinstanz von der laufenden Ministerverwaltung. Demgemäß schlug er für den obersten Rechtszug die Einführung eines besonderen, mit rechts- und verwaltungskundigen Männern besetzten Gerichtshofes und in den unteren Rechtszügen die durch ehrenamtliche Beimischung unparteiisch zu machenden Verwaltungsgerichte vor.

Unter der geistigen Führung Gneists erwuchs so der Bährschen Auffassung eine Gegnerschaft, die das Problem des Rechtsschutzes in Verwaltungssachen auf einem anderen Wege lösen wollte: Sie machte die Verwaltungsgerichtsbarkeit zum organisatorischen Kennzeichen des Rechtsstaates. Sie war der Auffassung, daß die notwendige Rechtskontrolle der Verwaltung nicht der Justiz, d. h.

3) In zweiter Auflage 1879 unter dem Titel „Der Rechtsstaat und die Verwaltungsgerichte in Deutschland" erschienen.

4) A. a. O., 1. Aufl., S. 159/60.

5) A. a. O. S. 162.

den ordentlichen oder Justizgerichten, anvertraut werden dürfe, sondern daß sie besonderen Gerichten beziehentlich gerichtsähnlichen, unabhängig gestellten und insoweit unparteiischen Behörden übertragen werden müsse, die nicht außerhalb, sondern innerhalb des Verwaltungsorganismus zu errichten und mit verwaltungskundigen Persönlichkeiten zu besetzen seien.

7. Den Gedanken Gneists fiel der Sieg zu. Seine Forderungen zeitigten bahnbrechende und durchgreifende Erfolge; seine organisatorischen Vorschläge wurden in Deutschland im großen und ganzen verwirklicht. Von den 60er Jahren des vorigen Jahrhunderts ab ging ein deutsches Land nach dem anderen dazu über, eine eigene Verwaltungsgerichtsbarkeit einzurichten. Voran ging Baden mit einem Gesetz über die Organisation der inneren Verwaltung vom 5. 10. 1863; den Sieg der Gneistschen Ideen entschied für ganz Deutschland endgültig die preußische Verwaltungsreform der Jahre 1872—1883. Bei Beginn des ersten Weltkrieges hatten von den deutschen Gliedstaaten nur die beiden Mecklenburg, Waldeck und Schaumburg-Lippe sowie die drei Hansestädte keine Verwaltungsgerichtsbarkeit; am 1. 1. 1933 war nur noch Schaumburg-Lippe ohne solche. In den Hansestädten waren, insbesondere auch noch nach dem Inkrafttreten der Reichsjustizgesetze von 1877, verwaltungsrechtliche Streitigkeiten in größerem Umfange den ordentlichen Gerichten zugewiesen. Doch war diese Erscheinung des „hanseatischen Justizstaates", die der lokalen Tradition entsprach und dem damals geltenden Reichsrecht nicht widersprach, da sie ihre Rechtsgrundlage in § 4 EG. GVG. hatte, eine Ausnahmeerscheinung.

Im Reiche selbst kam es zwar nicht zu einer allgemeinen Verwaltungsgerichtsbarkeit, doch wurde nach und nach für eine Reihe öffentlich-rechtlicher Streitigkeiten ein Verwaltungsrechtsweg vor Sondergerichten der Verwaltungsrechtspflege eingeführt. In diesem Sinne schuf sich das Reich eine reichseigene Verwaltungsgerichtsbarkeit, wenn auch nicht in einem einheitlichen zentralen Reichsverwaltungsgerichtshof mit universeller Zuständigkeit, so doch in einer Mehrheit von Reichs-Spezialverwaltungsgerichten.

8. Die Kriegswirtschaft mit ihren tiefen Eingriffen in das Privateigentum veranlaßte das Reich — nach einer Periode rechtschutzlosen „Verwaltungsstandrechts" (Bill Drews) vor allem bei der Vollziehung der Wohnungsmangelgesetzgebung — zur Gründung besonderer Rechtsschutzeinrichtungen im Interesse der Bürger. Es sei erinnert an das im Sommer 1915 errichtete Reichsschiedsgericht für Kriegsbedarf, das im Jahre 1919 in das Reichswirtschaftsgericht umgewandelt und durch die Angliederung des Kartellgerichts erweitert wurde. Vor allem aber gab der sehr starke Ausbau der Reichssteuergesetzgebung den Antrieb zur

Schaffung des Sonderverwaltungsgerichtes auf dem Gebiete des Finanzwesens, des Reichsfinanzhofs, mit Wirkung vom 1. 10. 1918.

9. Die Weimarer Reichsverfassung (RV.) vom 11. 8. 1919 bildete auch für die rechtsstaatliche Entwicklung einen Markstein. Sie verpflichtete in Art. 107, von dem Gerhard Lassar auf der dritten Tagung unserer Vereinigung am 10. und 11. 3. 1925 in Leipzig sagte, in ihm habe Gneist über Bähr gesiegt[6]), das Reich und die Länder, Verwaltungsgerichte „zum Schutze der einzelnen gegen Anordnungen und Verfügungen der Verwaltungsbehörden" zu errichten. Um dieser Vorschrift zu genügen, riefen Hamburg durch Gesetz über die Verwaltungsgerichtsbarkeit vom 2. 11. 1921, Mecklenburg-Schwerin durch Gesetz über die Verwaltungsgerichtsbarkeit vom 3. 3. 1922, Mecklenburg-Strelitz durch Gesetz über das Verwaltungsstreitverfahren im Freistaat Mecklenburg-Strelitz vom 17. 8. 1922 und Bremen durch Gesetz über die Verwaltungsgerichtsbarkeit vom 6. 1. 1924 Verwaltungsgerichte ins Leben. Die Vorarbeiten für ein Reichsverwaltungsgericht gelangten in der Weimarer Zeit über das Entwurfsstadium (Entwürfe von 1919, 1921, 1922, 1925 und 1930) allerdings nicht hinaus.

10. Die Einstellung und Haltung des Nationalsozialismus zum Verwaltungsgerichtsschutz war uneinheitlich. Eine radikale Strömung, welche die Verwaltungsgerichtsbarkeit als schlechthin unvereinbar mit dem autoritären Staat erklärte, konnte sich nicht durchsetzen. Unter dem Vorwand der Kriegsverhältnisse versetzte die Verordnung des Führers und Reichskanzlers zur Vereinfachung der Verwaltung vom 28. 8. 1939 (RGBl. I S. 1535) in Verbindung mit der Zweiten Verordnung zur Vereinfachung der Verwaltung vom 6. 11. 1939 (RGBl. I S. 2168) der Verwaltungsgerichtsbarkeit den Todesstoß. Diese beiden Verordnungen ersetzten generell die Verwaltungsklage durch die Beschwerde, stellten es im einzelnen Fall in das Ermessen der Verwaltungsbehörden, statt dessen die Klage zuzulassen, soweit sie bis dahin gegeben war, und überließen es ebenso den Instanzgerichten, nach ihrem Ermessen ein Rechtsmittel zuzulassen oder nicht. Das durch die Verordnung des Führers und Reichskanzlers bezüglich der Gründung des Reichsverwaltungsgerichts vom 3. 4. 1941 (RGBl. I S. 201) ins Leben gerufene „Reichsverwaltungsgericht" war eine bloß organisatorische Zusammenfassung einiger oberster Spruchbehörden des Reiches mit dem Preußischen Oberverwaltungsgericht und dem Verwaltungsgerichtshof in Wien; es hatte mit einem echten Reichsverwaltungsgericht nur den Namen gemein.

11. Mit der militärischen Besetzung Deutschlands durch

---

[6]) „Der Schutz des öffentlichen Rechts durch ordentliche und durch Verwaltungsgerichte (Fortschritte, Rückschritte und Entwicklungstendenzen seit der Revolution)", Veröffentlichungen der Vereinigung der Deutschen Staatsrechtslehrer H. 2 S. 95.

die Alliierten mußten die Verwaltungsgerichte zunächst ihre Tätigkeit gemäß Art. I und IV des Gesetzes Nr. 2 der Militärregierung Deutschland, Kontrollgebiet des Obersten Befehlshabers einstellen. In seinem Gesetz Nr. 36 betr. „Verwaltungsgerichte" vom 10. 10. 1946 (Amtsbl. S. 183) ordnete dann der Kontrollrat die Wiedererrichtung von Verwaltungsgerichten „zur Entscheidung von Verwaltungssachen" in den einzelnen Besatzungszonen und in Berlin an, ermächtigte die Zonenbefehlshaber und die Berliner Alliierte Kommandantur, die Verfassung, die Zuständigkeit und das Verfahren dieser Gerichte zu ordnen und hob die erwähnten drei nazistischen Gesetzgebungsakte im Bereich der Verwaltungsrechtspflege auf.

Aus den teils noch vor, teils erst nach dem Kontrollratsgesetz Nr. 36 ergangenen landes- und besatzungsrechtlichen Regelungen zur Gewährung von Rechtsschutz in öffentlichrechtlichen Streitigkeiten ist für die späteren Untersuchungen nur das Folgende bedeutsam:

Durchgängig in allen drei westlichen Besatzungszonen Deutschlands ist für die Gewährung von Rechtsschutz gegen die Verletzungen individueller Rechte durch Träger der öffentlichen Gewalt (sog. Anfechtungsstreitigkeiten) der Verwaltungsgerichtsweg vermöge der verwaltungsgerichtlichen Zuständigkeitsgeneralklausel vorgesehen worden; so in den vier Ländern der amerikanischen Besatzungszone zufolge den Gesetzen über die Verwaltungsgerichtsbarkeit für Hessen vom 15. 9. 1946 (GVBl. S. 194), für Bayern vom 25. 9. 1946 (GVBl. S. 281 und 384), für Württemberg-Baden vom 16. 10. 1946 (RegBl.S. 221) und für Bremen vom 5. 8. 1947 (GBl. S. 171); so auch in den vier Ländern der britischen Besatzungszone auf Grund der Militärregierungsverordnungen Nr. 141 betr. „Gerichtsbarkeit in Verwaltungssachen" (Amtsbl. S. 719) mit Wirkung vom 1. 4. 1948 und Nr. 165 betr. „Verwaltungsgerichtsbarkeit in der Britischen Zone" (Amtsbl. S. 799) mit Wirkung vom 15. 9. 1948; so weiterhin in den drei Ländern der französischen Besatzungszone auf Grund der Verfügung Nr. 76 des Administrateur Général betr. „Wiedererrichtung der Verwaltungsgerichte im französischen Besatzungsgebiet" vom 23. 7. 1946 (Journal Officiel S. 256) und zufolge der württembergisch-hohenzollernschen Rechtsanordnung über die Verwaltungsrechtspflege vom 19. 8. 1946 (Amtsbl. S. 224), der rheinländisch-pfälzischen Landesverordnung auf dem Gebiete der Verwaltungsgerichtsbarkeit vom 18. 3. 1947 (VOBl. S. 138) und der badischen Landesverordnung über den Aufbau der Verwaltungsgerichtsbarkeit vom 30. 3. 1947 (Amtsbl. S. 89); so schließlich in Lindau a. B. in der Rechtsanordnung über die Bildung eines Verwaltungsgerichts vom 25. 9. 1948 (Amtsbl. Nr. 74) und in den amerikanischen und britischen Sektoren von Berlin.

Doch gilt nicht in allen elf Ländern der Bundesrepublik Deutschland die verwaltungsgerichtliche Generalklausel in ihrer weitesten Fassung. Die volle Generalklausel, d. h. also der Verwaltungsgerichtsschutz sowohl für die sog. Anfechtungs-Streitigkeiten (Anfechtung von Verwaltungsakten) als auch für die sog. Partei-Streitigkeiten (andere Streitigkeiten des öffentlichen Rechts), besteht nur in den vier Ländern der britischen Besatzungszone zufolge § 22 der Verordnung Nr. 165 der Militärregierung und in den vier Ländern der amerikanischen Besatzungszone zufolge § 22 der Verwaltungsgerichtsbarkeitsgesetze von 1946/47, nicht hingegen in den drei Ländern der französischen Besatzungszone[7]). Und selbst in den Ländern mit voller Generalklausel in jenem Sinne gibt es gewisse Einschränkungen der Klausel, sei es, daß die verwaltungsgerichtliche Zuständigkeit generell auf bestimmten Sachgebieten[8]), sei es, daß sie im speziellen Einzelfall, wenn eine Verwaltungsbehörde „endgültig entscheidet", rechtssatzmäßig ausgeschlossen ist[9]).

In den Ländern der sowjetischen Besatzungszone Deutschlands gilt nicht die verwaltungsgerichtliche Generalklausel, sondern das Enumerationsprinzip[10]).

12. Wenn auch Art. 107 Weimarer RV. einen Markstein in der Entwicklung Deutschlands zum Rechtsstaat darstellte, so war er doch nach dem überzeugend begründeten Werturteil eines maßgeblichen Kommentators dieser Verfassung „von dem Ziel der Verwirklichung des vollen Rechtsstaates ziemlich weit entfernt"[11]). Im Gegensatz dazu vollendet Art. 19 Abs. 4 Bonner GG. den

---

7) Vgl. Art. 124 Abs. 1 der Verfassung für Rheinland-Pfalz vom 18. 5. 1947: „Die Verwaltungsgerichte entscheiden auf Anrufung durch den Betroffenen darüber, ob Anordnungen und Verfügungen der Verwaltungsbehörden dem Gesetz entsprechen und die Grenzen pflichtgemäßen Ermessens nicht überschreiten"; §§ 11 und 12 der württembergisch-hohenzollernschen Rechtsanordnung und § 2 der badischen Landesverordnung.

8) In Betracht kommen hier insbesondere die Fälle auf Grund des § 26 der Verordnung Nr. 16 der britischen Militärregierung (vgl. unten unter IV 3 Abs. 2).

9) Beispiele bei Voigt, Paul, „Kann die gerichtliche Nachprüfung eines Verwaltungsaktes durch Landesgesetz ausgeschlossen werden?" in DV. 1949 S. 433/34 (in Betracht kommen nur die Beispielsfälle der Nummern 2 bis 4 auf S. 433; das erste Beispiel ist nicht richtig gewählt, wie Friesenhahn, Ernst, „Der Rechtsschutz im öffentlichen Recht nach dem Bonner Grundgesetz" in DV. 1949 S. 478—485, S. 482 Anm. 37 zutreffend feststellt).

10) Vgl. § 7 Abs. 1 Satz 1 des Gesetzes über die Verwaltungsgerichtsbarkeit im Lande Mecklenburg (Verwaltungsgerichtsbarkeitsgesetz) vom 18. 9. 1947 (RegBl. S. 250); § 7 Abs. 1 des brandenburgischen Gesetzes über die Verwaltungsgerichtsbarkeit vom 12. 10. 1947 (GVBl. I S. 27), § 7 Abs. 1 des thüringischen Gesetzes über die Verwaltungsgerichtsbarkeit vom 7. 10. 1948 (RegBl. I S. 103).

11) Gebhard, Ludwig, „Handkommentar zur Verfassung des Deutschen Reichs vom 11. 8. 1919", München, Berlin und Leipzig (Schweitzer) 1932, Anm. 5c zu Art. 107

deutschen Rechtsstaat. Dieser Vorschrift, die gemäß Art. 1 Abs. 3 und ihrer eigenen eindeutigen Fassung unmittelbar geltendes Recht enthält, liegt der rechtsstaatliche Gedanke einer allgemeinen und lückenlosen rechtlich-gerichtlichen Sicherung gegen Übergriffe und Mißgriffe der Träger der öffentlichen Gewalt im Bereich der individuellen Rechte zu Grunde. Er ist insofern „einer der bedeutendsten Fortschritte, der das Bonner Grundgesetz gegenüber der Weimarer Verfassung auszeichnet"[12]). In ihm verwirklicht das GG. den Rechtsstaat, indem es ihn zum „Rechtswegstaat"[13]) krönt, ohne allerdings die spezifisch-verwaltungsgerichtliche oder prägnant-justizstaatliche Spielart des Rechtsstaates als die alleinige und beste Möglichkeit seiner Verwirklichung eindeutig und bindend festzulegen.

Das auch und speziell in Art. 19 Abs. 4 enthaltene ausdrückliche Bekenntnis des GG. zur Rechtsstaatsidee berechtigt und verpflichtet zu einer durchgängig rechtsstaatlich-extensiven Auslegung der Vorschrift, d. h. zu einer Deutung ihres rechtlichen Wesens und ihres Rechtsgehaltes, durch die der Rechtsstaatsgedanke am besten verwirklicht wird. Darüber hinaus ermutigt dieses bundesgrundgesetzliche Bekenntnis zu der Hoffnung, daß recht bald die bisherige Ordnung des Verhältnisses von öffentlicher Verwaltung und Justiz endgültig überprüft und abschließend geregelt werden möge. Dafür die Grundlagen zu schaffen, soll mit Aufgabe und Zweck meiner weiteren Ausführungen sein.

II. Die Entstehungsgeschichte des Art. 19 Abs. 4.

Ebenso wie bei anderen positivierten Rechtsvorschriften ist auch bei Art. 19 Abs. 4 die Kenntnis der Entstehungsgeschichte der betreffenden Bestimmung für ihre richtige Auslegung und für die zutreffende Feststellung ihrer Tragweite von entscheidender Bedeutung. Leider sind die vorhandenen amtlichen Materialien, insbesondere diejenigen des Bonner Parlamentarischen Rates, zur Genesis des Art. 19 Abs. 4 recht dürftig und sachlich kaum ergiebig. Gleichwohl ermöglichen sie doch einige immerhin interessante und aufschlußreiche Feststellungen.

1. Einbezogen werden in die Darstellung der Entstehungsgeschichte des Art. 19 Abs. 4 soll der Vollständigkeit halber die ihm entsprechende Vorschrift des Art. 138 im Entwurf eines Grundgesetzes, den der Verfassungsausschuß der Ministerpräsidenten-Konferenz der westlichen Besatzungszonen aufgestellt

[12]) Ule, Carl-Hermann, „Die neue Verwaltungsgerichtsbarkeit und das Verhältnis von Justiz und Verwaltung" in DRZ. 1949, 10. Beiheft, S. 19.

[13]) Ein Ausdruck von Hermann Jahrreiß auf dem 37. Deutschen Juristentag in Köln am 17. 9. 1949 (vgl. Bader in DRZ. 1949 S. 433/34, S. 433).

hatte (sog. Herrenchiemsee-Entwurf)[14]. Er lautete: „Wer sich durch eine Anordnung oder durch die Untätigkeit einer Verwaltungsbehörde in seinen Rechten verletzt oder mit einer ihm nicht obliegenden Pflicht beschwert glaubt, kann gerichtliche Hilfe in Anspruch nehmen. — Das Nähere bestimmen die Bundes- und Landesgesetze". Dazu wurde im Darstellenden Teil des Berichtes des Verfassungskonvents unter der Überschrift „Generalklausel für Verwaltungsrechtsstreitigkeiten" ausgeführt: „Notwendig erscheint es dem Konvent auch, von Verfassungs wegen zwingend die Generalklausel für Verwaltungsrechtsstreitigkeiten vorzuschreiben. Die Verwaltungsgerichte sollen aber nicht ausdrücklich erwähnt werden, weil die Möglichkeit nicht ausgeschlossen werden soll, eine einheitliche Gerichtsbarkeit für alle Sachgebiete zu schaffen, oder etwa auch für Verwaltungsrechtsstreitigkeiten den ordentlichen Rechtsweg zu eröffnen". Der Kommentierende Teil des Berichtes des Verfassungskonvents beschränkte sich zu Art. 138 auf die Bemerkung: „Hierzu ist das Notwendige bereits im darstellenden Teil ausgeführt. Der Konvent hält es für notwendig, die Generalklausel für Verwaltungsrechtsstreitigkeiten im Grundgesetz zwingend vorzuschreiben und damit auch die Ländergesetzgebung zu binden."

2. Die Herrenchiemseer Vorschrift kehrt zwar — wenn auch nicht in ihrer textlichen Formulierung, so doch jedenfalls in ihrem sachlichen Inhalt — in Art. 19 Abs. 4 wieder. Als unmittelbares Vorbild für die sprachliche Fassung der grundgesetzlichen Rechtsschutzklausel dürfte ihren Vätern jedoch der Art. 2 Abs. 3 der Verfassung des Landes Hessen vom 11. 12. 1946 gedient haben, der so lautet: „Glaubt jemand, durch die öffentliche Gewalt in seinen Rechten verletzt zu sein, so steht ihm der Rechtsweg offen".

3. Der heutige Art. 19 Abs. 4 (Satz 1) kam erstmals in der 4. Sitzung des Grundsatzausschusses des Bonner Parlamentarischen Rates am 23. 9. 1948 zur Sprache. Als damaliger Art. 2 Abs. 4 lautete er nach dem Vorschlag des Allgemeinen Redaktionsausschusses des Rates: „Wird jemand durch die öffentliche Gewalt in seinen Rechten verletzt, so steht ihm der Rechtsweg offen". Dazu führte der Ausschußvorsitzende von Mangoldt (CDU) als Berichterstatter aus: Diese Vorschrift „sieht die allgemeine Verfolgbarkeit von Eingriffen in die Freiheit vor. Wir hielten es für wichtig, diesen Grundsatz aufzunehmen. Unter ‚Rechtsweg' ist dabei sowohl das Verfahren vor den ordentlichen wie vor den Verwaltungsgerichten zu verstehen. Damit wäre eine Generalklausel für die Länder gegeben. Die allgemeine verfassungsrechtliche Vorschrift ist, daß in allen Fällen, in denen in Freiheits-

[14]) „Bericht über den Verfassungskonvent auf Herrenchiemsee vom 10. bis 23. August 1948", München (Pflaum) 1948, 98 Seiten.

rechte eingegriffen wird, die Klage im Verwaltungsstreitverfahren gegeben sein muß"[15]). Die Vorschrift wurde in der 17. Sitzung des Hauptausschusses am 3. 12. 1948 in erster Lesung ohne jegliche Erörterung mit 20 Stimmen gegen 1 Stimme unverändert angenommen[16]).

Von hervorragender Wichtigkeit in der weiteren Entstehungsgeschichte des heutigen Art. 19 Abs. 4 ist die folgende Bemerkung, die sich in den Protokollen des Allgemeinen Redaktionsausschusses zu der von ihm redigierten Fassung des Grundgesetzentwurfes nach dem Stand vom 13. 12. 1948 findet: „Wird Abs. 4 an dieser Stelle (nämlich im damaligen Art. 2) beibehalten, so würde er sich nur auf die in Art. 2 garantierten Rechte[17]) beziehen; da aber jeder Eingriff in ein Recht den Rechtsweg eröffnen soll, ist es angebracht, diese Vorschrift am Schluß des Grundrechtsteiles, etwa in Art. 20c, zu bringen. Ohne Rücksicht auf die Anordnung ist die folgende Ergänzung nötig: ‚Soweit keine andere Zuständigkeit begründet ist, ist der ordentliche Rechtsweg gegeben' "[18]).

In der 44. Sitzung des Hauptausschusses am 19. 1. 1949 stand der ursprüngliche Art. 2 Abs. 4 als nunmehriger Art. 20c in der Fassung des Grundsatzausschusses zur zweiten Lesung. Der Abgeordnete von Mangoldt (CDU) bemerkte dazu zunächst: „Wir haben hier entsprechend dem Vorschlag des Redaktionsausschusses den Abs. 4 des Art. 2 nach hinten gezogen, um diese Generalklausel der Zuständigkeit der Gerichte auf alle Grundrechte zu erstrecken"[19]). Sodann beantragte der Abgeordnete von Brentano (CDU), den vom Redaktionsausschuß vorgeschlagenen Zusatz: „Soweit eine andere Zuständigkeit nicht begründet ist, ist der ordentliche Rechtsweg gegeben" als Satz 2 an die Vorlage anzuschließen, und begründete seinen Antrag wie folgt: „Es wird hier lediglich der Rechtsweg eröffnet. Es gibt verschiedene Rechtswege, den verwaltungsgerichtlichen, den verfassungsgerichtlichen und den an die ordentlichen Gerichte. Das soll hier ausgesprochen werden, damit keine Kompetenzstreitigkeiten entstehen und nicht etwa derjenige, der als Richter angerufen wird, seine eigene Unzuständigkeit zu behaupten vermag, so daß in jedem Fall, in dem

[15]) Stenographische Protokolle des Grundsatzausschusses des Parlamentarischen Rates S. 23; Kurzprotokolle S. 3.

[16]) Stenographische Protokolle des Hauptausschusses des Parlamentarischen Rates S. 3/4; Kurzprotokolle S. 2. — Der letzte (5.) Satz v. Mangoldts enthält einen Widerspruch zum 3. Satz seiner Ausführungen, da dort vom „Verfahren vor den ordentlichen wie vor den Verwaltungsgerichten", hier jedoch nur von der „Klage im Verwaltungsstreitverfahren" die Rede ist.

[17]) Art. 2 lautete damals: „Jedermann hat die Freiheit, zu tun und zu lassen, was die Rechte anderer nicht verletzt und nicht gegen die verfassungsmäßige Ordnung oder gegen das Sittengesetz verstößt".

[18]) Teil A Art. 1—85 (PR. 12. 48/370).

[19]) Stenographische Protokolle ... S. 106.

nicht durch ein besonderes Gesetz ein anderer Rechtsweg — an das Verwaltungsgericht oder das Verfassungsgericht — gegeben ist, der ordentliche Richter verpflichtet ist, sich der Sache anzunehmen. Das ist nur eine Verstärkung der Garantie, daß der Rechtsweg unter allen Umständen offen steht und daß der Betroffene nicht erst suchen muß, welcher Rechtsweg das ist"[20]). Der Antrag von Brentanos wurde vom Hauptausschuß ohne Gegenstimme angenommen[21]).

Bei der dritten Lesung des Grundgesetzentwurfs erhielt die Vorschrift in der 47. Sitzung des Hauptausschusses am 8. 2. 1949 die Bezifferung 20c Abs. 4[22]).

Bei der vierten Lesung des Grundgesetzentwurfs kam in der 57. Sitzung des Hauptausschusses am 5. 5. 1949 ein Antrag zur Abstimmung, den der Abgeordnete Dr. Seebohm namens der DP am 2. 5. 1949 eingebracht hatte und der den Satz 2 des Art. 20c Abs. 4 wie folgt ändern wollte: „Soweit nicht eine andere gerichtliche Zuständigkeit begründet ist, ist der ordentliche Rechtsweg gegeben". Dazu meinte der Ausschußvorsitzende Dr. Schmid: „Offenbar ist damit beabsichtigt, den letzten Satz zu verschönern, aber nicht sachlich zu ändern". In der in unmittelbarem Anschluß an diese Bemerkung vollzogenen Abstimmung wurde der DP-Antrag ohne weitere Aussprache mit 10 gegen 5 Stimmen abgelehnt[23]).

In der neunten Sitzung des Plenums des Bonner Parlamentarischen Rates am 6. 5. 1949 kam der Antrag der DP abermals zur Behandlung. Dr. Seebohm erhielt hier die Gelegenheit, ihn folgendermaßen zu begründen: „Es handelt sich bei meinem Antrag zu Art. 19 nur um eine redaktionelle Änderung des letzten Absatzes. Mit dieser Änderung soll aber bewirkt werden, daß die Generalklausel im Grundgesetz klarer und eindeutiger als durch die bestehende Fassung verankert wird. . . . Auf diese Weise soll die Generalklausel in ihrem vollen Umfange eingeführt und die Zuständigkeiten, die sich aus dem Verwaltungsweg ergeben, ausdrücklich ausgeschaltet werden". Auch im Plenum wurde der Antrag Dr. Seebohms abgelehnt[24]).

Interessant, aufschlußreich und der besonderen Hervorhebung wert an dieser Entstehungsgeschichte des Art. 19 Abs. 4 ist die Feststellung: Auf den Allgemeinen Redaktionsausschuß des Bonner Parlamentarischen Rates und nicht etwa — wie man annehmen möchte und sollte — auf den sachlich an sich dafür zuständig

[20]) Stenographische Protokolle ... S. 108; Kurzprotokolle S. 9/10.
[21]) Stenographische Protokolle ... S. 111; Kurzprotokolle S. 9/10.
[22]) Stenographische Protokolle ... S. 81/82; Kurzprotokolle S. 21.
[23]) Stenographische Protokolle ... S. 27; Kurzprotokolle S. 12; DP-Antrag vom 2. 5. 1949 (Drucksache Nr. 774).
[24]) Stenographischer Bericht des Parlamentarischen Rates S. 179.

gewesenen Grundsatzausschuß jenes Gremiums gehen die beiden materiell bedeutsamen Unterschiedlichkeiten des heutigen Art. 19 Abs. 4 gegenüber dem ursprünglichen Art. 2 Abs. 4 des ersten Entwurfs des GG. zurück: die Placierung der Vorschrift am Schlusse des Grundrechtsabschnittes des GG. und die Einfügung des Satzes 2 in ihren Text. Diese beiden Änderungen beziehentlich Ergänzungen entsprachen aber durchaus auch der Auffassung des Grundsatzausschusses. Das ergibt sich daraus, daß sich zwei führende Mitglieder dieses Ausschusses (von Mangoldt und von Brentano) bei den Beratungen der Vorschrift im Hauptausschuß mit ihnen ausdrücklich einverstanden erklärten.

III. Der Rechtscharakter des Art. 19 Abs. 4.

Die nunmehr zuerst zu untersuchende Frage nach dem rechtlichen Charakter des Art. 19 Abs. 4 kulminiert in der Prüfung und Feststellung, ob diese Vorschrift als „Grundrecht" anzusehen ist oder nicht. Je nachdem, wie die Antwort auf dieses zentrale Problem ausfällt, sind gewisse Einzelfagen zu Art. 19 Abs. 4 verschieden zu beantworten.

1. Die formalste aller unter rein formalen Gesichtspunkten überhaupt möglichen Unterscheidungen, Einteilungen und Begriffsbestimmungen würde die Definition des Begriffes „Grundrecht" entbehrlich erscheinen lassen. Sie würde argumentieren: Wofern nur ein Recht oder eine rechtliche Verbürgung (im weitesten Sinne) im Abschnitt I des GG., der die Überschrift „Die Grundrechte" trägt, Platz gefunden hat, handelt es sich um ein „Grundrecht", wie der Grundgesetzgeber durch diese Plazierung des Rechts oder der rechtlichen Verbürgung zum Ausdruck gebracht hat. Da Art. 19 Abs. 4 mit der Eröffnung des Rechtsweges gegen Verletzungen individueller Rechte durch die Träger der öffentlichen Gewalt zumindest eine rechtliche Verbürgung, vermutlich jedoch sogar ein regelrechtes Recht entweder konstituiert oder in seinem Bestande festgestellt hat und da die Vorschrift im Abschnitt I des GG. steht, wäre sie nach der beschriebenen Argumentation ein Grundrecht. — Es bedarf keiner näheren Begründung dafür, daß einem methodisch derart unterbauten Ergebnis kein brauchbarer Wert zuerkannt werden kann, daß insbesondere mit einer solchen Methode das Ziel, den rechtlichen Gehalt des Art. 19 Abs. 4 zu ermitteln, nicht zu erreichen ist. Es soll daher hier auch nur kurz angedeutet und nicht weiter untersucht werden, daß und wie eine solche im strengsten Sinne formale Betrachtungsweise sich alsdann noch mit Art. 142 auseinanderzusetzen hätte, wonach ungeachtet des in Art. 31 enthaltenen Satzes „Bundesrecht bricht Landesrecht" Bestimmungen der Landesverfassungen auch insoweit in Kraft bleiben, als sie

„in Übereinstimmung mit den Art. 1—18" — also nicht Art. 19! — „Grundrechte" gewährleisten.

2. Nach einer anderen, nicht ganz so engen, aber auch noch durchaus formalen Unterscheidung, Einteilung und Begriffsbestimmung könnte man alle im GG. überhaupt enthaltenen Rechte und rechtlichen Verbürgungen als „Grundrechte" bezeichnen, weil sie eben im GG.-Text genannt werden. „Das Kriterium wäre hier" — um mit Carl Schmitt[25]) zu sprechen — „ausschließlich die Aufnahme in den geschriebenen Text der Verfassungsurkunde; es hätte alle Vorteile und Bequemlichkeiten, allerdings auch alle Unzulänglichkeiten eines derartig formalen Kennzeichens". Eine solche konsequent formale Auffassung würde setzen: Grundrecht = verfassungsmäßiges Recht; verfassungsmäßiges Recht = in der Verfassung enthaltenes Recht; Verfassung = Verfassungsurkunde; Grundgesetz = Verfassungsurkunde. Auch mit einer solchen Argumentation und Feststellung wäre für eine Ausdeutung des juristischen Gehaltes des Art. 19 Abs. 4 nichts gewonnen, da auch damit der materielle Begriff „Grundrecht" noch nicht definiert ist.

Die bisher aufgezeigten formalen Untersuchungsmethoden sollen jedoch nicht ohne den folgenden ausdrücklichen Hinweis verlassen werden: In der Weimarer Zeit wurde bisweilen versucht, von solchen und anderen rein formalen Gesichtspunkten aus auf einen materiellen grundrechtlichen Gehalt einer Verfassungsvorschrift zu schließen. Zu erwähnen ist hier insbesondere ein Beschluß der Vereinigten Zivilsenate des Reichsgerichts vom 22. 2. 1924[26]). Dort wurde angenommen, daß Art. 105 Weimarer RV. (gesetzlicher Richter) kein Grundrecht des einzelnen Staatsbürgers auf unbeschränktes richterliches Gehör gewähre, weil den in ihm enthaltenen Vorschriften mangels Aufnahme in den Zweiten Hauptteil der Verfassungsurkunde die „subjektive Betonung" fehle. — Allgemein anerkannt war jedoch im Schrifttum zur Weimarer RV., daß die Aufnahme eines Rechtes oder einer rechtlichen Verbürgung weder in die Verfassungsurkunde überhaupt noch in deren Grundrechtsteil für sich allein genommen Gewähr dafür böten, daß es sich um ein Grundrecht handele. Gleiches muß auch für das Bonner GG. gelten — unbeschadet der in aller Deutlichkeit schon hier zu treffenden grundsätzlichen Feststellung, daß in der Regel Auslegungen, die für das Recht der Weimarer RV. zutreffend waren, auch bei gleichlautendem Gesetzestext nicht ohne weiteres in das heutige Verfassungsrecht übernommen werden dürfen und daß eine allzu starke Nur-Renaissance des Rechtes der Weimarer RV. verfehlt sein dürfte.

[25]) „Inhalt und Bedeutung des zweiten Hauptteils der Reichsverfassung" in HdbDStR. II S. 572ff., S. 573.

[26]) RGZ. Bd. 107 S. 320, 322.

3. Was nun den vorab zu fixierenden materiellen Grundrechtsbegriff des neuesten deutschen Verfassungsrechtes anlangt, so läßt sich ein solcher aus den noch spärlichen Auslassungen zum GG. nicht herleiten. Man muß sich daher zunächst einmal dem ausgiebigen Fachschrifttum zuwenden, das zu den Grundrechten der Weimarer RV. entstanden war. Unter den hier vor allen zu nennenden Autoren Richard Thoma, Carl Schmitt, Gerhard Anschütz und Rudolf Smend haben zumindest die beiden Erstgenannten, über die gegenständlich beschränkte Untersuchung der einschlägigen Bestimmungen der damaligen Reichsverfassung hinaus, eine allgemeine Grundrechtslehre des deutschen Staatsrechts entwickelt. Ließ Carl Schmitt[27] — die von Georg Jellinek angeführte herrschende Auffassung teilend — die Idee der verschiedenen Grundrechte sich aus der Religionsfreiheit entwickeln, so führte sie Richard Thoma[28] in Verfolg der „antiabsolutistischen Lehren des Natur- oder Vernunftrechtes von der Begrenztheit der Staatsgewalt und von den unveräußerlichen Freiheits- und Gleichheitsrechten des Individuums" in liberaler Weise und gestützt durch den Gedanken der Gewaltentrennung auf ein einziges umfassendes subjektives öffentliches Recht eines jeden Rechtssubjektes im Verfassungsstaat zurück. Dieses umfassende subjektive öffentliche Recht des Einzelnen ist nach Georg Jellinek das allgemeine Persönlichkeitsrecht auf Freiheit von ungesetzlichem Zwang oder das allgemeine Freiheitsrecht; der Umkreis der gesetzlich geschützten Freiheit eines jeden Bürgers ist sein status negativus.

Nach Richard Thoma erwähnte die Weimarer RV. dieses ureigentliche Grundrecht nur deswegen nicht besonders, „weil sie es als selbstverständlich voraussetzt und voraussetzen durfte"[29]. Wenn auch eine positive Gesetzesanalyse mit Thoma[30] zu dem Ergebnis kommen mußte, daß dieses Grundrecht, weil implizite durch die Weimarer RV. gesetzt, auch ein positives Grundrecht dieser Verfassung war, so stellte es doch zunächst einmal nur ein „Prinzip" dar — ein Prinzip, das immer zugrunde liegen muß,

---

[27] „Verfassungslehre", München und Leipzig (Duncker und Humblot) 1928, S. 158/59.

[28] „Die juristische Bedeutung der grundrechtlichen Sätze der deutschen Reichsverfassung im allgemeinen" in „Die Grundrechte und Grundpflichten der Reichsverfassung. Kommentar zum zweiten Teil der Reichsverfassung", herausgegeben von Hans Carl Nipperdey, Berlin (Hobbing), I. Bd. S. 1ff., S. 15ff.

[29] A. a. O. S. 16.

[30] „Grundrechte und Polizeigewalt" in „Verwaltungsrechtliche Abhandlungen. Festgabe zur Feier des fünfzigjährigen Bestehens des Preußischen Oberverwaltungsgerichts", herausgegeben von Heinrich Triepel, Berlin (Heymann) 1925, S. 183ff., S. 184/85 und bei Nipperdey a. a. O. S. 17.

wenn man „überhaupt mit einem selbständigen von den Zufälligkeiten verfassungsrechtlicher Grundrechtskataloge unabhängigen Begriffe von „Grundrechten" arbeiten will"[31]). In ähnlicher Weise sprach Carl Schmitt vielfach von dem „fundamentalen Verteilungsprinzip" des bürgerlich-liberalen Rechtsstaates, der prinzipiell unbegrenzten individuellen Freiheitssphäre und der prinzipiell begrenzten staatlichen Gewalt. Um zu verhindern, daß das Prinzip zur „leeren Schale" (Thoma) wird, muß die Gesetzgebung — sei es die einfache, sei es die Verfassungsgesetzgebung — mindestens gewisse Betätigungen der Freiheit mit einem Schutzwall umgeben, durch den die allgemeinen gesetzlichen Ermächtigungen, polizeiliche und andere, nicht oder nicht ohne weiteres hindur hdringen können. Darum hat sich von den früheren deutschen Verfassungsurkunden in größerem Umfange und grundsätzlichem Angriff erst die Weimarer RV. bemüht.

4. Für die Zwecke meiner weiteren Überlegungen und Erwägungen zur Frage nach dem Rechtscharakter des Art. 19 Abs. 4 bezeichne ich das „allgemeine Freiheitsrecht" als das Hauptgrundrecht und seine einzelnen Ausstrahlungen als Einzelgrundrechte. Soweit das Hauptgrundrecht in seinen Einzelausstrahlungen einen Niederschlag in der Verfassungsurkunde gefunden hat, ist es in der Thomaschen Ausdrucksweise „positiv grundrechtlich verstärkt".

Demgemäß sind mit Thoma[32]) als Grundrechte im Verfassungsstaat anzusehen: 1. das Hauptgrundrecht, 2. jedes durch die Verfassungsurkunde zum Einzelgrundrecht erhobene, einem unterstaatlichen Subjekt gegenüber der Staatsgewalt eingeräumte öffentliche oder private subjektive Recht, 3. jede zum Einzelgrundrecht erhobene Sicherung einer bestimmten Betätigung der Freiheit gegenüber allgemeinen Gewaltbefugnissen.

5. Bekanntlich enthielt die Weimarer RV. in ihrem Grundrechtsteil in fünf Abschnitten mit 57 Artikeln einen recht buntscheckigen Katalog von Bestimmungen, von denen viele in ihrer Grundrechtsnatur heftig umstritten waren. Verfocht Richard Thoma insoweit ganz allgemein eine ausdehnende Auslegung, so entschied Carl Schmitt im Gegensatz zu ihm zumindest in den Folgerungen dadurch einschränkend, daß er zwischen Grundrechten einerseits und institutionellen Garantien sowie Rechtsinstitutsgarantien anderseits unterschied[33]). Richtig ist m. E. an der restriktiven Auffassung jedenfalls so viel, daß die institutionellen Garantien und Rechtsinstitutsgarantien gewissermaßen

---

[31]) Thoma bei Nipperdey a. a. O. S. 16.

[32]) „Grundrechte und Polizeigewalt" a. a. O. S. 187/88 und bei Nipperdey a. a. O. S. 18.

[33]) Vgl. Klein, Friedrich, „Institutionelle Garantien und Rechtsinstitutsgarantien", Breslau (Marcus) 1934, bes. S. 11—49.

nur zweitstufige Ausstrahlungen des Hauptgrundrechtes sind; dieses selbst und ebenso auch die erststufigen Einzelgrundrechte der klassischen Menschenrechtsvorstellung der Amerikaner, Engländer und Franzosen können nämlich nur dem Menschen, nicht hingegen einer Institution oder einem Rechtsinstitut eignen. Für das Bonner GG. ist der Streit, wenn auch durchaus nicht etwa gegenstandslos, so doch dadurch sehr wesentlich eingedämmt, daß dieses sich in hohem Ausmaß um die Festlegung einwandfrei erststufiger Einzel-Grundrechte nach Art der alten klassischen Freiheitsrechte bemüht hat.

6. Das „neue" Hauptgrundrecht ist in Art. 1 Abs. 1[34]) (in Verbindung mit Art. 2) enthalten. Und zwar erscheint es in einer textlichen Formulierung, die eine bemerkenswerte Wandlung des „alten" Hauptgrundrechtes deutlich erkennbar werden läßt, in einer sprachlichen Fassung, die — um eine von Arnold Köttgen[35]) in anderem Zusammenhang gebrauchte Formel zu verwenden — eine „betonte antiliberale Wendung" enthält. Statt des „negativen" allgemeinen Freiheitsrechtes der Weimarer RV. (Freiheit von!) nunmehr „positiv" die „unantastbare Würde des Menschen" im Bonner GG.! Vom liberalen, ganz und gar nur negatorischen Prinzip der „Freiheit vom Staat" die Wendung zum positiven Prinzip der freien Mitwirkung und der „Entfaltung der Persönlichkeit" innerhalb eines demokratisch-sozialen Rechtsstaates![36])

Als der berufene Interpret hat Hermann von Mangoldt[37]) der Tatsache, daß im neuen deutschen Grundrechtskatalog das Verhältnis des Einzelnen zum Staat „doch in einer eigenen durch die Zeit bedingten Art geregelt" sei, dahin Ausdruck verliehen: „Mag auch der Akzent in den Grundrechten wegen der Erfahrungen in der jüngeren Vergangenheit stark auf der Freiheit von staatlichem Zwange liegen, so ist doch der demokratische Freiheitsbegriff der Weimarer Verfassung fortentwickelt, der zugleich die Teilnahme des einzelnen am Staat mit erfaßt. ... Wille des Gesetzgebers war es, daß nicht mehr die Einzelperson im alten liberalen Sinne im Mittelpunkte stehen sollte. ... Eigenwert und Eigenständigkeit des Menschen schlechthin sollten ... als unverbrüchliche Grundlage der Gesamtordnung anerkannt werden, die Achtung vor der Menschenwürde das Grundmotiv sein, das die

---

34) Zur Frage der Grundrechtsnatur des Art. 1 Abs. 1 vgl. auch Apelt, Willibalt, „Betrachtungen zum Bonner Grundgesetz" in NJW. 1949 S. 481—485, S. 482.

35) „Akademische Lehrfreiheit" in Göttinger Universitäts-Zeitung, 4. Jg. Nr. 7 vom 8. 4. 1949 S. 1/2, S. 1.

36) Insofern ist die „überkommene Freiheitsproblematik" also bereits korrigiert (vgl. dazu Forsthoff, Ernst, „Allmacht der Verwaltung" in Wirtschafts Zeitung Nr. 65 vom 13. 8. 1949 S. 1/2, S. 1.

37) „Die Grundrechte" in DV. 1949 S. 261—263, S. 262/3.

Auslegung aller Grundrechte maßgeblich bestimmt". Arnold Köttgen[38]) deutet die geistesgeschichtliche Wendung, die sich seit geraumer Zeit vollziehe und die bei einem Vergleich des Bonner GG. mit der „noch in dem naiven Selbstvertrauen des wissenschaftsgläubigen 19. Jahrhunderts verwurzelten Weimarer Verfassung" eindeutig zutage trete, nicht zuletzt als eine Manifestation des „Anlehnungsbedürfnisses des modernen Menschen", was offenbar heißen soll, daß die liberal-rechtsstaatlichen, bürgerlich-freiheitlichen Begriffe und Positionen der damaligen Zeit heutigen Tages keine Stützpfeiler mehr abzugeben vermögen.

Zwischen der Weimarer RV. und dem Bonner GG. ist also der folgende fundamentale Unterschied hinsichtlich des Hauptgrundrechtes festzustellen: War dieses in der Verfassung von Weimar nur implizite und negativ enthalten, so ist es im Grundgesetz von Bonn explizite und positiv statuiert. Diese Unterschiedlichkeit in den Grundrechtsteilen der beiden Verfassungsurkunden ist m. E. so grundlegend und durchgreifend, daß deswegen wohl auch die meisten Bonner Einzelgrundrechte trotz äußerlicher Übereinstimmung oder zumindest Ähnlichkeit mit den entsprechenden Weimarer Einzelgrundrechten mit anderem Gehalt gefüllt sind oder doch gefüllt werden müssen[39]).

Nur anmerkungsweise sei noch erwähnt, daß typisch für den aufgezeigten geistesgeschichtlichen Wandel auch gewisse Abweichungen in den Grundrechtsformulierungen des Bonner GG. gegenüber der Weimarer RV. sind; so z. B. Art. 114 Satz 1 WRV. negativ: „Die Freiheit der Person ist unverletzlich", wohingegen diesem in Art. 2 GG. wiederkehrenden Satz u. a. die positive Gewährleistung vorgeschaltet ist: „Jeder hat das Recht auf die freie Entfaltung seiner Persönlichkeit".

7. Richard Thoma erhob in seinen damaligen Untersuchungen über die Grundrechte die Forderung[40]): „Im geordneten Rechtsstaat sollte sich diesem allgemeinen materiellen Freiheitsrecht (d. h. also dem hier als ‚Hauptgrundrecht' bezeichneten Recht) ein allgemeines formelles Recht der Anrufung unabhängiger Gerichte zu seiner Verteidigung beigesellen". Er sprach damit einen Gedanken aus, aus dem heraus sich gegebenenfalls parallel zum System des materiellen Hauptgrundrechtes und der materiellen Einzelgrundrechte ein System eines formellen Hauptgrundrechtes und formeller Einzelgrundrechte entwickeln läßt.

Auf Grund der früheren Verfassungen war es nicht möglich, ein solches zweites, paralleles Grundrechtssystem herauszuarbeiten, da dort jenes allgemeine formelle Recht der Anrufung unabhän-

---

38) A. a. O.

39) Vgl. in diesem Sinne schon oben unter Ziff. 2 Abs. 2.

40) Bei Nipperdey a. a. O. S. 16

giger Gerichte zur Verteidigung des allgemeinen materiellen Freiheitsrechtes noch nicht oder doch nur unzulänglich enthalten war. Insbesondere unterließ es die Weimarer RV., ein Grundrecht auf gerichtlichen Rechtsschutz festzusetzen[41]). Anders jedoch nunmehr das Bonner GG.! Ich stehe nicht an, in Art. 19 Abs. 4 diese Statuierung zu sehen und aus dieser Vorschrift selbst für den Einzelnen subjektive Rechte, insbesondere einen Anspruch auf Rechtsschutz durch gerichtliche Instanzen, herzuleiten. Durch Art. 19 Abs. 4 erhalten die Grundrechte erst ihren vollen Charakter als subjektive Rechte, da dadurch dem Anspruchsberechtigten die hinter jeder materiellen Rechtsnorm stehende Rechtsschutznorm zur Verfügung gestellt wird[42]). Demgemäß bezeichne und werte ich den Art. 19 Abs. 4 als das formelle Hauptgrundrecht, als gewissermaßen Grundrecht neuer Art.

Der explizit-positiven Neuaufnahme des materiellen Hauptgrundrechtes in das GG. entspricht demgemäß als genaues Pendant die explizit-positive Neuaufnahme des formellen Hauptgrundrechtes in die Urkunde. Bemerkenswert in diesem Zusammenhang ist in gesetzestechnisch-formaler Hinsicht auch der chiastisch-symmetrische Aufbau des Grundrechtsteiles des GG.: Scharf an seinem Eingang und an seinem Ausgang türmen sich wie zwei rochers de bronce das materielle und das formelle Grundrecht auf. Dazwischen befinden sich die Ausstrahlungen beider, nämlich die materiellen und die formellen Einzelgrundrechte. Bevor speziell zu den letzteren Näheres ausgeführt wird, sollen noch einige Gedanken zur Aufnahme jenes Grundrechtes neuer Art, des formellen Hauptgrundrechtes, in das GG. kurz Ausdruck finden.

8. Man muß sich zunächst die beträchtliche Gewichtszunahme der Grundrechte überhaupt vergegenwärtigen. Sie erhellt einerseits daraus, daß der Grundrechtsteil an die Spitze der neuen Verfassungsurkunde gerückt ist, zum anderen daraus, daß die Grundrechte fast völlig von allem Zwischenholz wie insbesondere bloßen programmatischen Erklärungen und juristisch nur schwer faßbaren Grundpflichten gesäubert und klar auf die alten „klassischen" Grundrechte beschränkt wurden und daß sie nach Art. 1 Abs. 3 „unmittelbar geltendes Recht" sind. Weniger zwar für

[41]) Genzmer, Felix, „Verwaltungsgerichtsbarkeit" in HdbDStR. II, S. 506-523, S. 518. — Vgl. auch Anschütz bei Nipperdey a. a. O. S. 136, 144: Der Einzelne konnte einen Anspruch auf Rechtsschutz durch irgendwelche verwaltungsgerichtliche Instanzen niemals auf Art. 107 Weimarer RV. stützen.

[42]) Vgl. Nawiasky, Hans — Leusser, Claus, „Die Verfassung des Freistaates Bayern vom 2. 12. 1946. Systematischer Überblick und Handkommentar mit einer Darstellung der nationalsozialistischen Revolution vom staatsrechtlichen Blickpunkt sowie den wichtigsten Durchführungsgesetzen zur Verfassung", München und Berlin (Biederstein) 1948, Abs. 1 der Erl. zu Art. 120.

ihre gesetzesimmanente Ausdeutung als vielmehr für ihre zutreffende Bewertung wichtig ist dabei der Umstand, daß sie richtig als „vorstaatlich" oder „überstaatlich", und zwar je nach dem weltanschaulichen Standpunkt als von Gott gegeben und angeboren oder als naturgegeben und unveräußerlich, anzusehen sind[43]). Dabei dürfte der Streit darüber, wie das mit der Vorstellung von einer „souveränen" staatlichen Rechtsordnung zu vereinbaren sei, begriffslogisch wohl kaum lösbar, praktisch jedoch bedeutungslos sein.

Was die explizit-positive Aufnahme des formellen Hauptgrundrechtes in den Grundrechtsabschnitt des GG. selbst anbetrifft, so erscheint sie allein schon aus den folgenden zwei Gründen außerordentlich sinnvoll: Es werden dadurch über Art. 1 Abs. 3 die unmittelbare Bindung auch des Gesetzgebers und damit weiterhin über Art. 79 Abs. 3 die Bindung sogar des Verfassungsgesetzgebers[44]) sowie die Möglichkeit, gemäß Art. 18 das formelle Hauptgrundrecht in manchen seiner Einzelausstrahlungen zu verwirken, erreicht.

Erscheint so die ausdrückliche Aufnahme des formellen Hauptgrundrechtes in das Bonner GG. sinnvoll und begründet, so darf darüber hinaus sogar gefragt werden, ob sie nicht auch innerlich notwendig war. In der Tat dürfte diese grundgesetzliche Statuierung, die übrigens auch in mehreren Verfassungen der neuen deutschen Länder wiederkehrt[45]) und die vielfach aus den Erfahrungen der NS-Vergangenheit begründet wurde, eine innere Notwendigkeit gewesen sein. Das ergibt sich aus der folgenden Erwägung: Das materielle Hauptgrundrecht der früheren Zeit erhob kompromißlos den Anspruch auf absolute Geltung und beinhaltete allein schon dadurch einen gewissen Rechtsschutz. Nachdem es inzwischen die erwähnte tiefe inhaltliche Wandlung durchgemacht hat, ist es als gewissermaßen noch in einem Übergangsstadium befindlich noch nicht stark genug, um eines augenfälligen zusätzlichen Schutzes entbehren zu können. Es war daher notwendig, ihm das formelle Hauptgrundrecht expressis verbis zuzugesellen.

9. Als letzte Frage im Problembereich um den Rechtscharakter des Art. 19 Abs. 4 steht nunmehr nur noch die nach den formellen Einzelgrundrechten offen. Ist es möglich, aus dem Grundrechtsabschnitt des Bonner GG. neben dem System des

[43]) Vgl. v. Mangoldt a. a. O. S. 261.

[44] Vgl. unten unter IV 1.

[45]) Art. 2 Abs. 3 der Verfassung des Landes Hessen vom 1. 12. 1946; Art. 90 Abs. 1 der Verfassung für Württemberg-Baden vom 28. 11. 1946; Art. 124 Abs. 1 der Verfassung für Rheinland-Pfalz vom 18. 5. 1947; Art. 63 Abs. 1 der Verfassung für Württemberg-Hohenzollern vom 20. 5. 1947; Art. 141 Satz 1 der Landesverfassung der Freien Hansestadt Bremen vom 12. 10. 1947.

materiellen Hauptgrundrechtes und der materiellen Einzelgrundrechte ein zweites, ein paralleles System eines formellen Hauptgrundrechtes und formellerEinzelgrundrechte zu entwickeln und das zweiteSystem dem ersten gleichrangig und gleichwertig zuzuordnen?

Die Antwort auf diese Frage fällt bei näherer Überlegung positiv aus. Sieht man nämlich wie die materiellen so auch die formellen Einzelgrundrechte als Ausstrahlungen des — materiellen beziehentlich formellen — Hauptgrundrechtes an, so kann man als Ausstrahlungen des formellen Hauptgrundrechtes die Konkretisierungen der Grundrechte und der gesetzlichen Eingriffsmöglichkeiten in diese bezeichnen.

Die Möglichkeiten zu Eingriffen in die Grundrechte sind im Bonner GG. gegenüber der Weimarer RV. nicht unwesentlich eingeschränkt. Durch Ablehnung des Art. 21 Abs. 4 des Herrenchiemseer Entwurfs mit seiner generellen Ermächtigung an den Gesetzgeber zu Eingriffen in die Grundrechte[46]), durch unmittelbare Bindung auch des Gesetzgebers an die Grundrechte nach Art. 1 Abs. 3, durch Verbot des Einzeleingriffs in die Grundrechte nach Art. 19 Abs. 1 und durch möglichst konkrete Fassung der Ermächtigungen hat man die Grundrechte der Verfügung des einfachen Gesetzgebers weitestgehend entzogen. Davon macht zwar Art. 2, in dem in sehr allgemeiner Form die Unantastbarkeit der grundlegenden Persönlichkeitswerte, des Lebens, der körperlichen Unversehrtheit und der Freiheit der Person, gewährleistet werden, eine gewisse Ausnahme. Das ist jedoch deswegen kaum erheblich, weil die in den folgenden Artikeln verbrieften Freiheitsrechte im Grunde genommen nur eine Konkretisierung der allgemeinen Rechte und Freiheiten des Art. 2 in einzelnen Lebensbereichen und damit leges speciales zu Art. 2 darstellen[47]).

Nach liberal-rechtsstaatlicher Vorstellung und Ausdrucksweise bedeutet die gesetzlich-konkretisierende Festlegung des Eingriffsrechtes in Einzelgrundrechte jeweils negativ sowohl eine „Einsrhränkung" des materiellen Hauptgrundrechtes, da im Bereich der gesetzlichen Eingriffsmöglichkeit das allgemeine Freiheitsrecht nicht mehr gewährleistet ist, als auch zugleich eine „Einschränkung" des formellen Hauptgrundrechtes, da bei Eingriffen innerhalb der Grenzen des konkretisierten Eingriffsrechtes keine Rechtsverletzungen vorliegen, so daß insoweit auch der Rechtsschutz entfällt. In Wirklichkeit handelt es sich bei der gesetzlichen Konkretisierung der Eingriffsmöglichkeiten in Einzelgrundrechte jedoch um nichts anderes als um die positive Fixierung des Haupt-

[46]) „Eine Einschränkung der Grundrechte ist nur durch Gesetz und unter der Voraussetzung zulässig, daß es die öffentliche Sicherheit, Sittlichkeit oder Gesundheit zwingend erfordert. Die Einschränkung eines Grundrechtes oder die nähere Ausgestaltung durch Gesetz muß das Grundrecht als solches unangetastet lassen."

[47]) v. Mangoldt a. a. O. S. 262.

grundrechtes einerseits nach seiner materiellen und anderseits nach seiner formellen Seite hin entsprechend den staatlich-politischen Gemeinschaftsaufgaben. So gesehen, kann man bei Art. 1 Abs. 1 von der materiellen und bei Art. 19 Abs. 4 von der formellen Seite des Hauptgrundrechtes sprechen. So gesehen, stellt weiterhin jede einzelne Grundrechtsbestimmung die Fixierung eines Teilgehaltes des Hauptgrundrechtes dar, die demgemäß ebenso wie dieses eine materielle und eine formelle Seite hat. So gesehen, zeigen schließlich die Auftürmungen am Eingang und am Ausgang des Grundrechtskataloges des Bonner GG. nur ein und dasselbe Hauptgrundrecht von seinen zwei Seiten; zwischen diesen beiden rochers de bronce befinden sich die Einzelgrundrechte, von denen jedes wiederum seine materielle und seine formelle Seite hat.

10. Im Hinblick auf die außerordentliche Bedeutung, die dem Art. 19 Abs. 4 in seiner Eigenschaft als das formelle Hauptgrundrecht oder als die formelle Seite des Hauptgrundrechtes zukommt, hätte er es wohl verdient, zu einem selbständigen, besonderen Artikel des GG. gemacht, anstatt „mit einigen Regeln über die Geltung und Einschränkung der Grundrechte gekoppelt" zu werden, „die mit der Sicherung des Rechtsweges so viel und so wenig zu tun haben, wie jeder andere Artikel des 1. Abschnittes"[48]). Als Erklärung dafür, daß die Generalklausel ungerechtfertigterweise als bloßer vierter Absatz an Art. 19 angehängt wurde und dort gewissermaßen „hängenblieb", läßt sich wohl nur das Beharrungsvermögen ihrer Kreatoren anführen, welche, wie die Entstehungsgeschichte der Vorschrift zeigt[49]), hier über die Systematik des ersten GG.-Entwurfs nicht hinausgelangten. Im übrigen kann gegen die Placierung der Klausel im Grundrechtsabschnitt des GG. nichts eingewendet werden — auch und gerade dann nicht, wenn man mit Ernst Friesenhahn[50]) der Meinung ist, daß die Vorschrift „in Wirklichkeit eine über den Rahmen dieses (ersten) Abschnitts weit hinausgehende Bedeutung hat". Dieser Tragweite des Abs. 19 Abs. 4 wird durch die volle Erkenntnis seines Rechtscharakters hier durchaus Rechnung getragen. Die — in der Tat „irrige"[51]) — Deutung, als ob er nur Schutz gegen eine Verletzung der im ersten Abschnitt des GG. verbürgten Grundrechte gewähre[52]), erscheint schon deswegen recht fern liegend, weil der Abs. 4 des Art. 19 von „Rechten" spricht, wohingegen in allen drei vorangehenden Absätzen des Artikels von „Grundrechten" die Rede ist.

---

48) Friesenhahn a. a. O. S. 481, dem ich insoweit zustimme.

49) Vgl. oben unter II 3.

50) A. a. O.

51) Vgl. unten unter V c.

52) Die Gefahr einer solchen, auch seiner Meinung nach allerdings irrigen, Deutung hält Friesenhahn a. a. O. für möglich.

IV. Die bundesgrundgesetzliche Bedeutung des Art. 19 Abs. 4.

1. Die in Art. 19 Abs. 4 enthaltene Generalklausel gerichtlichen Schutzes gegenüber den Verletzungen individueller Rechte durch Träger der öffentlichen Gewalt bindet infolge ihrer bundesgrundgesetzlichen Verbürgung und Bestätigung den einfachen Landesgesetzgeber und den Landesverfassungsgesetzgeber gemäß dem in Art. 31 enthaltenen Rechtssatz „Bundesrecht bricht Landesrecht" in der Weise, daß jedenfalls ein genereller Ausschluß „des Rechtsweges" gegenüber solchen Rechtsverletzungen unzulässig ist. Als bundesgrundgesetzliche Norm mit dem an früherer Stelle aufgezeigten Rechtscharakter[53]) bindet sie darüber hinaus in gleicher Weise auch den einfachen Bundesgesetzgeber und gemäß Art. 1 Abs. 3 in Verbindung mit Art. 79 Abs. 3 sogar den Bundesverfassungsgesetzgeber. Eine auf den Kerngehalt des Art. 19 Abs. 4 abzielende Änderung dieser Vorschrift, d. h. eine solche, die den umfassenden und lückenlosen gerichtlichen Rechtsschutz gegenüber den Verletzungen von Einzelrechten durch Träger der öffentlichen Gewalt entweder ganz beseitigen oder auch nur irgendwie einschränken wollte[54]), wäre daher selbst unter Beachtung der Kautelen des Art. 79 Abs. 1 und 2 nicht möglich, d. h. selbst nicht im Wege eines Bundesgesetzes, das mit Zustimmung von zwei Dritteln der gesetzlichen (Art. 121) Mitglieder desBundestages und zwei Dritteln der Stimmen des Bundesrates (Art. 51) erginge und den Wortlaut des GG. ausdrücklich änderte[55]). Eine solche Änderung würde den in Art. 19 Abs. 4 in Verbindung mit Art. 1 Abs. 3 verwirklichten rechtsstaatlichen Grundsatz des umfassenden und lückenlosen gerichtlichen Rechtsschutzes gegenüber den fraglichen Rechtsverletzungen berühren und demzufolge nach Art. 79 Abs. 3 unzulässig sein[56]). Sie würde dem Sinn und Zweck der Art. 1 Abs. 3, 19 Abs. 4 und 79 Abs. 3

---

53) Vgl. oben unter III.

54) Nicht zu verwechseln mit diesem Problem der Einschränkung des generellen gerichtlichen Rechtsschutzes ist das der Beschränkung des speziellen verwaltungsgerichtlichen Rechtsschutzes! Vgl. darüber unten unter 4 und 5.

55) Abweichend Friesenhahn a. a. O. S. 482, der die rechtliche Natur des Art. 19 Abs. 4 als (Haupt-) Grundrecht nicht genügend berücksichtigt und daher ein Bundesgesetz, das irgendeine Anfechtungsstreitigkeit von der hilfsweisen Zuständigkeit der ordentlichen Gerichte ausnimmt (und das damit eine Lücke des Rechtsschutzes im Bereich der Anfechtungsstreitigkeiten öffnet), nach Änderung des GG.-Textes im Verfahren nach Art. 79 Abs. 1 und 2 für zulässig hält. Wie Friesenhahn offenbar auch Voigt a. a. O. S. 434.

56) Darüber, daß die Subsidiaritätsklausel des Satzes 2 des Art. 19 Abs. 4 nicht unter Art. 79 Abs. 3 fällt, vgl. unten unter 3 letzter Absatz.

zuwiderlaufen, nach denen jener Grundsatz schlechthin Unverbrüchlichkeit genießen soll.

Art. 19 Abs. 4 verwirklicht somit nicht nur weitestgehend das Ideal des vollen Rechtsstaates, sondern umwehrt als formelles Hauptgrundrecht auch das also erreichte Ziel mit den höchstmöglichen Rechtsgarantien.

2. Satz 1 der bundesgrundgesetzlichen Allgemeinklausel richterlich-unparteiischen Schutzes gegenüber den Verletzungen individueller Rechte durch Träger der öffentlichen Gewalt eröffnet „den Rechtsweg", sagt jedoch nicht, was er unter Rechtsweg versteht. Faßt man den Ausdruck in seiner überkommenen Bedeutung auf, so ergibt sich daraus zunächst jedenfalls soviel: Ausgeschlossen ist dadurch jegliche Art schiedsgerichtlicher Erledigung einer Streitigkeit zwischen einem durch einen Träger der öffentlichen Gewalt in seinen Rechten Verletzten und dem Gewaltträger wegen einer solchen Rechtsverletzung, da es einen Rechtsweg im rechtstechnisch-spezifischen Sinne nicht zu Schiedsgerichten, sondern nur zu Gerichten gibt, d. h. zu Behörden, die rechtlich und tatsächlich in der Lage sind, unabhängig und unparteiisch zu urteilen; Rechtsweg ist Gerichtsweg. Nicht ausgeschlossen ist durch die Verwendung des Wortes „Rechtsweg" in Satz 1 hingegen ein anderer als der ordentliche Rechtsweg, d. h. der „Rechtsweg vor den ordentlichen Gerichten", wie Art. 14 Abs. 3 sich ausdrückt. Daß die sprachliche Fassung des Satzes 1 die Erledigung einer Streitigkeit der fraglichen Art sowohl durch ordentliche Gerichte als auch durch Verwaltungsgerichte — nicht allerdings durch Verfassungsgerichte[57]) — freistellt, ergibt sich aus drei Gründen: einmal daraus, daß Satz 1 nicht von einer bestimmten Art des Rechtsweges, sondern vom Rechtsweg schlechthin spricht und daß — wie Art. 93 Abs. 1 Ziff. 4 beweist — nach der Terminologie des GG. für den Begriff „Rechtsweg" die Art des judizierenden Gerichtes unbeachtlich ist, zum andern daraus, daß das GG. den Ausdruck „ordentlicher Rechtsweg" verwendet, wenn es diesen und nur diesen meint (so bei den „Zivilprozeßsachen kraft Zuweisung" [Gerhard Lassar] der Art. 14 Abs. 3 Satz 4: Höhe der Enteignungsentschädigung und Art. 34 Satz 3: Amts- oder Verbandshaftung bei Amtspflichtverletzung), und vollends daraus, daß Satz 2 des Art. 19 Abs. 4 den „ordentlichen Rechtsweg" dem „Rechtsweg" in Satz 1 antithetisch gegenüberstellt. Im Hinblick auf diese sich aus der Entstehungsgeschichte des Art. 19 Abs. 4[58]) und dem Bonner GG.

[57]) Verfassungsgerichte sind für Streitigkeiten zuständig, die in der spezifischen Verfassungsrechtssphäre liegen und in den Bereich der Staatsgerichtsbarkeit fallen; Art. 19 Abs. 4 erfaßt hingegen nur einen bestimmten Ausschnitt der verwaltungsrechtlichen Streitigkeiten (vgl. unten unter Vb). Daher ergibt sich insbesondere keine Zuständigkeit des Bundesverfassungs-

absolut klar und unanfechtbar ergebende Rechtslage könnte kein Beweisgrund für die gegenteilige Auslegung des Begriffes „Rechtsweg" in Satz 1 des Art. 19 Abs. 4 etwa aus Art. 129 Abs. 1 Satz 3 Weimarer RV. entnommen werden, der den Beamten für ihre vermögensrechtlichen Ansprüche „den Rechtsweg" garantierte, wobei unter Rechtsweg nach übereinstimmender Auffassung in Rechtsprechung und Rechtslehre — mit alleiniger Ausnahme von Julius Hatschek[59]) — der ordentliche Rechtsweg, Geltendmachung der Ansprüche vor den Justizgerichten und nicht auch vor den Verwaltungsgerichten zu verstehen war – obwohl die Weimarer RV. an anderen Stellen in gleichen oder doch zumindest ähnlichen Fällen (Art. 131 Abs. 1 Satz 3: Staatshaftung für Beamte, Art. 153 Abs. 2 Satz 3: Entschädigung bei Enteignung) den Rechtsweg ausdrücklich näherhin als „ordentlichen Rechtsweg", als „Rechtsweg bei den ordentlichen Gerichten" fixierte.

Ist Rechtsweg im Sinne des Art. 19 Abs. 4 gleich Gerichtsweg, so ist auch sicher, daß es sich dabei um ein prozeßförmiges Verfahren vor einem Gericht handeln muß[60]). Des weiteren genügt die Gewährung eines bloßen — wenn auch formellen — Beschwerdezugs an vorgesetzte Verwaltungsbehörden unzweifelhaft nicht[61]). Zweifel können allerdings entstehen[62]), wenn die entscheidende Stelle zwar mit der sachlichen (Weisungsfreiheit), nicht aber der persönlichen (Unabsetzbarkeit und Unversetzbarkeit) Garantie richterlicher Unabhängigkeit ausgestattet ist, wie etwa die Spruchbehörden im Sozialversicherungsrecht[63]). Zweifelhaft kann insbesondere sein[64]), ob Art. 19 Abs. 4 auch voraussetzt, daß das Gericht den Streit in vollem Umfange nach der tatsächlichen und rechtlichen Seite überprüfen darf. Entspricht beispielsweise das Rechtsmittelverfahren für Streitigkeiten über Verbrauchsteuern und Zölle in der amerikanischen Besatzungszone den Anforde-

---

gerichts aus Art. 19 Abs. 4 über Art. 93 Abs. 1 Ziff. 4 (so mit Recht Friesenhahn a. a. O. S. 483, 484; Füßlein, Erläuterungen zum GG. in „Das Deutsche Bundesrecht" I A 10 S. 77; Zinn, Georg August, „Die Rechtsprechung" in DöV. 1949 S. 278—282, S. 279). — Nicht unbedenklich daher die Ausführungen des Abgeordneten v. Brentano in der 44. Sitzung des Hauptausschusses des Bonner Parlamentarischen Rates am 19. 1. 1949 (vgl. oben unter II 3).

58) Vgl. insbesondere die Äußerung des Abgeordneten v. Mangoldt in der 4. Sitzung des Grundsatzausschusses am 23. 9. 1948 (oben unter II 3).

59) „Deutsches und Preußisches Staatsrecht", Berlin (Stilke) 1922, Bd. 1 S. 191.

60) Friesenhahn a. a. O. S. 482.

61) Baur, „Neuere Diskussionen über das Verhältnis von Justiz und Verwaltung" in DRZ. 1949 S. 395—398, S. 396.

62) So mit Recht Baur a. a. O. S. 396 Anm. 19.

63) Vgl. dazu unten unter V b.

64) So mit Recht Friesenhahn a. a. O. S. 482, dessen Hinweis auf

rungen des Art. 19 Abs. 4 Satz 1? Entsprechend meiner durchgängig rechtsstaatlich-extensiven Auslegung der Rechtsschutzklausel neige ich dazu, diese Frage zu verneinen[65]), da in der US-Zone insoweit allein das Anfechtungsverfahren nach den §§ 299ff. der Reichsabgabenordnung gegeben ist, das nach einer Anfechtung (Beschwerde) an den Oberfinanzpräsidenten nur noch eine Rechtsbeschwerde an den Obersten Finanzgerichtshof in München gewährt, eine Überprüfung des Streites nach der tatsächlichen Seite durch ein Gericht also nicht ermöglicht[66]).

3. Satz 2 des Art. 19 Abs. 4 eröffnet den „ordentlichen Rechtsweg" nur, „soweit eine andere Zuständigkeit nicht begründet ist". Das GG. sieht somit in Art. 19 Abs. 4 Satz 2 den „Rechtsweg vor den ordentlichen Gerichten" (vgl. Art. 14 Abs. 3 Satz 4) in öffentlich-rechtlichen Streitigkeiten im Sinne der Rechtsschutzklausel nur subsidiär vor[67]); es unterstellt primär

die französische Besatzungszone in diesem Zusammenhang allerdings fehlgeht.

65) Unentschieden Friesenhahn a. a. O. S. 482 Anm. 39.

66) In der britischen Besatzungszone hat § 17 der Verordnung Nr. 175 der Militärregierung betr. „Wiedererrichtung von Finanzgerichten", in Kraft getreten am 1. 2. 1949, die Zuständigkeit der Finanzgerichte auf Zölle und Verbrauchsabgaben ausgedehnt (Amtsbl. der Militärregierung S. 987).

67) Fast einhellige Meinung; vgl. etwa Friesenhahn a. a. O. S. 479: Das GG. „eröffnet selbst . . . subsidiär den Rechtsweg vor den ordentlichen Gerichten (Art. 19 Abs. 4)", S. 482: „Der ordentliche Rechtsweg ist in Art. 19 Abs. 4 Satz 2 nur subsidiär vorgesehen" und S. 483: „nur subsidiären Eröffnung des ordentlichen Rechtsweges in Art. 19 Abs. 4 Satz 2"; Giese, Friedrich, „Grundgesetz für die Bundesrepublik Deutschland vom 23. Mai 1949", Frankfurt am Main (Kommentator) 1949, Erl. 6 zu Art. 19: „Diese Zuständigkeitsbegründung . . . subsidiären Charakters"; Grewe", Wilhelm, „Die Bundesrepublik als Rechtsstaat" in DRZ. 1949 S. 392-395, S. 393: „Die spezifisch ‚justizstaatliche' Eröffnung des ordentlichen Rechtsweges hat demnach zwar nur subsidiäre Bedeutung, . . ."; Loening, Hellmuth, „Die Verwaltungsgerichtsbarkeit im Bonner Grundgesetz. Für Rechtseinheit des Verwaltungsgerichtsverfahrens" in DöV. 1949 S. 324—326, S. 324: „. . . daß das Grundgesetz ferner in seiner Generalklausel (Art. 19, Abs. IV) — dem Sinne nach — in erster Linie auf die Zuständigkeit besonderer Verwaltungsgerichte und nur, soweit eine solche Zuständigkeit nicht begründet ist — im Interesse eines lückenlosen öffentlichrechtlichen Rechtsschutzes — subsidiär auf den ordentlichen Rechtsweg verweist"; Ule, a. a. O. S. 19: „Die Zulässigkeit des ordentlichen Rechtsweges ist also subsidiär" und „Der Rechtsschutz im öffentlichen Recht ist durch Art. 19 Abs. 4 . . . nur subsidiär den ordentlichen Gerichten anvertraut. Eine solche subsidiäre Zulässigkeit des ordentlichen Rechtswegs . . . "; Weber, Werner, „Weimarer Verfassung und Bonner Grundgesetz", Göttingen (Fleischer) 1949, S. 25/26: „vor den Verwaltunggerichten oder subsidiär vor den ordentlichen Gerichten (Art. 19 Abs. 4)"; Zinn a. a. O. S. 279: „Art. 19 Abs. 4 Satz 2, der . . . subsidiäre Bedeutung hat". — A. M. nur Bettermann, Karl-August, „Verwaltungsgerichtliche Generalklausel, ordentlicher Rechtsweg und nichtiger Verwaltungsakt" in MDR. 1949 S. 394-399, S. 398/99; gegen ihn mit durchschlagender Begründung und mit Recht Friesenhahn a. a. O. S. 479 Anm. 10 und Ule a. a. O. S. 19.

grundsätzlich die Zuständigkeit der Verwaltungsgerichte[68]), ändert also unmittelbar an dem zur Zeit in allen Ländern der Bundesrepublik Deutschland bestehenden Rechtszustand der verwaltungsgerichtlichen Zuständigkeitsgeneralklausel[69]) nichts, und verweist primo loco auf die landes- und bundesgesetzliche[70]), gegebenenfalls zonal- und mehrzonalrechtliche Zuständigkeitsregelung in Verwaltungssachen. Machen solche Regelungen die Zulässigkeit des Verwaltungsrechtsweges davon abhängig, daß nicht die ordentlichen Gerichte zuständig sind — wie beispielsweise § 22 Abs. 1 der US-zonalen Verwaltungsgerichtsbarkeitsgesetze von 1946/47 und § 22 Abs. 3 der Verordnung Nr. 165 der britischen Militärregierung —, so begründet Art. 19 Abs. 4 Satz 2 eine solche Zuständigkeit nicht[71]). Soweit aber durch solche Rechtssätze nicht ein Rechtsweg im vollen Sinne eingeräumt ist, greift die subsidiäre Zuständigkeit, die „Ersatzzuständigkeit"[72]) der ordentlichen Gerichte ein. Diese werden demgemäß auf Anfechtungsklage hin als „Verwaltungsgerichte" tätig[73]).

In grundsätzlichem Unterschied und Gegensatz zu den Regelungen für die Zulässigkeit des ordentlichen Rechtsweges in Art. 14 Abs. 3 Satz 4 (Höhe der Enteignungsentschädigung) und Art. 34 Satz 3 (Amts- oder Verbandshaftung bei Amtspflichtverletzung) wird Art. 19 Abs. 4 Satz 2 nur dann bedeutsam, wenn keine andere

---

68) Daß das GG. die Verwaltungsgerichtsbarkeit als gegeben voraussetzt, beweist auch Art. 96 (vgl. dazu unten unter 5 letzter Abs.). — Eine Vorschrift wie § 182 der Frankfurter Reichsverfassung „Die Verwaltungsrechtspflege hört auf" (vgl. oben unter I 5) wäre also heute nur noch als bundesgrundgesetzänderndes Bundesgesetz möglich. Insofern enthalten Art. 19 Abs. 4 und 96 Abs. 1 eine verfassungskräftige institutionelle Garantie für die Verwaltungsgerichtsbarkeit des Bundes und der Länder.

69) Vgl. oben unter I 11.

70) Das verwaltungsgerichtliche Verfahren ist nach Art. 74 Ziff. 1 Gegenstand der konkurrierenden Gesetzgebung.

71) Friesenhahn a. a. O. S. 482 Anm. 40. — Er sieht mit Recht in Art. 19 Abs. 4 Satz 2 keinen Zusammenhang mit der bekannten reichsgerichtlichen Rechtsprechung betr. die Zulässigkeit des ordentlichen Rechtsweges für „Zivilprozeßsachen kraft Überlieferung" (Gerhard Lassar), deren weitere Anerkennung er mit Ule a. a. O. S. 10—13 (ebenso auch Bachof, Otto, „Verwaltungsgerichtsbarkeit und Justiz" in SJZ. 1949 Sp. 377—395, Sp. 383) gegen Bettermann a. a. O. S. 398 (ebenso auch Landesverwaltungsgericht Hamburg, Urteil vom 23. 11. 1948 VG. 304/48 in MDR. 1949 S. 312 und Baur a. a. O. S. 396/97) verneint (a. a. O. S. 482 Anm. 42), und weist zutreffend auch darauf hin, daß vor Anwendung der Klageklausel des Art. 19 Abs. 4 Satz 2 untersucht werden müsse, ob nicht eine Streitsache, die von der Spezialklausel einer Sondergerichtsbarkeit nicht erfaßt werde, unter die Generalklausel der allgemeinen Verwaltungsgerichtsbarkeit falle, was z. B. der Fall sei, wenn ein Verwaltungsakt der Finanzbehörden nicht bei den Finanzgerichten angegriffen werden könne (a. a. O. S. 482 Anm. 40).

72) Von dieser spricht Baur a. a. O. S. 396.

73) So Friesenhahn a. a. O. S. 483 mit näheren Ausführungen.

gerichtliche Zuständigkeit gegeben ist. Seine Aufgabe und sein Wert liegen darin, daß er von Bundesverfassungs wegen eine stets vorhandene richterliche Entscheidungsinstanz bereitstellt. „Auf diese Weise wird jede Lücke, die im Bereich der Anfechtungsstreitigkeiten durch die Bundes- und Landesgesetze gelassen wird, durch Art. 19 Abs. 4 Satz 2 geschlossen"[74]). Wenn z. B. die Länder der britischen Besatzungszone von der Ermächtigung des § 26 der Verordnung Nr. 165 der Militärregierung Gebrauch machen, d. h. also durch Gesetz für einen Zeitraum von höchstens einem Jahr Gruppen von Fällen von der Gerichtsbarkeit ihrer Verwaltungsgerichte ausnehmen, „so entziehen sie damit Anfechtungssachen den Verwaltungsgerichten nur mit der Folge, daß automatisch gemäß Art. 19 Abs. 4 Satz 2 die ordentlichen Gerichte zuständig werden"[75]).

Anders als die Generalklausel des umfassenden und lückenlosen gerichtlichen Rechtsschutzes gegenüber den Verletzungen individueller Rechte durch Träger der öffentlichen Gewalt, die in der Kumulation der beiden Sätze des Art. 19 Abs. 4 Gestalt gewinnt, ist die Subsidiaritätsklausel des zweiten Satzes kein „Grundsatz" im Sinne des Art. 79 Abs. 3 in Verbindung mit Art. 1 Abs. 3. Das bedeutet praktisch, daß bei Wahrung der schlechthin unverbrüchlichen Generalklausel und im Rahmen des Art. 79 Abs. 1 und 2 die Subsidiaritätsklausel zur Disposition des Bundesgrundgesetzgebers steht. Dieser könnte also unter den angegebenen Voraussetzungen das Rangverhältnis der beiden Rechtswegmöglichkeiten in Art. 19 Abs. 4 umkehren.

4. Art. 19 Abs. 4 enthält zwar die bundesgrundgesetzliche Allgemeinklausel gerichtlichen Schutzes gegenüber den Verletzungen von Einzelrechten durch Träger der öffentlichen Gewalt, nicht dagegen die spezielle verwaltungsgerichtliche Generalklausel[76]). Wie bereits an früherer Stelle betont wurde[77]), bekennt sich in ihm das GG. zur Rechtsstaatsidee, ohne sich auf die verwaltungsgerichtliche oder justizstaatliche Spielart des Rechts-

---

74) Friesenhahn a. a.O. S. 482.

75) Friesenhahn a. a. O. S. 482. — Es ist nicht verständlich, wie Friesenhahn demgegenüber auf S. 478 behaupten kann: „Die Länder der britischen Zone dürfen . . . heute nicht mehr von der Ermächtigung des § 26 der VO. 165 Gebrauch machen".

76) A. M. Matz, Werner, „Grundgesetz für die Bundesrepublik Deutschland und Besatzungsstatut", Stuttgart und Köln (Kohlhammer) 1949, Anmerkung zu Art. 19: „Generalklausel zur Begründung der Verwaltungsgerichtsbarkeit"; offenbar auch Giese a. a. O., Erl. 5 zu Art. 19: „In der Regel wird der Gesetzgeber hierfür den Verwaltungsrechtsweg vermöge der nunmehr bundesgrundgesetzlich bestätigten und damit allgemein bestimmten Allgemeinklausel vorgesehen haben" (dagegen mit Recht Grewe a. a. O. S. 393, der mit der hier vertretenen Auffassung übereinstimmt). — Der Herrenchiemsee-Entwurf schrieb allerdings die Generalklausel für Verwaltungsrechtsstreitigkeiten von Verfassungs wegen zwingend vor (vgl. oben unter II 1).

77) Vgl. oben unter I 12.

staates festzulegen. Er besagt nämlich zwar ausdrücklich, daß gegen alle Verletzungen individueller Rechte durch Träger der öffentlichen Gewalt die Möglichkeit gegeben sein muß, ein Gericht, d. h. eine rechtlich und tatsächlich unabhängig und unparteiisch urteilende Behörde, anzurufen, verliert aber kein Wort darüber, daß es möglich sein müsse, deswegen in jedem Falle gerade ein Verwaltungsgericht anzurufen. Über die Gestaltung der Zuständigkeit der Verwaltungsgerichte enthält er keine Bestimmung. „Es bleibt dem Landes- oder Bundesgesetzgeber überlassen, wie er die Grenzen der verwaltungsgerichtlichen Zuständigkeit ziehen will"[78]). Art. 19 Abs. 4 läßt den Ländern und dem Bunde durchaus einen eigenen Spielraum hinsichtlich der Ausgestaltung des Rechtsschutzes. Er verbietet zwar nicht das zur Zeit in allen elf Ländern der Bundesrepublik Deutschland geltende sog. System der verwaltungsgerichtlichen Generalklausel[79]), schreibt es aber auch nicht vor, ebenso wie er umgekehrt auch das Aufzählungsverfahren gelten läßt. Keines der derzeitigen elf Länder der deutschen Bundesrepublik ist von Bundesverfassungs wegen gehindert, seine Generalklausel des verwaltungsgerichtlichen Rechtsschutzes abzuschaffen und an ihrer Stelle das Enumerativsystem einzuführen, da alsdann der rechtsstaatlich-bundesgrundgesetzlich geforderte Gerichtsschutz gegen Verletzungen von Einzelrechten durch Träger der öffentlichen Gewalt kraft Art. 19 Abs. 4 Satz 2 in den nicht enumerativ erfaßten Fällen durch die ordentlichen Gerichte gewährt wird. „Einschränkungen der verwaltungsgerichtlichen Generalklausel sind daher zwar zulässig, führen aber automatisch dazu, gegen Rechtsverletzungen der öffentlichen Gewalt den ordentlichen Rechtsweg zu begründen"[80]). Die Form, in der das GG. den Rechtsschutz im Verwaltungsrecht gewährleistet, rechtfertigt demgemäß die Schlußfolgerung, daß Landes- und Bundesgesetze, die diesen Rechtsschutz einschränken, nicht verfassungswidrig sind.

5. Wenn demgemäß auch Art. 19 Abs. 4 die Gestaltung der Zuständigkeit der Verwaltungsgerichte dem Ermessen der ausführenden Landes- oder Bundesgesetzgebung überläßt, so ist doch dieses Ermessen nicht völlig frei, nicht unbeschränkt und keinesfalls gleichbedeutend mit Willkür. Das ergibt sich m. E. mit hinreichender Deutlichkeit aus zwei Gründen: erstens aus dem einleitenden Nebensatz des Satzes 2 des Art. 19 Abs. 4 „soweit eine andere Zuständigkeit nicht begründet ist" und zweitens wohl auch aus Art. 96, der von dem „Gebiet der Verwaltungsgerichtsbarkeit" spricht.

---

78) Grewe a. a. O. S. 393.

79) Vgl. oben unter I 11.

80) Ule a. a. O. S. 19.

Würde in Art. 19 Abs. 4 Satz 2 an Stelle des Wörtchens „soweit" das Wörtchen „wenn" stehen, dann hätte ich keine Bedenken anzunehmen, daß weder der Bund noch irgendein Land durch diese Vorschrift[81]) gehindert wäre, den verwaltungsgerichtlichen Rechtsschutz überhaupt und als solchen abzuschaffen, da auch dann noch Art. 19 Abs. 4 Satz 2 mit der Eröffnung des ordentlichen Rechtsweges in die Bresche spränge und vollen Ersatz böte. Durch die in Art. 19 Abs. 4 Satz 2 gewählte Textfassung „soweit eine andere Zuständigkeit nicht begründet ist" sollte jedoch nach der Absicht der Verfassungsgesetzgeber offenbar ein gewisses Mindestmaß verwaltungsgerichtlicher Zuständigkeit gewährleistet werden, unter das die Ausführungsgesetzgebung nicht herabgehen darf.

Wir stehen hier vor der gleichen Auslegungsschwierigkeit, wie sie Art. 107 Weimarer RV. bot. Diese Verfassungsbestimmung schrieb zwar die Einrichtung von Verwaltungsgerichten vor, aber nicht schlechthin „gegen die Anordnungen und Verfügungen der Verwaltungsbehörden", sondern nur „gegen Anordnungen und Verfügungen der Verwaltungsbehörden" und nur „nach Maßgabe der Gesetze". Während Gerhard Anschütz[82]) unter Widerspruch beispielsweise von Ludwig Gebhard[83]) aus dem Sinn des Art. 107 Weimarer RV. herleiten wollte, daß der Katalog der verwaltungsgerichtlichen Zuständigkeiten „so reichhaltig" sein müßte, „daß er im ganzen gesehen einer Generalklausel gleich- oder nahekommt", stellte Walter Jellinek in seinem Referat auf der dritten Tagung unserer Vereinigung am 10. und 11. 3. 1925 in Leipzig[84]) darauf ab, daß „trotz der Mannigfaltigkeit der deutschen Verwaltungsrechtspflegegesetze ... sich doch aus vergleichender Betrachtung der bestehenden, unzweifelhaft dem Art. 107 der RV. genügenden Gesetze unter Berücksichtigung der Rechtslehre ein Mindesttyp[85]) ermitteln" ließe, „dem ein neues Verwaltungsrechtspflegegesetz entsprechen muß, wenn die Vorschrift der RV. erfüllt sein soll". Fritz Poetzsch-Heffter[86]) formulierte seine Lösung des Problems so: „Wenn keine ‚Generalklausel', dann wenigstens starker Ausbau des ‚Enumerationsprinzips'!". Felix Genzmer[87]) schließlich sah in Übereinstimmung mit den beiden Berichterstattern und der Mehrheit der Diskussionsredner auf der dritten Tagung unserer Vereinigung am 10. und 11. 3. 1925 in Leipzig[88]) den Sinn und Zweck des Art. 107 Weimarer RV. darin,

[81]) Wegen Art. 96 vgl. oben Anm. 68 und unten zu Anm. 92 und 93.
[82]) A. a. O. Art. 107 Anm. 5b, auch bei Nipperdey a. a. O. S. 143/44.
[83]) A. a. O. Art. 107 Anm. 5b.
[84]) A. a. O. S. 16.
[85]) Sperrung von mir.
[86]) A. a. O. Anm. 3b Abs. 1 zu Art. 107.
[87]) A. a. O. S. 520.
[88]) Vgl. die zusammenfassende Feststellung von Heinrich Triepel a.a.O. S. 121: „Fast alle Redner waren für die Generalklausel".

„eine von möglichst wenig Ausnahmen durchbrochene Allgemeinklausel" zu garantieren.

Wie immer aber auch diese Zweifels- und Streitfrage für Art. 107 Weimarer RV. zu beantworten sein mochte — kein Zweifel kann nach meinem Dafürhalten darüber bestehen, daß mutatis mutandis auf Art. 19 Abs. 4 die Jellinek sche Formel am besten paßt. Nach ihrem klaren Wortlaut und offenbaren Sinn läßt die Vorschrift dem Bund und den Ländern in der Ausgestaltung ihrer Systeme der Verwaltungsgerichtsbarkeit eine recht große Freiheit; Bund und Länder sollen durch sie in der Freiheit ihrer gesetzlichen Gestaltung der verwaltungsgerichtlichen Zuständigkeit nur in einem Mindestausmaß eingeschränkt sein. Allerdings wäre dem Art. 19 Abs. 4 nicht Genüge geschehen, wenn in einem Lande die Verwaltungsstreitsachen einfach den ordentlichen Gerichten übertragen würden; diese rein justizstaatliche Regelung ist nach der Fassung des Art. 19 Abs. 4 gerade abgelehnt, da „Rechtsweg" und „ordentlicher Rechtsweg" in der Rechtssprache einen Gegensatz bilden. Hätte diese Vorschrift es als ausreichend ansehen wollen, wenn die Verwaltungsstreitsachen allgemein den ordentlichen Gerichten zugewiesen würden, so hätte er lauten müssen: „Wird jemand durch die öffentliche Gewalt in seinen Rechten verletzt, so steht ihm der ordentliche Rechtsweg offen". Art. 19 Abs. 4 gestattet demnach nicht eine rein justizstaatliche Gestaltung des Rechtsschutzes in Verwaltungssachen[89]), d. h. „die einfache und reine Übertragung dieser Rechtsschutzfunktion an die Justizgerichte"[90]), „die einfache, grundsätzliche und unverklausulierte Überweisung aller Verwaltungsstreitsachen an die Justizgerichte"[91]).

Zu einem ähnlichen wie dem hier im vorstehenden Absatz vertretenen Ergebnis, wenn auch auf anderem Wege, gelangt Ernst Friesenhahn[92]). Nach seiner Meinung läßt zwar Art. 19 Abs. 4 durch die bloße Forderung nach dem „Rechtsweg" schlechthin die Möglichkeit offen, daß die Länder den Verwaltungsrechtsschutz

---

[89]) Für Art. 107 war es bestritten, ob die Vorschrift eine rein oder annähernd justizstaatliche Regelung gestatte; vgl. einerseits Anschütz bei Nipperdey a. a. O. S. 133—135 und Genzmer a. a. O. S. 518/19 Anm. 28 (verneinend), anderseits Gebhard a. a. O., Art. 107 Anm. 2b und Jellinek a. a. O. S. 8, 12ff. (bejahend).

[90]) Anschütz bei Nipperdey a. a. O. S. 135.

[91]) Anschütz bei Nipperdey a. a. O. S. 143.

[92]) A. a. O. S. 479/80. — Nicht im Einklang mit diesen Ausführungen steht allerdings der Satz Friesenhahns (a. a. O. S. 483): „Die Form, in der das Grundgesetz den Rechtsschutz im Verwaltungsrecht gewährleistet, führt dazu, daß Bundes- und Landesgesetze, die den Rechtsschutz (also den verwaltungsgerichtlichen!) ausschließen, nicht verfassungswidrig sind".

rein[93]) oder angenähert justizstaatlich lösen. Aus Art. 96 jedoch, der von dem „Gebiet der Verwaltungsgerichtsbarkeit" spreche, für das ein oberes Bundesgericht errichtet werden solle, sei zu schließen, daß das GG. für den Normalfall die Verwaltungsgerichtsbarkeit als einen besonderen, organisatorisch selbständigen Zweig der Rechtspflege unterstelle, dessen Aufbau in dem oberen Bundesverwaltungsgericht gipfele, dem seinerseits dann als Unterbau in den Ländern grundsätzlich selbständige Verwaltungsgerichte entsprächen. Eine „Anlehnung an die Justiz" nach dem Hamburger Vorbild von 1921[94]) sei aber durchaus zulässig.

6. Auf Grund dieses Sinnes und Zweckes des Art. 19 Abs. 4 ergibt sich, daß landesrechtliche Bestimmungen, die den Rechtsweg an die ordentlichen Gerichte und denjenigen an die Verwaltungsgerichte in öffentlich-rechtlichen Streitigkeiten gleichwertig nebeneinander stellen, durchaus mit der bundesgrundgesetzlichen Vorschrift im Einklang stehen. Das gilt z. B. für Art. 141 Satz 1 der Landesverfassung der Freien Hansestadt Bremen vom 21. 10. 1947: „Zum Schutz des einzelnen gegen Anordnungen und Verfügungen oder pflichtwidrige Unterlassungen der Verwaltungsbehörden steht der Rechtsweg an die ordentlichen Gerichte oder Verwaltungsgerichte offen". Kein Bedenken gegen die Vereinbarkeit dieser Bestimmung mit Art. 19 Abs. 4 kann etwa daraus hergeleitet werden, daß in ihr die Justizgerichte vor den Verwaltungsgerichten genannt sind, denn das Bindewörtchen „oder" zwischen den beiden Möglichkeiten gerichtlichen Schutzes verbürgt die Gleichstellung und Gleichwertigkeit beider Arten von Rechtsweg und schließt jegliche Subsidiarität der verwaltungsgerichtlichen Zuständigkeit gegenüber derjenigen der ordentlichen Gerichte aus. Eine solche Subsidiarität wäre allerdings mit Art. 19 Abs. 4 nicht vereinbar, da sich aus seinem Satz 2 umgekehrt klar und unanfechtbar die nur subsidiäre Zuständigkeit der Justizgerichte bei Verletzungen individueller Rechte durch Träger der öffentlichen Gewalt ergibt[95]).

---

93) Diese Annahme ist allerdings unrichtig; vgl. den vorhergehenden Absatz.

94) Gesetz über die Verwaltungsgerichtsbarkeit vom 2. 11. 1921, wonach das Verwaltungsgericht dem Landgericht und das Oberverwaltungsgericht dem Oberlandesgericht eingegliedert wurden. In ähnlicher Weise sollte nach dem Entwurf eines Gesetzes über das Reichsverwaltungsgericht von 1925 dieses in das Reichsgericht eingebaut werden. Vgl. dazu auch Friesenhahn, Ernst, „Justiz und Verwaltungsrechtsschutz" in „Justiz und Verfassung. Beiträge und Vorschläge zur Stellung der Rechtspflege im Staat aus Anlaß der westdeutschen Verfassungsberatungen" (Sonderveröffentlichungen des Zentral-Justizblatts für die Britische Zone Nr. 4), Hamburg (Rechts- und Staatswissenschaftlicher Verlag) 1948, S. 103—131.

95) Vgl. oben unter 3 Abs. 1 und 3.

V. Die vier Voraussetzungen des Art. 19 Abs. 4.

a) „Jemand".

Zur Auslegung des Wörtchens „jemand" im einleitenden Nebensatz des Art. 19 Abs. 4 Satz 1 hat kürzlich Ernst Friesenhahn[96]) ausgeführt: „Indem als Subjekt dieses grundgesetzlich gesicherten Rechtsschutzanspruches „jemand" erscheint, wird klargestellt, daß es sich um ein Individualrecht, und zwar um ein Menschenrecht handelt. Öffentliche Körperschaften, wie z. B. Kirchen und Gemeinden können sich in ihren Rechtsstreitigkeiten gegen den Staat auf diese Zuständigkeitsklausel nicht berufen."

Ich kann mich dieser Meinung nicht anschließen. Zur Begründung meiner abweichenden Auffassung gehe ich von der allgemeingültigen Feststellung aus, daß „in seinen Rechten" jeder „verletzt" werden kann, der Träger von „Rechten" ist. Ungeachtet der später noch näher aufzuzeigenden Bedeutung der Worte „in seinen Rechten" und „verletzt" in Art. 19 Abs. 4 Satz 1 kann hier jedenfalls soviel gesagt werden: Träger subjektiver öffentlicher Rechte können alle Rechtssubjekte sein, also die Menschen, die juristischen Personen des Privatrechts und die des öffentlichen Rechts, einschließlich des Staates[97]). Träger der Grundrechte sind nach dem Bonner GG. nicht nur die Menschen, nicht ausschließlich die natürlichen Personen, sondern können nach Art. 19 Abs. 3 auch inländische juristische Personen sein, soweit die Grundrechte „ihrem Wesen nach auf diese anwendbar sind", was vielfach der Fall ist[98]). Es sind keine Gründe ersichtlich, weshalb das Grundrecht des Art. 19 Abs. 4 „seinem Wesen nach" nicht auch auf inländische juristische Personen anwendbar sein soll. Ich trage daher keine Bedenken, die Rechtswegklausel auch auf inländische öffentliche Körperschaften wie z. B. Kirchen und Gemeinden für anwendbar zu erklären. Positive Stützen für meine Auffassung sehe ich zunächst in der Tatsache, daß in Art. 19 Abs. 4 nicht mehr wie in Art. 107 Weimarer RV. von „der einzelnen" die Rede ist, weiterhin in § 93 der alten bayerischen Verfassungsurkunde, der lautete: „Jeder Staatsangehörige und jede juristische Person, die in Bayern ihren Sitz hat, hat das Recht der Beschwerde an den Staatsgerichtshof, wenn sie glauben, durch die Tätigkeit einer Behörde in ihrem Recht unter Verletzung dieser Verfassung geschädigt zu sein". Eine noch stärkere Stütze für meine Meinung sehe ich schließlich in Art. 13 Abs. 1 des württembergischen Gesetzes über die Verwaltungsrechtspflege vom 16. 12. 1876 (Reg-

---

96) A. a. O. S. 481.

97) Jellinek, Walter, „Verwaltungsrecht", Offenburg (Lehrmittel-Verlag), 3. Aufl. (unveränderter Neudruck), 1948, S. 203.

98) Nach der Feststellung von Giese a. a. O., Erl. 4 zu Art. 19 ist es sogar „zumeist möglich" (?).

Bl. S. 485), wo diese weitere Bedeutung des Wörtchens „jemand" wie folgt ausdrücklich festgelegt war: „Außerdem entscheidet der Verwaltungsgerichtshof ... über Beschwerden gegen Entscheidungen oder Verfügungen der Verwaltungsbehörden, wenn jemand, sei es eine einzelne Person, ein Verein oder eine Korporation, behauptet, daß ... er ... in einem ihm zustehenden Recht verletzt ... sei"[99]).

Die weitere Frage, ob nur Inländer, also deutsche Staatsangehörige, oder auch Fremde, also Ausländer und Staatenlose, sich auf die Rechtsweg-Generalklausel des Art. 19 Abs. 4 berufen können, kann m. E. nicht einheitlich beantwortet werden. Bei Verletzung subjektiver öffentlicher Rechte, die nicht Grundrechte sind, dürften gegen die grundsätzliche Erstreckung des Rechtsschutzes auf den gesamten Personenkreis keine Bedenken bestehen. Bei Verletzung von Grundrechten hingegen muß zwischen allgemeinen Menschenrechten und bloßen „Rechten der Deutschen" unterschieden werden. Sah die staatsrechtliche Theorie in den Grundrechten der Weimarer RV. ganz allgemein nicht „Bürgerrechte", sondern „Menschenrechte" und behielt sie nur spezifisch „staatsbürgerliche" Rechte und Pflichten den Deutschen allein vor, so ist die Rechtslage unter dem Bonner GG. eine etwas andere. Zwar ist das GG. nicht ganz so weit gegangen wie die Theorie unter der Weimarer RV.; doch hat es nach der maßgeblichen Aussage Hermann von Mangoldts[100]) einerseits die Grundrechte in Fortentwicklung der Weimarer RV. in möglichst weitem Umfange zu allgemeinen Menschenrechten ausgestaltet und anderseits zu „Rechten der Deutschen" außer den spezifisch „staatsbürgerlichen" Rechten auch diejenigen Rechte gemacht, „aus deren Ausdehnung auf die Ausländer sich die Gefahr einer Überfremdung, Gefahren für eine ordnungsmäßige Versorgung der Inländer mit Arbeit und Brot ergeben hätten", so die Art. 8 und 9 (Versammlungs- sowie Vereinigungs- und Koalitionsfreiheit), Art. 11 (Freizügigkeit) und Art. 12 (Berufs- und Arbeitsfreiheit). Demgemäß ist bei Verletzung von Grundrechten „jemand" im Sinne des Art. 19 Abs. 4 jeder Mensch bei den bundesgrundgesetzlich zu Menschenrechten, jeder Deutsche bei den bundesgrundgesetzlich zu Rechten der Deutschen ausgestalteten Grundrechten.

Zusammenfassend ergibt sich: Im Gegensatz zu Art. 34 (Amtshaftung), wo sich das Wörtchen „jemand" offensichtlich nicht auf juristische Personen beziehen kann, entspricht dieses Wörtchen in Art. 19 Abs. 4 Satz 1 dem Wörtchen „jeder" in Art. 2 Abs. 1 und 2 sowie in Art. 5 Abs. 1 Satz 1 und dem Wörtchen „jedermann" in Art. 9 Abs. 3 Satz 1, Art. 17 und 103 Abs. 1, schließt also grundsätzlich natürliche und inländische juristische Personen,

---

[99]) Sperrungen von mir. — Vgl. auch unten unter b.
[100]) A. a. O. S. 263.

Inländer wie Ausländer und Staatenlose ein. Die durch diese Auslegung des Art. 19 Abs. 4 erreichte Übereinstimmung hinsichtlich des personellen Anwendungsbereichs zwischen der Rechtswegvorschrift und der Bestimmung auf Gewährung rechtlichen Gehörs in Art. 103 Abs. 1[101]) ist besonders wertvoll.

b) „Durch die öffentliche Gewalt".

1. Die Redewendung „durch die öffentliche Gewalt" in dem einleitenden Nebensatz des ersten Satzes des Art. 19 Abs. 4 ist gedanklich-logisch verfehlt und sprachlich mißglückt. Die „öffentliche Gewalt" ist kein Subjekt, das handlungsfähig und daher zu einem Verletzen imstande wäre, sondern lediglich ein Begriff, und zwar ein rein rechtlicher, der dem Juristen beispielsweise und vor allem aus den Staatshaftungsvorschriften des preußischen Staatshaftungsgesetzes vom 1. 8. 1909 (GS. S. 691), des Reichshaftungsgesetzes vom 22. 5. 1910 (RGBl. S. 798) und des Art. 131 Weimarer RV. geläufig ist. Ein Begriff kann kein positives oder negatives Verhalten, wie es das Verletzen darstellt[102]), setzen. Die „öffentliche Gewalt" kann also nicht „verletzen"; mithin kann auch nicht jemand „durch die öffentliche Gewalt" „verletzt" werden. Verletzen können offenbar nur Menschen, natürliche Personen, welche die öffentliche Gewalt ausüben, denen diese Gewalt anvertraut ist, die ihre „Träger" sind. Der fragliche Nebensatz müßte demgemäß logisch richtig und sprachlich besser lauten: „Wird jemand durch die Träger öffentlicher Gewalt in seinen Rechten verletzt". Das haben die Väter sowohl der Verfassung des Landes Hessen vom 1. 12. 1946, deren Art. 2 Abs. 3 man in der fraglichen Formulierung des Art. 19 Abs. 4 GG. wörtlich und im übrigen nur mit einer nicht wesentlichen und hier nicht interessierenden Änderung einfach übernommen hat[103]), als auch des Bonner GG. übersehen[104]).

2. Wer ist Träger öffentlicher Gewalt? Nach der Begriffsbestimmung von Felix Genzmer[105]) etwa ist Träger öffentlicher

[101]) Bezüglich Art. 103 Abs. 1 vgl. Giese a. a. O., Erl. 1 zu Art. 103: „Dieser Rechtspflicht (zur Gewährung des Rechtsgehörs) entspricht ein Rechtsanspruch für jedermann, auch für Ausländer und Staatenlose".

[102]) Vgl. dazu unten unter d.

[103]) Vgl. oben unter II 1.

[104]) Vgl. auch Verfassung für Rheinland-Pfalz vom 18. 5. 1947 Art. 1 Abs. 3: „Die Rechte und Pflichten der öffentlichen Gewalt werden durch die naturrechtlich bestimmten Erfordernisse des Gemeinwohls begründet und begrenzt" und Landesverfassung der Freien Hansestadt Bremen vom 12. 10. 1947 Art. 19: „Wenn die in der Verfassung festgelegten Menschenrechte durch die öffentliche Gewalt verfassungswidrig angetastet werden, ist Widerstand jedermanns Recht und Pflicht".

[105]) A. a. O. S. 509 Anm. 4.

Gewalt, „wer vollstreckbare Anordnungen erlassen oder besondere Befugnisse verleihen kann". Diese Definition geht außerordentlich weit; sie umfaßt sowohl Verwaltungs- als auch Gerichtsbehörden aller Instanzen, ja sie schließt sogar gesetzgebende Stellen ein. In letzterer Hinsicht greift sie weiter als Art. 120 der Verfassung des Freistaates Bayern vom 2. 12. 1946, demzufolge jeder Bewohner Bayerns, der sich „durch eine Behörde" in seinen verfassungsmäßigen Rechten verletzt fühlt, den Schutz des bayerischen Verfassungsgerichtshofes anrufen kann[106]). Nach der maßgeblichen Kommentierung von Hans Nawiasky[107]) bezieht sich der Schutz dieser Verfassungsbeschwerde auf sämtliche das Grundrecht berührenden Akte der Verwaltungs-, aber auch Gerichtsbehörden aller Instanzen, nicht dagegen auf derartige Akte der Gesetzgebung, da man in der deutschen Rechtssprache den Ausdruck „Behörde" — abweichend von manchen ausländischen Rechten, wie z. B. dem schweizerischen — nicht auf die gesetzgebenden Instanzen anwende.

Im Unterschied zu dem soeben erwähnten Art. 120 der neuen bayerischen Verfassung gibt der bloße Wortlaut des Art. 19 Abs. 4 Satz 1 keinen Anhalt für die Antwort auf die gestellte Frage, wer im Sinne der Rechtswegklausel des GG. Träger öffentlicher Gewalt ist. Die Frage muß daher mit anderen Erkenntnis- und Auslegungsmitteln zu beantworten versucht werden.

Sicher dürfte zunächst soviel sein, daß der Spruch eines Gerichtes die Voraussetzung einer Klage aus Art. 19 Abs. 4 nicht erfüllt. Wie Ernst Friesenhahn zur Begründung dieser auch von ihm vertretenen Auffassung mit Recht geltend gemacht hat[108]), will die grundgesetzliche Generalklausel offenbar nur den Rechtsweg sichern und nicht die Möglichkeit schaffen, etwa nach Art des Deutschen Obergerichtes für das Vereinigte Wirtschaftsgebiet eine weitere gerichtliche Instanz aufzupfropfen. Eine andere, mitunter durchaus zweifelhafte Frage ist allerdings die, ob eine bestimmte Behörde in dem hier gemeinten Sinne ein Gericht ist und einen auch mit Hilfe des Art. 19 Abs. 4 nicht anfechtbaren Spruch gefällt hat[109]).

---

106) Von „Behörden" oder „Behörde" sprechen auch die hier einschlägigen § 127 Abs. 3 Ziff. 1 des preußischen Gesetzes über die allgemeine Landesverwaltung vom 30. 7. 1883 (vgl. unten unter c) und § 8 Abs. 1 des thüringischen Gesetzes über die Verwaltungsgerichtsbarkeit vom 7. 10. 1948 (vgl. unten unter c).

107) Nawiasky—Leusser a. a. O., Abs. 2 der Erl. zu Art. 120.

108) A. a. O. S. 481.

109) Vgl. Urteil des hessischen Verwaltungsgerichtshofes vom 29. 6. 1948 OS Nr. 25/48 in DöV. 1949 S. 235/36 (Kleingarten-Schiedsstellen sind nicht Gerichte, sondern Verwaltungsbehörden); Urteil des Verwaltungsgerichts Stuttgart vom 10. 9. 1948 — I Nr. 619/48 in NJW. 1949 S. 631 = DöV. 1949 S. 159 Nr. 1 (Beschluß- und Spruchkammern der Oberversicherungsämter); Bachof a. a. O. Sp. 394/95.

Scheiden nach den bisherigen Überlegungen Sprüche der Gerichte unzweifelhaft aus dem Bereich des Art. 19 Abs. 4 aus, so fragt es sich doch, ob außer Akten von Verwaltungsbehörden nicht sonstige Akte der Gerichtsbehörden und ob vor allem nicht Akte der gesetzgebenden Instanzen darunter fallen. Zieht man zur Lösung dieses Problems die rechtsvergleichende Exegese zu Hilfe, verwertet man also einschlägige Bestimmungen in anderen Verfassungsurkunden oder auch in einfachen Gesetzen als Vergleichs- und Erkenntnismaterial, so ergibt sich das folgende Bild: Es sprechen in dem hier interessierenden Zusammenhang von „Anordnungen und Verfügungen der Verwaltungsbehörden": Art. 107 Weimarer RV.[110]), Art. 124 Abs. 1 der Verfassung für Rheinland-Pfalz vom 18. 5. 1947[111]), Art. 90 Abs. 1 der Verfassung für Württemberg-Baden vom 28. 11. 1946[112]) und Art. 63 Abs. 1 der Verfassung für Württemberg-Hohenzollern vom 20. 5. 1947[112]), von „Entscheidungen oder Verfügungen der Verwaltungsbehörden": Art. 13 Abs. 1 des württembergischen Gesetzes über die Verwaltungsrechtspflege vom 16. 12. 1876 (RegBl. S. 485)[113]), von „Anordnungen und Verfügungen oder pflichtwidrigen Unterlassungen der Verwaltungsbehörden": Art. 141 Satz 1 der Landesverfassung der Freien Hansestadt Bremen vom 12. 10. 1947[114]), von „Anordnung oder . . . Untätigkeit einer Verwaltungsbehörde": Art. 138 Abs. 1 des Herrenchiemsee-Entwurfs[115]), von „Verwaltungsakten": § 35 Abs. 1 der US-zonalen Verwaltungsgerichtsbarkeitsgesetze von 1946 47[116]) und § 23 Abs. 1 Satz 1 der Verordnung Nr. 165 der britischen Militärregierung[117]).

---

[110]) Vgl. oben unter I 9.

[111]) Vgl. oben Anm. 7.

[112]) „Gegen die Anordnungen und Verfügungen der Verwaltungsbehörden kann der Betroffene wegen Verletzung eines ihm zustehenden Rechts oder wegen Belastung mit einer ihm nicht obliegenden Pflicht die Entscheidung der Verwaltungsgerichte anrufen".

[113]) „Außerdem entscheidet der Verwaltungsgerichtshof vorbehältlich der hiernach bezeichneten Ausnahmen über Beschwerden gegen Entscheidungen oder Verfügungen der Verwaltungsbehörden, wenn jemand, sei es eine einzelne Person, ein Verein oder eine Korporation, behauptet, daß die ergangene auf Gründe des öffentlichen Rechts gestützte Entscheidung oder Verfügung rechtlich nicht begründet, und daß er hierdurch in einem ihm zustehenden Recht verletzt oder mit einer ihm nicht obliegenden Verbindlichkeit belastet sei".

[114]) Vgl. oben unter IV 6.

[115]) Vgl. oben unter II 2.

[116]) „Die Anfechtungsklage ist gegeben, wenn jemand behauptet, durch einen Verwaltungsakt in einem ihm zustehenden Recht verletzt (oder mit einer ihm nicht obliegenden Verbindlichkeit belastet) zu sein". (Die eingeklammerten Worte fehlen in dem bayerischen Gesetz.)

[117]) „Die Anfechtung eines Verwaltungsaktes kann nur darauf gestützt werden, daß der Verwaltungsakt den Kläger in seinen Rechten beeinträchtige, weil er rechtswidrig sei".

Überall also wird für den öffentlich-rechtlichen Rechtsschutz ein Verhalten von Verwaltungsbehörden vorausgesetzt, nicht hingegen ein solches anderer Behörden, Stellen und Instanzen. Auch im Sinne des Art. 19 Abs. 4 wird man daher als Träger öffentlicher Gewalt ausschließlich Verwaltungsbehörden zu verstehen haben[118]). Und zwar kommt als anfechtbares Verhalten einer solchen Behörde nur ein Verwaltungsakt im technisch-spezifischen Sinne, nicht beispielsweise in der weiteren Bedeutung des Begriffes in § 25 der Verordnung Nr. 165 der britischen Militärregierung in Betracht[119]).

Wird hinsichtlich der handelnden Verwaltungsbehörde auch kein Unterschied zwischen dem Verhalten von Organen des Bundes, der Länder oder einer öffentlichen Körperschaft gemacht, so zwingt doch der Ausdruck „öffentliche Gewalt" in Art. 19 Abs. 4 Satz 1 zu einer weiteren Einschränkung des bisherigen Auslegungsergebnisses. In den Bereich der öffentlichen Gewalt gehört zwar, wie Theorie und Praxis zu Art. 131 Weimarer RV. einmütig und nachhaltig dargetan haben, nicht nur die Betätigung staatlicher Zwangsgewalt, die Anwendung obrigkeitlicher Zwangsmittel, sondern jede Art obrigkeitlicher Tätigkeit; dagegen scheidet alles gesellschaftliche, soziale oder pflegerische Verwaltungshandeln aus. Dementsprechend kommt für Art. 19 Abs. 4 ein Verhalten nur solcher Verwaltungsbehörden in Betracht, die zur Ausübung staatlicher Hoheitsrechte berufen sind und den Staatsbürgern gegenüber Hoheitsbefugnisse haben[120]). Verwaltungsbehörden in diesem Sinne sind auch die Regierungsorgane, soweit sie Verwaltungsaufgaben wahrzunehmen haben, sei es, daß diese ihnen durch Gesetz übertragen sind (z. B. Beamtenernennung), sei es, daß diese ihrer Art nach nicht zur Regierung im materiellen oder funktionellen Sinne gehören (z. B. fiskalische Geschäfte, Aufsicht über verwaltungsrechtliche Körperschaften und Anstalten).

3. Ergibt sich somit — scheinbar im Widerspruch zum klaren Wortlaut des Art. 19 Abs. 4, der keine Ausnahmen, Einschränkungen oder Vorbehalte macht — schon nach dem Bisherigen eine nicht unerhebliche generelle Beschränkung des Anwendungsbereichs der Rechtswegklausel, so fragt es sich, ob nicht weitere spezielle Einengungen derselben für die Fälle besonderer Gewaltverhältnisse und hinsichtlich sog. „justizloser Hoheitsakte" notwendig sind.

Ernst Friesenhahn[121]) will den Schutz des Art. 19 Abs. 4 nur dem Einzelnen im allgemeinen Gewaltverhältnis zubilligen

---

[118]) Übereinstimmend Friesenhahn a. a. O. S. 482, nach dessen nicht näher begründeter Meinung Art. 19 Abs. 4 „offensichtlich nur Handlungen von Verwaltungsbehörden im Auge" habe.

[119]) So mit Recht Friesenhahn a. a. O. S. 482.

[120]) Vgl. Gebhard a. a. O., Erl. 5a zu Art. 107; auch Friesenhahn a. a. O. S. 481.

[121]) A. a. O. S. 481.

und ihn nicht für die besonderen Gewaltverhältnisse, wie z. B. Dienst- und Anstaltsgewalt, gelten lassen. Als Argument für die Richtigkeit seiner Auffassung zieht er den Art. 132 Abs. 3 heran, demzufolge im Falle der Amtsentfernung von Amtsträgern expressis verbis den Betroffenen der Rechtsweg gemäß Art. 19 Abs. 4 geöffnet werde, was dafür spreche, daß die grundgesetzliche Rechtsweg-Generalklausel grundsätzlich für das Beamtenverhältnis nicht gelte. Ich kann dem nicht zustimmen. Ob Art. 132 Abs. 3 als bloße Übergangs- und Spezialvorschrift einen so weitgehenden Schluß erlaubt, kann zumindest fraglich sein. Entscheidend sind m. E. jedoch rechtsstaatliche Erwägungen. Diese gebieten, den vollen Rechtsschutz auch im Rahmen besonderer Gewaltverhältnisse zuzubilligen. War diese Auffassung schon für § 22 der US-zonalen süddeutschen Verwaltungsgerichtsbarkeitsgesetze von 1946, beispielsweise von Walter Jellinek[122]), anerkannt, so muß sie auch und erst recht für Art. 19 Abs. 4 gelten.

Es fragt sich nunmehr noch, ob alle hoheitlichen Verwaltungsakte der Rechtswegklausel des Art. 19 Abs. 4 unterliegen oder ob es auch unter ihrer Herrschaft noch sog. justizlose oder justizfreie Hoheitsakte[123]) gibt.

In Frankreich und in den Vereinigten Staaten von Amerika, die beide eine allgemeine verwaltungsgerichtliche Nachprüfung von Akten der Exekutive kennen, hat die Praxis dazu geführt, Einzelhoheitsakte höheren Niveaus, sog. Regierungs- oder politische Hoheitsakte, von dieser gerichtlichen Kontrolle auszunehmen und jeder gerichtlichen oder verwaltungsgerichtlichen Nachprüfung zu entziehen. Es handelt sich bei diesen unüberprüfbaren, justizlosen oder justizfreien Regierungs- oder politischen Hoheitsakten vor allem um Maßnahmen aus dem Bereich der Beziehungen zwischen vollziehender und gesetzgebender Gewalt im Staat, aus dem Bereich der völkerrechtlichen Verhältnisse des Staates und aus dem Bereich der Maßnahmen, welche die öffentliche Sicherheit des Staates betreffen.

---

122) „Die Verwaltungsgerichtsbarkeit in der amerikanischen Zone" in DRZ. 1948 S. 269—273, S. 271.

123) Vgl. Ipsen, Hans Peter, „Politik und Justiz. Das Problem der justizlosen Hoheitsakte", Hamburg (Hanseatische Verlagsanstalt) 1937; Ipsen, „Deutsche Gerichtsbarkeit unter Besatzungshoheit (Einwirkungen der Besatzung auf den gerichtlichen Rechtsschutz gegen deutsche Hoheitsakte in der britischen Besatzungszone)" in Jahrb. f. Intern. u. ausl. öff. Recht 1948 S. 87—122, S. 120/21 = Festschrift für Rudolf Laun, Hamburg (Toth) 1948, S. 68—96, S. 95/96; Ipsen in der Besprechung von Bänden der Entscheidungssammlungen des Thüringischen Oberverwaltungsgerichtes und des Bayerischen Verfassungsgerichtshofes in AöR. 74. Bd. (1948) S. 499 bis 507, S. 505/6; Ipsen, „Grundgesetz und richterliche Prüfungszuständigkeit" in DV. 1949 S. 486—492, S. 489.

Eine solche justizfreie Sphäre mag ihre besondere Berechtigung in einem absolutistisch oder diktatorisch regierten Staate haben. Nicht ohne weiteres vereinbar ist sie jedoch im allgemeinen mit dem Rechtsstaatsgedanken, insbesondere mit den Grundsätzen einer bürgerlich-freiheitlichen, liberal-rechtsstaatlichen Staatskonzeption. In einem Rechtsstaat, und zwar gleichgültig, welcher Spielart, ist die Justizlosigkeit bestimmter Hoheitsakte etwas Exzeptionelles, Normwidriges und Anti-Rechtsstaatliches. Mag in einem absolutistisch oder diktatorisch regierten Staat die Justizfreiheit gewisser Hoheitsakte unter politischen und ideologischen Aspekten sinnvoll und sogar notwendig erscheinen und jedenfalls in der Staatstheorie durchaus nicht immer mit Ungesetzlichkeit und Unrechtmäßigkeit identifiziert werden, so ist in einem Rechtsstaat die Qualifizierung bestimmter Verwaltungsakte als justizloser Hoheitsakte von vornherein geeignet, ein Mißtrauen gegen die staatlichen Verwaltungsorgane und ein Gefühl ungerechter Behandlung durch diese bei den Bürgern hervorzurufen.

Es ist charakteristisch, daß — wie Hans Peter Ipsen dargetan hat[124]) — im nationalsozialistischen Staat fast alle politischen Maßnahmen (z. B. solche gegen staatsfeindliches Vermögen, der Begriff der Staatsfeindlichkeit selbst, Maßnahmen, die mit der Verbringung in Schutzhaft zusammenhingen) ebenso wie die revolutionsziel-bedingten Hoheitsakte (z. B. die Maßnahmen auf Grund des Gesetzes zur Wiederherstellung des Berufsbeamtentums) von jeder Justiziabilität ausgeschlossen waren.

Bezeichnend ist auch, daß in der sowjetischen Besatzungszone Deutschlands trotz Beibehaltung der Verwaltungsgerichtsbarkeit an sich und als solcher der bürgerlichen Rechtsstaatsidee enge Grenzen gezogen sind, Grenzen, die sich vor allem in der Beseitigung der Generalklausel im Verwaltungsstreitverfahren sowie in der starken Renaissance justizloser Hoheitsakte auswirken. So führte beispielsweise und vor allem in Thüringen, dessen Verwaltungsgerichtsbarkeit seit dem Inkrafttreten der Landesverwaltungsordnung vom 10. 6. 1926 vorbildlich und für andere deutsche Länder richtungweisend war, die Entwicklung schon alsbald nach der sowjetischen Besetzung des Landes dahin, daß die Generalklausel durch zahlreiche Gesetze, insbesondere für wichtige politische Maßnahmen wie solche gegen Nazismus und Militarismus, zur Durchführung der Bodenreform und Sequestrierung, erheblich eingeschränkt wurde[125]). Insbesondere konnte seit der Einfügung des § 126a in die Landesverwaltungsordnung durch das Anpassungsgesetz vom 26. 11. 1945 (GS. 1946 S. 53) ein Verwaltungsakt dann nicht angefochten werden, wenn das

---

[124]) „Politik und Justiz", S. 219ff.

[125]) Schultes, Karl, „Rechtsstaat und Gerichtsbarkeit im Verfassungssystem der realen Demokratie" in NJ. 1948 S. 1—10, S. 7.

Gesetz ihn als endgültig bezeichnete oder wenn es seine Anfechtung ausdrücklich ausschloß oder wenn ihn der Ministerpräsident nach Anhörung des zuständigen Ministers ausdrücklich als Regierungsakt bezeichnete[126]). Entsprechend bestimmt § 10 Abs. 1 Satz 1 des thüringischen Gesetzes über die Verwaltungsgerichtsbarkeit vom 7. 10. 1948: „Bezeichnet der Landtag eine Maßnahme als unanfechtbar, so ist die Klage im Verwaltungsstreitverfahren unzulässig". Alle diese und in den anderen ostzonalen Ländern die entsprechenden Vorschriften[127]) sind Ausfluß und Ausdruck des dort geltenden Verfassungsprinzips der Überordnung des Trägers der politischen Gewalt über die Gerichte; sie beleuchten schlaglichtartig die politische Herkunft und Umwelt der Rechtsfigur der justizlosen Hoheitsakte.

Zu der neuen umfassenden Generalklausel des § 22 der US-zonalen süddeutschen Verwaltungsgerichtsbarkeitsgesetze von 1946 hat Walter Jellinek[128]) festgestellt, daß auch „Regierungsakte, actes de gouvernement, d. h. solche obrigkeitliche Akte, welche die Regierung wegen deren hohen politischen Bedeutung gerne der richterlichen Nachprüfung entziehen möchte", nunmehr dem Begriff des anfechtbaren Verwaltungsaktes im Sinne dieser Bestimmung unterfielen. Demgegenüber hat Ipsen[129]) bezweifelt, daß die fraglichen Einzelhoheitsakte gemäß jenem § 22 oder nunmehr gemäß Art. 19 Abs. 4 „justiziabel" gemacht worden seien. Er hat gemeint[130]), daß die Bejahung dieser Frage „die international bekannte und aus Jahrhunderte alter Rechtstradition erwachsene Exemtion der politischen Exekutivgewalt von der Gerichtsbarkeit beseitigen und selbst angelsächsische Maßstäbe über die Prärogative des Politischen überwinden würde". Damit ist die Zweifelsfrage zur Sreitfrage und zu einer Angelegenheit geworden, die vordringlich der Behandlung durch das hier versammelte Gremium würdig und bedürftig ist.

Sicher und allseitig anerkannt ist zunächst nur soviel, daß Akte der Besatzungsmächte nicht der Nachprüfung durch deutsche Gerichte unterliegen; Besatzungsmaßnahmen sind und bleiben für jede deutsche Gerichtsbarkeit im Sinne ihrer Rechtswidrig-

[126]) Vgl. dazu auch v. Dassel, Ulrich, „Die neue Verwaltungsgerichtsbarkeit" in NJ. 1948 S. 27—31 und NJW. 1948 S. 357.

[127]) § 9 des mecklenburgischen Verwaltungsgerichtsbarkeitsgesetzes vom 18. 9. 1947 (RegBl. S. 250), § 10 Sätze 2 und 3 des brandenburgischen Gesetzes über die Verwaltungsgerichtsbarkeit vom 12. 10. 1947 (GVBl. I S. 27): „Bezeichnet der Landtag eine Maßnahme als Regierungsakt, so ist eine Klage im Verwaltungsstreitverfahren unzulässig. Geschieht dies in einem anhängigen Verfahren, so ist es insoweit in der Hauptsache für erledigt zu erklären', §§ 9 und 10 des sächsischen Verwaltungsgerichtsbarkeitsgesetzes vom 30. 10. 1947 (Gesetze 44 S. 509).

[128]) A. a. O. S. 271.

[129]) In AöR. a. a. O. S. 506 und in DV. a. a. O. S. 489.

[130]) AöR. a. a. O.

erklärung „justizlos"[131]). Was demgegenüber die Hoheitsakte deutscher Organe anbetrifft, so ergibt sich die Lösung des schwierigen Problems der Grenzen ihrer Justiziabilität nicht etwa aus Art. 100, wie Ipsen[132]) zutreffend bemerkt hat, da dieses Problem weder eine Frage der richterlichen Prüfungszuständigkeit im eigentlichen Sinne noch durch jene Vorschrift geregelt ist. Wohl aber könnte eine Überlegung weiter helfen, die sich auf Grund einer Feststellung von Eduard Wahl in einer Vorlesung zur Eröffnung der hiesigen Juristischen Fakultät am 7. 1. 1946[133]) aufdrängt und die ich entscheidend sein lassen möchte. Wenn seine Äußerung zutrifft, daß der Rechtsstaat immer „gewisse Regierungsakte" kannte, die sich „einfach ihrer Natur nach der justizmäßigen Kontrolle entziehen", so wird sie nicht ohne Einfluß auf die Lösung unseres Problems sein dürfen. Selbst eine aus rechtsstaatlichen Erwägungen noch so weitgehende Ausdehnung des Rechtsschutzes des Art. 19 Abs. 4 wird alsdann die exzeptionelle Möglichkeit justizloser Einzelhoheitsakte höheren Niveaus auch in unserem demokratisch-sozialen Rechtsstaat nicht gut in Abrede stellen können. Mit Ipsen[134]) bin jedenfalls auch ich — ungeachtet meiner in allem rechtsstaatlich-extensiven Auslegung des Art. 19 Abs. 4 — nicht davon überzeugt, daß alle Regierungs- oder politischen Hoheitsakte durch diese Vorschrift „justiziabel" gemacht worden sind.

Es handelt sich bei dieser Einstellung nicht etwa darum, daß rechtsstaatliches Denken und Empfinden zu kurz kommen könnten, sondern um echte sachliche Bedenken, die gegen die richterliche Kontrolle auch der letzten politischen Entscheidungen — und zwar sowohl aus dem Wesen dieser als auch aus der Natur des gerichtlichen Verfahrens — abzuleiten sind. Einer unerläßlich notwendigen, eingehenden Spezialuntersuchung des Problems für die heutige Zeit müssen zahlreiche Einzelfragen vorbehalten bleiben, wie insbesondere diejenigen, wem die Entscheidung darüber zusteht und zustehen soll, ob ein justizloser Hoheitsakt vorliegt, und wo die Grenze zwischen justiziablen und nicht justiziablen Hoheitsakten im einzelnen verläuft.

c) „In seinen Rechten."

1. Was Art. 19 Abs. 4 unter einer Verletzung jemandes „in seinen Rechten" verstanden wissen will, ist dann nicht leicht

[131]) Ipsen in AöR. 75. Bd. (1949) S. 223 und Jellinek a. a. O. S. 271. Vgl. dazu auch Ipsen in AöR. 74. Bd. S. 506.

[132]) DV. a. a. O.

[133]) Veröffentlicht unter dem Titel „Privatrecht und öffentliches Recht" in SJZ. 1946 S. 27—30 S. 28.

[134]) DV. S. 489. — Dagegen behauptet Bettermann („Verwaltungsgerichtliche Generalklausel usw." a. a. O. S. 398) ohne Begründung: „Es gibt keine justizlosen Hoheitsakte, keine gerichtsfreien Staatsakte mehr!".

zu erkennen, wenn man sich auf den Standpunkt stellt, daß die Bonner Urkunde ebenso wie jedes andere Gesetz als eine formale Willenserklärung allein nach ihrem Wortlaut, ohne Heranziehung der Entstehungsgeschichte und Motivierung sowie etwaigen rechtsvergleichenden Materials auszulegen ist. Mißt man demgegenüber der Genesis des Art. 19 Abs. 4 und den dabei zutage getretenen Meinungsäußerungen der Väter des GG. uneingeschränkten und ausschlaggebenden Wert zu, so muß man den Rechtsschutz, den die Bestimmung gewährt, auf die Verletzung von Grundrechten beschränken. Denn, wie bereits früher bemerkt[135], erläuterte der Abgeordnete von Mangoldt die Vorschrift als damaligen Art. 2 Abs. 4 in der 4. Sitzung des Grundsatzausschusses des Bonner Parlamentarischen Rates am 23. 9. 1948 in der ersten Lesung dahin: „Die allgemeine verfassungsrechtliche Vorschrift ist, daß in allen Fällen, in denen in Freiheitsrechte eingegriffen wird[136], die Klage im Verwaltungsstreitverfahren gegeben sein muß" und als späteren Art. 20c in der 44. Sitzung des Hauptausschusses am 19. 1. 1949 in der zweiten Lesung dahin: „Wir haben hier entsprechend dem Vorschlag des Redaktionsausschusses den Abs. 4 des (ehemaligen) Art. 2 nach hinten gezogen, um diese Generalklausel der Zuständigkeit der Gerichte auf alle Grundrechte[136] zu erstrecken". Dieser Wille des Grundgesetzgebers, wenn man in diesem Zusammenhang von einem solchen sprechen kann und darf, hat jedoch im Wortlaut des GG. keinen Ausdruck gefunden; Art. 19 Abs. 4 Satz 1 spricht ganz allgemein von „Rechten" und nicht von „Grundrechten" oder auch nur von den im GG. verbürgten Rechten. Da der gesetzgeberische Wille im Gesetzeswortlaut keinen Niederschlag gefunden hat, mithin — nach einem allgemein anerkannten Grundsatz der Gesetzesauslegung — unbeachtlich ist, steht einer ausdehnenden Auslegung der Worte „in seinen Rechten" über Grundrechte und grundgesetzlich gewährleistete Rechte hinaus nichts entgegen[137].

2. Die weitere Frage, die sich nunmehr erhebt, ist jedoch diese: Soll der Rechtsschutz nach Art. 19 Abs. 4 nur dann gegeben sein, wenn jemand in einem seiner spezifischen subjektiven öffentlichen Rechte verletzt ist — oder richtiger: behauptet[138], in einem solchen verletzt zu sein—, oder ist er in weiterem Umfange ge-

[135]) Vgl. oben unter II 3.

[136]) Sperrungen von mir.

[137]) Insoweit stimme ich Friesenhahn a. a. O. S. 482 zu. — Anderer Meinung Loening a. a. O. S. 325.

[138]) Vgl. Loening, Edgar, „Die Rechtskraft verwaltungsgerichtlicher Urtheile" in Verwaltungsarchiv VII. Bd. (1899) S. 1ff., S. 68/69 Anm. 11; auch Endurteil des preußischen Königlichen Oberverwaltungsgerichts vom 9. Februar 1878 Rep. C. 341/77 in Bd. 3 S. 217ff., S. 222.

geben, und wo findet er letzterenfalls seine Grenze? Der Wortlaut der Klausel scheint für die zweite Möglichkeit zu sprechen.

Ebenso wie bei der früher erörterten zweiten Voraussetzung des Art. 19 Abs. 4 „durch die öffentliche Gewalt" hilft auch hier bei der dritten die rechtsvergleichende Exegese weiter. Es gebrauchen in dem entsprechenden Zusammenhang die Wendungen „in seinen Rechten verletzt": § 35 der kurhessischen Verfassung von 1831[139]), § 127 Abs. 3 Ziff. 1 des preußischen Gesetzes über die allgemeine Landesverwaltung vom 30. 7. 1883 (GS. S. 195)[140]), § 4 des badischen Verwaltungsrechtspflegegesetzes vom 14. 6. 1884[141]), § 9 des braunschweigischen Gesetzes betreffend die Verwaltungsrechtspflege vom 5. 3. 1895[142]) und § 8 Abs. 1 des thüringischen Gesetzes über die Verwaltungsgerichtsbarkeit vom 7. 10. 1948 (RegBl. I S. 103)[143]), „in seinen Rechten beeinträchtigt": § 50 Abs. 1 des preußischen Polizeiverwaltungsgesetzes vom 1. 6. 1931 (GS. S. 77)[144]) und § 23 Abs. 1 Satz 1 der Verordnung Nr. 165 der britischen Militärregierung[145]), „in einem ihm zustehenden Recht verletzt": Art. 13 des württembergischen Gesetzes über die Verwaltungsrechtspflege vom 16. 12. 1876 (RegBl. S. 485[145]), § 35 Abs. 1 der US-zonalen Verwaltungsgerichtsbarkeitsgesetze von 1946/47[145]). Von „Verletzung eines ihm zustehenden Rechts" sprechen Art. 90 Abs. 1 der Verfassung für Württemberg-Baden vom 28. 11. 1946[145]) und Art. 63 Abs. 1 der Verfassung von Württemberg-Hohenzollern vom 20. 5. 1947[145]) [146]).

[139]) „In jedem Falle, wo jemand sich in seinen Rechten verletzt glaubt, bleibt ihm die gerichtliche Klage offen".

[140]) „Die Klage (gegen polizeiliche Verfügungen) kann nur darauf gestützt werden, 1. daß der angefochtene Bescheid durch Nichtanwendung oder unrichtige Anwendung des bestehenden Rechts, insbesondere auch der von den Behörden innerhalb ihrer Zuständigkeit erlassenen Verordnungen den Kläger in seinen Rechten verletze".

[141]) „Der Verwaltungsgerichtshof erkennt in erster und letzter Instanz über Klagen: 1. gegen polizeiliche Verfügungen der Bezirksämter und Bezirksräte, welche den Kläger in seinen Rechten verletzen".

[142]) Vgl. Radkau in Verwaltungsarchiv IV. Bd. (1896) S. 421—424, S. 422.

[143]) „Wer Anfechtungsklage erhebt, kann sie nur darauf stützen, daß er durch die angefochtene Verfügung in seinen Rechten verletzt sei, 1. weil das bestehende Recht, insbesondere die von der Behröde innerhalb ihrer Zuständigkeit erlassenen Verordnungen nicht oder unrichtig angewendet seien".

[144]) „Die Klage (gegen polizeiliche Verfügungen) kann nur darauf gestützt werden, daß der angefochtene Bescheid den Kläger in seinen Rechten beeinträchtige, weil der Bescheid das geltende Recht verletze".

[145]) Vgl. oben unter b 2.

[146]) Nicht hierher paßt Art. 120 der Verfassung des Freistaates Bayern vom 2. 12. 1946 (vgl. oben unter b 2 Abs. 1), da er sich ausdrücklich auf „verfassungsmäßige", d. h. alle in der Verfassung vorgesehenen (**Nawiasky** a. a. O. Abs. 3 der Erl. zu Art. 120), Rechte beschränkt. — **Hingewiesen** sei noch auf Art. 8 des bayerischen Gesetzes über die Errichtung eines Verwaltungsgerichtshofes und das Verfahren in Verwaltungsrechtssachen vom

Theorie und Praxis zumal zu den älteren dieser Rechtsvorschriften, insbesondere das umfangreiche Fachschrifttum und die Rechtsprechung zu § 127 Abs. 3 Ziff. 1 des preußischen Landesverwaltungsgesetzes ergeben folgendes: Es sind vier Auslegungsmöglichkeiten der Klausel „Verletzung von Rechten" denkbar und vertreten worden:

1. Verletzung bloßer subjektiver, rechtlich nicht geschützter Interessen[147]),
2. Verletzung rechtlich geschützter Interessen[148]),
3. Verletzung subjektiver, öffentlicher oder privater (dinglicher, sonstiger absoluter und obligatorischer) Individualrechte[149]),
4. Verletzung echter subjektiver öffentlicher, insbesondere wohlerworbener Rechte[150]).

---

8. 8. 1878 (GVBl. S. 369): „Verwaltungsrechtssachen im Sinne dieses Gesetzes sind alle bestrittenen Rechtsansprüche und Verbindlichkeiten in nachbenannten Angelegenheiten: . . .".

[147]) So Mueller, Otto, „Die Begriffe der Verwaltungsrechtspflege und des Verwaltungsstreitverfahrens nach preußischem Recht", Berlin (Heymann) 1895, S. 148—154, weiterhin Anschütz, Bornhak, v. Stengel (Nachw. bei Bühler, Ottmar, „Die subjektiven öffentlichen Rechte und ihr Schutz in der deutschen Verwaltungsrechtsprechung", Berlin, Stuttgart, Leipzig (Kohlhammer) 1914, S. 291 Anm. 54).

[148]) Berner bei v. Brauchitsch, Max, „Verwaltungsgesetze für Preußen", I. Bd., Berlin (Heymann), 24. Aufl., 1930, S. 222; Friedrichs, Karl, „Das Landesverwaltungsgesetz vom 30. 7. 1883 nebst den gesamten Nebengesetzen", Berlin (Häring) 1910, S. 300/1; Friedrichs, Karl, „Polizeiverwaltungsgesetz vom 1. 6. 1931", Berlin (Heymann) 1932, § 50 Erl. 6; Schoen, Paul, „Zur Frage der Grenzen der Überprüfung polizeilicher Verfügungen im Verwaltungsstreitverfahren" in Verwaltungsarchiv 27. Bd. (1919), S. 85 ff., S. 92/95; . . ., „Lex ad praeterita trahi nequit" in Preußisches Verwaltungsblatt XIX, 1897, S. 117 ff., 125 ff., S. 127 bis 129; das preußische Oberverwaltungsgericht in zahlreichen Entscheidungen (vgl. die Nachw. bei Schoen a. a. O. S. 94/95 und in dem genannten Aufsatz im PrVBl. a. a. O. S. 127); der Bericht der Kommission der zweiten badischen Kammer über den Entwurf des späteren Verwaltungsrechtspflegegesetzes von 1884 (vgl. die Nachw. bei Schoen a. a. O. S. 95 und auch oben Anm. 141).

[149]) Bühler a. a. O. S. 290/294; Frantzen, Wilhelm, „Lehrkommentar zum Polizeiverwaltungsgesetz", Greifswald (Bamberg) 1932, § 50 Erl. 6 Abs. 2; Goez, Karl, „Die Verwaltungsrechtspflege in Württemberg", Tübingen und Leipzig (Mohr) 1902, S. 98: „Verletzt muß also sein ein wirkliches Recht im Gegensatz zu bloßen Interessen, ein subjektives Recht, ein Individualrecht, im Gegensatz zu objektiven Rechtssätzen; im Übrigen kann das verletzte Recht ein öffentliches Recht oder ein Privatrecht sein"; offenbar auch Loening (Edgar) a. a. O. S. 68 Anm. 11, Loening (Hellmuth) a. a. O. S. 325 und Nebinger-Eisenmann-Löffler-Weber, „Kommentar zur Verfassung für Württemberg-Baden", Stuttgart (Wissenschaftliche Verlagsanstalt) 1948, Art. 90 Anm. 3a; ferner die bei Bühler a. a. O. S. 291 Anm. 54 Genannten (Baumgarten, Jebens, Kunze, Rosin).

[150]) Vgl. Apelt, Willibalt, „Die bayerische Verfassung" in DRZ. 1947 S. 1—4, S. 4.

M. E. wurde die zweite, von der wohl überwiegenden Meinung, insbesondere von Paul Schoen[151]), vertretene Auslegung der Klausel schon dem früheren Rechtszustand am besten gerecht. Vollends dürfte sie allein der rechtsstaatlichen Tendenz des GG. entsprechen. Verletzt „in seinen Rechten" ist offenbar nicht nur derjenige, der in einem jener bestimmten einzelnen Rechte verletzt ist, die nach der Begriffsbestimmung der modernen Theorie spezifisch als subjektive öffentliche Rechte anzusehen sind[152]), sondern schon jeder, in dessen „allgemeinen" oder „subjektiven Rechtskreis", in dessen „Rechtsbereich", „Rechtsgebiet" oder „Rechtssphäre", in dessen „rechtlich geschützte Interessen" unmittelbar rechtswidrig eingegriffen worden ist. Die oft schwer zu entscheidende Frage, ob die vom Kläger behauptete Verletzung die Verletzung eines subjektiven öffentlichen Rechtes im technisch-spezifischen Sinne oder gar eines „wohlerworbenen" Rechtes enthält, braucht daher im konkreten Falle weder aufgeworfen noch geprüft und entschieden zu werden. Der Träger öffentlicher Gewalt muß nur — um mit Schoen[153]) zu sprechen — „irgendwie gerade in den vom Rechte anerkannten Lebenskreis des klagenden Individuums eingreifen". Den Gegensatz zur Verletzung jemandes „in seinen Rechten" in diesem Sinne bildet die Berührung und Beeinträchtigung bloßer subjektiver (wirtschaftlicher und anderer) Interessen jemandes, die durch das Recht nicht besonders anerkannt sind. Wenn die Klage (nur) demjenigen zustehen soll, der durch einen Träger der öffentlichen Gewalt „in seinen Rechten verletzt" ist, so kann das nur bedeuten, daß das Verhalten des betreffenden Gewaltträgers irgendwie gerade in den Rechtsbereich des Klägers eingreifen muß; nicht aber, daß speziell eines der subjektiven öffentlichen Rechte des Klägers im prägnanten Sinne verletzt worden ist.

Ob als „in seinen Rechten verletzt" und klageberechtigt auch jeder zu gelten hat, der lediglich an der Ausübung eines sog. Reflexrechtes durch einen Träger der öffentlichen Gewalt rechtswidrig gehindert wird, ist zweifelhaft und bestritten[154]). Eine rechtsstaatlich-extensive Auslegung des Art. 19 Abs. 4 wird diese Frage zu bejahen haben.

3. Art. 19 Abs. 4 bezweckt — wie sich aus dem klaren Wortlaut seines ersten Satzes eindeutig ergibt — den Schutz persönlicher, individueller, subjektiver Rechte, nicht hingegen den Schutz rein oder überwiegend objektiven Rechtes. Der

[151]) A. a. O. S. 92—95.

[152]) So aber Friesenhahn a. a. O. S. 482, der hier allerdings den Begriff des subjektiven Rechtes weit ausgelegt wissen will.

[153]) A. a. O. S. 93.

[154]) Dafür z. B. Schoen a. a. O. S. 93/94 (mit weiteren Nachw.); dagegen beispielsweise Nebinger ... a. a. O., Art. 90 Anm. 3a; vgl. auch Friesenhahn a. a. O. S. 482.

letztere Zweck würde für sich allein zu Popularklagen gegen Verwaltungsakte führen, für die das GG. nach der eindeutigen Fassung der Vorschrift ebensowenig eine Aktivlegitimation verleiht wie die US-zonalen Verwaltungsgerichtsbarkeitsgesetze von 1946/47 und die Verordnung Nr. 165 der britischen Militärregierung. An dieser Feststellung wird nichts geändert einerseits durch die Tatsache, daß sich in steigendem Maße die Überzeugung Bahn gebrochen hat, daß der Schutz der objektiven Rechtsordnung ein ebenso wichtiges Anliegen der Verwaltungsrechtsprechung sein muß wie der Schutz individueller Rechte[155]), und anderseits durch die Notwendigkeit, daß die Verletzung jemandes in seinen Rechten durch einen Träger der öffentlichen Gewalt einen Widerspruch mit dem geltenden objektiven Recht erkennen lassen, daß sie dieses mitverletzen muß[156]). Aus diesem Erfordernis ergibt sich übrigens zugleich, daß mit der Klage nur die Rechtmäßigkeit, nicht auch die Sachgemäßheit des Verwaltungsaktes angegriffen werden kann. Damit wird das komplexe und schwierige Problem des Verwaltungsermessens berührt, auf das hier jedoch nicht weiter eingegangen werden kann. Auch die Frage, wie das ausschließlich oder im wesentlichen objektive Recht von den individuellen Rechten abzugrenzen ist, kann hier nicht behandelt werden; sie betrifft ein Spezialproblem, mit dem sich Walter Jellinek auf der dritten Tagung unserer Vereinigung in Leipzig am 10. und 11. 3. 1925 näher befaßt hat[157]).

d) „Verletzt".

1. Art. 19 Abs. 4 fordert als vierte und letzte Voraussetzung des Rechtsschutzes eine „Verletzung" jemandes in seinen Rechten durch einen Träger der öffentlichen Gewalt. Daraus ergibt sich, daß die Rechtsweg-Generalklausel des GG. nur für die sog. Anfechtungs-Streitigkeiten (Anfechtung von Verwaltungsakten), nicht auch für die sog. Partei-Streitigkeiten (andere Streitigkeiten des öffentlichen Rechts) gilt[158]). Dabei muß hier der Hinweis darauf genügen, daß die Abgrenzung zwischen beiden Arten von Streitigkeiten zwar in gewissem Umfange aus den neuen Rechtsvorschriften über die Verwaltungsgerichtsbarkeit in der britischen Besatzungszone und in den amerikanischzonalen Ländern hergeleitet werden kann, daß sie jedoch in praxi gleichwohl mitunter nicht einfach sein wird. Jedenfalls ergibt sich aus Art. 19 Abs. 4 soviel, daß seine Generalklausel nur in dem Umfange im GG. verfassungsrechtlich verankert wurde, den Ernst

[155]) Fleiner, Verwaltungsrecht, S. 256/57 mit Nachw.
[156]) Vgl. Nebinger ... a. a. O., Art. 90 Anm. 4 und 5.
[157]) A. a. O. S. 37/38; vgl. auch Jellinek, Verwaltungsrecht, S. 304/5.
[158]) So auch Friesenhahn a. a. O. S. 482 und Grewe a. a. O. S. 393.

Friesenhahn[159]) als Mindestprogramm vertreten hatte, und daß sie demgemäß als auf die sog. nachträglichen Verwaltungsstreitsachen beschränkte Allgemeinklausel weniger umfassend ist als etwa die Generalklauseln jeweils in § 22 der Verordnung Nr. 165 der britischen Militärregierung und der US-zonalen Verwaltungsgerichtsbarkeitsgesetze von 1946/47, der für beide Arten von Streitigkeiten des öffentlichen Rechts gilt.

2. Die Fassung des Art. 19 Abs. 4 trifft nicht nur positives Verhalten, also Handeln, sondern auch negatives Verhalten, also Unterlassen, von Verwaltungsbehörden, da ein Träger öffentlicher Gewalt auch durch pflichtwidriges Unterlassen jemand in seinen Rechten verletzen kann. In dieser Hinsicht deckt sich Art. 19 Abs. 4 mit Art. 141 Satz 1 der bremischen Verfassung, Art. 138 Abs. 1 des Herrenchiemsee-Entwurfs, § 24 der Verordnung Nr. 165 der britischen Militärregierung und § 35 Abs. 2 der US-zonalen Verwaltungsgerichtsbarkeitsgesetze von 1946/47, die sämtlich expressis verbis eine Anfechtungsklage auch gegen Unterlassungen geben, und geht er weiter als Art. 107 Weimarer RV., Art. 124 Abs. 1 der rheinpfälzischen, Art. 63 Abs. 1 der württembergisch-hohenzollernschen und Art. 90 Abs. 1 der württembergisch-badischen Verfassung, die dies nicht tun[160]).

3. Durch die Klausel „in seinen Rechten verletzt" ist auch, ohne daß es in Art. 19 Abs. 4 besonders erwähnt wird, die Belastung mit einer nicht obliegenden Pflicht oder Verbindlichkeit mit umfaßt[161]), weil auch eine rechtswidrig angesonnene Verbindlichkeit den Kläger in seinen Rechten verletzt[162]). Anderwärts wird diese Möglichkeit vielfach ausdrücklich mit aufgeführt, so in Art. 13 Abs. 1 des württembergischen Gesetzes über die Verwaltungsrechtspflege vom 16. 12. 1876[163]), § 35 Abs. 1 des hessischen, des württembergisch-badischen und des bremischen Verwaltungsgerichtsbarkeitsgesetzes von 1946 bzw. 1947[163]), Art. 90 Abs. 1 der Verfassung für Württemberg-Baden vom 28. 11. 1946[163]) und Art. 63 Abs. 1 der Verfassung von Württemberg-Hohenzollern vom 20. 5. 1947[163]).

VI. Rechtspolitisch-geistesgeschichtliche Würdigung des Art. 19 Abs. 4.

Nach der Darstellung der Bedeutung, die dem Art. 19 Abs. 4 im Rahmen der geschichtlichen Entwicklung des Verhältnisses von Verwaltung und Justiz zukommt, seiner Entstehungsgeschichte, seines Rechtscharakters, seiner bundesgrundgesetzlichen

159) „Justiz- und Verwaltungsrechtsschutz" a. a. O. S. 130.
160) Vgl. oben unter b 2 und c 2.
161) So auch Friesenhahn a. a. O. S. 482.
162) Vgl. Jellinek in DRZ. 1948 S. 272.
163) Vgl. oben unter b 2 und c 2.

Tragweite und seiner vier sachlichen Voraussetzungen soll der Artikel nunmehr noch unter rechtspolitischen, geistesgeschichtlichen und prinzipiellen Gesichtspunkten wenigstens in groben Zügen gewürdigt werden. Dabei wird der Schwerpunkt der kritischen Betrachtung auf dem zweiten Satz der Bestimmung liegen.

1. Da in allen elf Ländern der Bundesrepublik Deutschland die verwaltungsgerichtliche Zuständigkeitsgeneralklausel für Anfechtungssachen besteht[164]), kommt dem Satz 2 des Art. 19 Abs. 4 jedenfalls zur Zeit keine erhebliche praktische Tragweite zu. Eine gewisse Bedeutung hat er in den Ländern mit begrenzter verwaltungsgerichtlicher Allgemeinklausel, d. h. in denjenigen, die zwar die Generalklausel kennen, die verwaltungsgerichtliche Zuständigkeit aber generell auf bestimmten Sachgebieten oder im speziellen Einzelfall dann ausschließen, wenn eine Verwaltungsbehörde „endgültig entscheidet"[165]); deren Entscheidung ist dann eben nicht endgültig, sondern durch die ordentlichen Gerichte nachprüfbar[166]). Eine darüber hinausreichende, eine gesteigerte Tragweite dürfte die Spezialklausel des Art. 19 Abs. 4 Satz 2 auch in Zukunft in dem regionalen Bereich der drei westlichen Besatzungszonen Deutschlands aller Voraussicht nach wohl kaum erhalten. Dabei darf von dem nicht sehr wahrscheinlichen Fall, daß einzelne Länder aus spezifisch justizstaatlichen Erwägungen bewußt und gewollt ihre verwaltungsgerichtliche Generalklausel abbauen, um über Art. 19 Abs. 4 Satz 2 die Ersatzzuständigkeit der ordentlichen Gerichte zu begründen, abgesehen werden. Eine etwas größere Wahrscheinlichkeit ist wohl dafür vorhanden, daß einzelne Länder aus irgendwelchen anderen Erwägungen oder Absichten es unternehmen werden, vom System der verwaltungsgerichtlichen Allgemeinklausel wieder abzugehen; dann käme allerdings automatisch der ordentliche Rechtsweg für alle Anfechtungssachen zum Zuge, die von der Enumeration nicht erfaßt würden[167]).

Gleichwohl darf die mindestens potentielle Bedeutung des Art. 19 Abs. 4 Satz 2 nicht unterschätzt werden. In den Ländern der sowjetischen Besatzungszone Deutschlands gilt, wie erwähnt[168]), nicht die Generalklausel, sondern das Aufzählungssystem. Würde eines dieser Länder oder würden sie gar alle auf

---

164) Vgl. oben unter I 11.

165) Vgl. oben unter I 11. — Im Hinblick auf diesen Anwendungsbereich des Art. 19 Abs. 4 Satz 2 ist es richtig, wenn Bettermann (a. a. O. S. 398) unter Zustimmung von Baur (a. a. O. S. 396) von einer unmittelbaren Erweiterung der Zuständigkeit der ordentlichen Gerichte durch diesen Satz spricht. Vgl. auch Grewe a. a. O. S. 393: „in der Zuständigkeitsordnung der ordentlichen Gerichte eine Neuerung von beträchtlicher Tragweite".

166) Vgl. oben unter IV 3 Abs. 2.

167) Vgl. Grewe a. a. O. S. 393.

168) Vgl. oben unter I 11.

Grund des Art. 23 Satz 2 ihren Beitritt zur Bundesrepublik Deutschland vollziehen, so wären sie von Bundesverfassungs wegen nicht verpflichtet, an Stelle der Enumerationsmethode die Allgemeinklausel einzuführen[169]). Würden sie demgemäß das Aufzählungssystem beibehalten, so käme der Satz 2 des Art. 19 Abs. 4 zum Zuge — ein Ergebnis, das zwar unter rechtsstaatlichen Gesichtspunkten billigenswert, jedoch aus anderen Gründen m. E. nicht wünschens- und begrüßenswert wäre: Die dann endlich wieder erreichte staatliche Einheit Deutschlands wäre von Anbeginn an auf dem Gebiete des Rechtsschutzes in öffentlich-rechtlichen Streitigkeiten nicht verwirklicht und mit einer gewichtigen justizstaatlichen Hypothek belastet.

Abgesehen jedoch von dieser Möglichkeit, die nach den neuesten staatsrechtlichen Ereignissen in der sowjetischen Besatzungszone sowieso nur entfernt in Betracht gezogen werden kann, könnte Art. 19 Abs. 4 Satz 2 dann praktisch werden, wenn im Falle der Neugliederung des Bundesgebietes nach Art. 29 und 118 in der amerikanischen oder (und) französischen Besatzungszone neue Länder entständen, die von der verwaltungsgerichtlichen Generalklausel — die dort ja nicht, wie in der britischen Besatzungszone, kraft Besatzungsrechtes gilt[170]) — keinen Gebrauch zu machen wünschten.

Diese kursorischen rechtspolitischen Erwägungen abschließend, darf allerdings dem in die Gegenrichtung zielenden Wunsche Ausdruck verliehen werden: Art. 19 Abs. 4 wird hoffentlich, da er unmittelbar geltendes Recht ist[171]), die in Betracht kommenden Länder veranlassen, von der begrenzten verwaltungsgerichtlichen Zuständigkeitsgeneralklausel[172]) zugunsten der vollen Allgemeinklausel für Anfechtungssachen abzugehen. Das würde alsdann die sowieso nicht große Bedeutung seines Satzes 2 auf ein Minimum reduzieren.

2. Wenn an früherer Stelle[173]) von der „justizstaatlichen Hypothek" des Art. 19 Abs. 4 Satz 2 die Rede war, so darf in Anknüpfung an jene Wendung zu der Vorschrift kritisch folgendes gesagt werden:

Sie hat nach den früheren Feststellungen eine wenn auch vorerst nicht gerade sehr aktuelle und effektive Tragweite, so doch jedenfalls potentielle praktische Bedeutung. Insbesondere aber ist die darin niedergelegte Zuständigkeitsbegründung zugunsten der ordentlichen Gerichte trotz ihres nur subsidiären Charakters[174]) geistesgeschichtlich und prinzipiell bemerkenswert.

---

[169]) Vgl. oben unter IV 4.
[170]) Vgl. oben unter I 11.
[171]) Vgl. oben unter I 12.
[172]) Vgl. oben unter I 11.
[173]) Vgl. oben unter 1 Abs. 2.
[174]) Vgl. oben unter IV 3.

Es ist offensichtlich, daß sich die Geronten von Bonn nicht damit begnügt haben, dem klassischen Rechtsstaatsgedanken im GG. etwa nur in dem Ausmaße Ausdruck zu verleihen, in dem er auch in der Weimarer RV. enthalten war. Sie haben dieses Maß vielmehr so stark ausgeweitet, daß Werner Weber in seiner Göttinger Antrittsvorlesung am 18. 6. 1949 von der „unerhörten Ausbreitung justizstaatlicher Elemente im Verfassungsgefüge" und weiterhin „von dem vollendeten justizstaatlichen Idealsystem des Bonner Grundgesetzes" zu sprechen Veranlassung nahm[175]). Dazu darf und muß allerdings festgestellt werden, daß sich das GG. einer ausdrücklichen Stellungnahme im Sinne einer prägnant justizstaatlichen oder spezifisch verwaltungsstaatlichen Regelung enthalten hat[176]). Das ist übrigens um so auffälliger und bemerkenswerter, als einerseits mit dem Kontrollratsgesetz Nr. 36 betr. „Verwaltungsgerichte" vom 10. 10. 1946 (Amtsbl. S. 183), jedenfalls zunächst einmal, die grundsätzliche Entscheidung für die Beibehaltung von Verwaltungsgerichten und gegen den sog. Justizstaat gefallen war und als anderseits der Herrenchiemsee-Entwurf stark justizstaatlich orientiert war, indem er die Verwaltungsgerichte in der Rechtsschutz-Generalklausel seines Art. 138 Abs. 1 zugegebenermaßen u. a. deswegen nicht ausdrücklich erwähnte, um nicht die Möglichkeit auszuschließen, „auch für Verwaltungsrechtsstreitigkeiten den ordentlichen Rechtsweg (also nur diesen!) zu eröffnen"[177]).

Ein deutlich sich abhebendes justizstaatliches Steinchen in dem rechtsstaatlichen Mosaik des GG. stellt jedenfalls Satz 2 des Art. 19 Abs. 4 dar[178]). In ihm kommt spezifisch justizstaatliches Denken, kommt insbesondere der justizstaatliche Gedanke der Einheit der Justiz[179]) offen zum Durchbruch und unverhohlen zum Ausdruck[180]). Damit melden sich aber gewichtige Bedenken gegen diese Bestimmung an.

Der dem zweiten Satz des Art. 19 Abs. 4 zugrundeliegenden Vorstellung einheitlicher, ungeteilter und unteilbarer Justiz sind offenbar das Prinzip und die Tendenz zentralisierender Verein-

---

[175]) „Weimarer Verfassung und Bonner Grundgesetz", Göttingen (Fleischer) 1949, S. 25 und 28.

[176]) Vgl. oben unter I 12.

[177]) Vgl. oben unter II 1.

[178]) Vgl. Giese a. a. O., Erl. 6 zu Art. 19: „Diese Zuständigkeitsbegründung ist . . . justizstaatlich bemerkenswert"; Grewe a. a. O. S. 393: „Die spezifisch ‚justizstaatliche' Eröffnung des ordentlichen Rechtsweges . . . ".

[179]) Vgl. dazu Kleinrahm, Kurt, „Die Unteilbarkeit der Justiz" in Festgabe „Zum Aufbau des Rechtslebens" zur Wiesbadener Juristentagung vom 3. bis 6. 12. 1946, Heidelberg 1946, S. 41—54.

[180]) Es ist daher — wenn auch keineswegs zu billigen, so doch jedenfalls — zu verstehen, daß Verfechter justizstaatlicher Gedankengänge, wie beispielsweise und vor allem Karl August Bettermann (vgl. oben unter IV 4), den Art. 19 Abs. 4 Satz 2 in ihrem Sinne bis ins Extrem auszulegen versucht haben.

heitlichung zugehörig. Praktisch können sich jedoch dieses Prinzip und diese Tendenz gerade auf Grund und mit Hilfe eben des Art. 19 Abs. 4 durchaus ins Gegenteil verkehren. Wenn nämlich einzelne Länder mangels bundesgrundgesetzlicher Verpflichtung zur Gewährung vollen und ausschließlichen verwaltungsgerichtlichen Rechtsschutzes gegen Rechtsverletzungen der Träger der öffentlichen Gewalt den Verwaltungsgerichtsschutz im Rahmen des früher[181]) als noch zulässig Gekennzeichneten aus irgendwelchen Gründen abbauen und wenn sie diesen Abbau alsdann unter sich auch noch mehr oder weniger weitgehend, also unterschiedlich und uneinheitlich, betreiben, so können sie mit einem solchen Verfahren eine Ungleichheit und — infolge der Ersatzzuständigkeit der ordentlichen Gerichte nach Art. 19 Abs. 4 Satz 2 — eine Buntscheckigkeit des richterlich-unparteiischen Schutzes gegenüber den fraglichen Rechtsverletzungen herbeiführen, die jenem Prinzip und jener Tendenz zentralisierender Vereinheitlichung offen widersprechen. Dergestalt vermag also gegebenenfalls ein Grundsatz in sein Gegenteil umzuschlagen, wenn man ihn auf die Spitze treibt!

Ein anderes, nicht minder gewichtiges Bedenken kommt hinzu.

Der Staat unserer Zeit hat gegenüber dem Staat des vorigen Jahrhunderts nicht nur — entsprechend dem Adolf Wagnerschen „Gesetz von der Zunahme der Staatsaufgaben" — erheblich größere, sondern auch wesentlich andere Aufgaben, die heutige Staatswirklichkeit ist gegenüber der des vergangenen Säkulums von stark verändertem Gepräge. Der moderne Staat ist nicht mehr nur der Hüter der Ordnung im Sozialleben, der sich auf wenige, mehr formale Ordnungsaufgaben wie insbesondere die polizeiliche Aufgabe der Abwehr von Gefahren für die Individuen der staatsfreien bürgerlichen Gesellschaft beschränkt, sondern er ist — um mit Werner Weber[182]) zu sprechen — „ob er will oder nicht, Verwaltungsstaat", er ist — um bekannte Formulierungen Ernst Forsthoffs zu gebrauchen — der „Leistungsträger"[183]), der Träger „immer umfangreicher und komplizierter gewordener Apparaturen der modernen Daseinsvorsorge"[184]) mit vielen materialen Sachaufgaben. Im Bereich dieser menschlichen Daseinsvorsorge und Daseinsgestaltung geht es um vitale und vordringliche wirtschafts-, sozial- und kulturpolitische Leistungen, welche die individuelle Daseinsführung überhaupt erst möglich machen, und nicht um polizeiliche Gefahrenabwehr und möglichst weitgehende Einschränkung der staatlichen Eingriffsrechte.

---

[181]) Vgl. oben unter IV 4.

[182]) A. a. O. S. 28.

[183]) „Die Verwaltung als Leistungsträger", Stuttgart und Berlin (Kohlhammer) 1938.

[184]) So neuestens in dem Artikel „Allmacht der Verwaltung", a. a. O.

Damit ist der liberale, auf solche Gefahrenabwehr und die „behördliche Sphäre" beschränkte Rechtsstaat kontinentaler ebenso wie übrigens auch englischer Prägung überwunden und überholt. Er ist durch den in großem Stil verwaltenden „sozialen Volksstaat" oder „Kultur- und Wohlfahrtsstaat" oder „Volks- und Rechtsstaat" oder — gemäß Art. 28 Abs. 1 Satz 1 — „republikanisch-demokratisch-sozialen Rechtsstaat" abgelöst worden. Das ist eine Tatsache, die man begrüßen oder bedauern mag, die aber als solche erkannt und hingenommen werden muß.

Mit dem Ableben des liberalen, bürgerlich-freiheitlichen Rechtsstaates des 19. Jahrhunderts ist auch das liberal-rechtsstaatliche Denken überholt und gegenstandslos geworden. Dieses war jedoch die maßgebliche Voraussetzung des justizstaatlichen Denkens; justizstaatliches Denken ist nur auf der Grundlage liberal-rechtsstaatlichen Denkens möglich, entstand das Justizstaatsprinzip ja nicht von ungefähr in der Zeit des aufstrebenden Liberalismus, zu einer Zeit also, während deren die Justiz „eine ausgeprägt individualistische, auf möglichst vollkommenen Schutz von Einzelrecht und Einzelinteresse bedachte Richtung" einschlug[185]). In einer liberal-bürgerlichen, freiheitlich-rechtsstaatlichen Vorstellungswelt und Staatswirklichkeit war die Konzeption einer durchgängigen Kontrolle der Verwaltung durch die ordentlichen Gerichte „weder hemmend noch systemwidrig"[186]); solches justizstaatliches Denken war ihr vielmehr adaequat, da die wenigen, mehr formalen Ordnungsaufgaben des liberalen Staates durch justiziable Tatbestände normativ erfaßbar und abgrenzbar waren.

Im sozialen Rechtsstaat unserer Zeit hingegen muß justizstaatliches Denken unter diesen geistesgeschichtlichen Aspekten zumindest inkonsequent erscheinen. Es ist bezeichnend, daß auch die Entwicklung in England vom Justizstaat weggeführt hat — ein Beweisgrund mehr für die Unannehmbarkeit[187]) der justizstaatlichen Theorie in heutiger Zeit. Bei aller Einsicht dafür, daß man im GG. und durch dieses einer Neuauflage gewisser Erscheinungen der jüngsten Vergangenheit vorbeugen wollte und ihr durch verstärkte Einschaltung der „dritten Gewalt" vorbeugen zu können glaubte, ist es doch nicht recht verständlich, wie der Verfassungskonvent von Herrenchiemsee das erfolgverbürgende Palliativ dagegen in einer zugegebenermaßen justizstaatlichen Konstruktion des Rechtsschutzes in

---

185) Anschütz in HWB. d. KommWiss., IV. Bd., S. 327.

186) Weber a. a. O. S. 26.

187) Vgl. Peters, Hans, „Lehrbuch der Verwaltung", Berlin, Göttingen, Heidelberg (Springer) 1949, S. 195: „heute unannehmbaren justizstaatlichen Theorie".

öffentlich-rechtlichen Streitigkeiten sehen[188]) und wie die Urkunde von Bonn auch und gerade in Art. 19 Abs. 4 Satz 2 justizstaatlicher Restaurierung den Weg öffnen konnte.

Leitsätze des Berichterstatters über Tragweite der Generalklausel im Art. 19 Abs. 4 des Bonner Grundgesetzes

I. 1. Art. 19 Abs. 4 führt eine Entwicklung zu Ende, die seit über 100 Jahren im Gange war. Durch Verwirklichung des rechtsstaatlichen Gedankens eines lückenlosen gerichtlichen Schutzes gegen Verletzungen individueller Rechte durch die Träger der öffentlichen Gewalt vollendet und krönt er die Rechtsstaatsidee, ohne sich die verwaltungsgerichtliche oder justizstaatliche Spielart des Rechtsstaates zu eigen zu machen.

2. Das Bekenntnis des GG. zum Rechtsstaat in Art. 19 Abs. 4 berechtigt und verpflichtet zu einer durchgängig rechtsstaatlich-extensiven Auslegung der Vorschrift.

II. Auf den Allgemeinen Redaktionsausschuß des Bonner Parlamentarischen Rates und nicht auf den Grundsatzausschuß gehen die Placierung des Art. 19 Abs. 4 am Schlusse des Grundrechtsabschnittes des GG. und die Einfügung des Satzes 2 in seinen Text zurück.

III. 1. Aus dem Abschnitt I des GG. lassen sich ein System eines materiellen „Hauptgrundrechtes" und materieller „Einzelgrundrechte" sowie ein Parallel-System eines formellen „Hauptgrundrechtes" und formeller „Einzelgrundrechte" entwickeln.

2. Enthält Art. 1 Abs. 1 (in Verbindung mit Art. 2) das materielle Hauptgrundrecht, so enthält Art. 19 Abs. 4 das formelle Hauptgrundrecht.

3. Der tiefe geistesgeschichtliche Wandel der Grundrechte des Bonner GG. gegenüber den Grundrechten der Weimarer RV. kommt sinnfällig dadurch zum Ausdruck, daß das materielle Hauptgrundrecht in der Weimarer Urkunde nur implizite und negativ enthalten war (das allgemeine Persönlichkeitsrecht auf Freiheit von ungesetzlichem Zwang), wohingegen es in der Bonner Urkunde explizite und positiv statuiert ist (die unantastbare Würde des Menschen).

---

[188]) Vgl. oben unter II 1 und VI 2 Abs. 3 a. E.

IV. 1. *Art. 19 Abs. 4 bindet den einfachen Landesgesetzgeber und den Landesverfassungsgesetzgeber gemäß Art. 31 sowie den einfachen Bundesgesetzgeber und den Bundesverfassungsgesetzgeber gemäß Art. 1 Abs. 3 in Verbindung mit Art. 79 Abs. 3 in der Weise, daß ein genereller Ausschluß „des Rechtsweges" gegenüber den Rechtsverletzungen im Sinne seines Satzes 1 absolut unzulässig ist.*

2. *Rechtsweg im Sinne des Art. 19 Abs. 4 Satz 1 ist Gerichtsweg, sei es zu den ordentlichen, sei es zu den Verwaltungsgerichten.*

3. *Der Rechtsweg zu den ordentlichen Gerichten ist nach Art. 19 Abs. 4 Satz 2 nur subsidiär vorgesehen. Die Subsidiaritätsklausel ist kein „Grundsatz" im Sinne des Art. 79 Abs. 3.*

4. *Art. 19 Abs. 4 macht die spezielle verwaltungsgerichtliche Generalklausel nicht allgemeinverbindlich. Landes- oder bundesgesetzliche Einschränkungen dieser Klausel (Beseitigung der verwaltungsgerichtlichen Generalklausel zugunsten des Enumerationssystems) sind daher zulässig, führen jedoch automatisch zur Begründung des ordentlichen Rechtsweges nach Art. 19 Abs. 4 Satz 2.*

5. *Die Beseitigung jeglicher verwaltungsgerichtlichen Zuständigkeit in einem Lande ist infolge Art. 19 Abs. 4 in Verbindung mit Art. 96 Abs. 1 unzulässig.*

6. *Landesrechtliche Vorschriften, die — wie Art. 141 Satz 1 der Landesverfassung der Freien Hansestadt Bremen vom 21. 10. 1947 — den Rechtsweg an die ordentlichen Gerichte und denjenigen an die Verwaltungsgerichte in öffentlich-rechtlichen Streitigkeiten gleichwertig behandeln, stehen mit Art. 19 Abs. 4 im Einklang.*

V. 1. *Im Gegensatz zu Art. 34 (Amtshaftung), wo sich das Wörtchen „jemand" offensichtlich nur auf natürliche Personen beziehen kann, entspricht dieses Wörtchen in Art. 19 Abs. 4 Satz 1 dem Wörtchen „jeder" in Art. 2 Abs. 1 und 2 sowie in Art. 5 Abs. 1 Satz 1 und dem Wörtchen „jedermann" in Art. 9 Abs. 3 Satz 1, Art. 17 und 103 Abs. 1, schließt also grundsätzlich natürliche und inländische juristische Personen, Inländer wie Ausländer und Staatenlose ein.*

2. *a) Als „die öffentliche Gewalt" im Sinne des Art. 19 Abs. 4 Satz 1 kommen ausschließlich Verwaltungsbehörden in Betracht, die zur Ausübung staatlicher Hoheitsrechte berufen sind, und den Staatsbürgern gegenüber Hoheitsbefugnisse haben. Dazu gehören auch Regierungsorgane, soweit sie Verwaltungsaufgaben wahrnehmen.*
b) Art. 19 Abs. 4 gilt auch für besondere Gewaltverhältnisse.

c) Art. 19 Abs. 4 schließt „justizlose Hoheitsakte" nicht aus.

3. *„Rechte" im Sinne des Art. 19 Abs. 4 sind die rechtlich geschützten Interessen und die Reflexrechte. Geschützt wird durch ihn primär nicht das rein oder überwiegend objektive Recht, sondern die individuelle Rechtssphäre.*

4. *Art. 19 Abs. 4 gilt nur für die sog. Anfechtungsstreitigkeiten, nicht auch für die sog. Partei-Streitigkeiten.*

VI. *Dem Art. 19 Abs. 4 Satz 2 kommt zur Zeit und voraussichtlich auch in der Zukunft keine erhebliche praktische Tragweite zu. Als Ausdruck justizstaatlicher Einstellung ist er geistesgeschichtlich, rechtspolitisch und prinzipiell nicht unbedenklich.*

Tragweite der Generalklausel im Art. 19 Abs. 4 des Bonner Grundgesetzes

2. Mitbericht von Prof. Dr. Heinrich Herrfahrdt, Marburg.

Nachdem der Hauptbericht die staatsrechtliche Tragweite und Auslegung der Generalklausel des Art. 19 Abs. 4 behandelt hat, soll es Aufgabe des Korreferats sein, den in diesem Artikel ausgedrückten Rechtsstaatsgedanken in seiner grundsätzlichen Bedeutung und in seinen Beziehungen zu den anderen tragenden Ideen des Grundgesetzes zu betrachten. Ich möchte daher meine Ausführungen überschreiben:

Der Rechtsstaatsgedanke als Element unserer künftigen politischen Ordnung.

I. Das Grundgesetz als Bekenntnis zur vollen Demokratie.

Verglichen mit der Weimarer Verfassung zeigt das Grundgesetz eine verstärkte Betonung des Rechtsstaatsgedankens. Art. 19 IV bringt eine Generalklausel des Rechtsweges für jede Rechtsverletzung durch die öffentliche Gewalt, während sich Art. 107 Weimarer Vfg. dazu nicht hatte entschließen können. Entsprechend hat Art. 93 die Zuständigkeit des Bundesverfassungsgerichts auf Verfassungsstreitigkeiten zwischen den obersten Bundesorganen ausgedehnt, also auf einen Typus von Streitigkeiten, den Art. 19 Weimarer Vfg. noch als nicht justiziabel, als nicht geeignet zur Entscheidung im gerichtlichen Verfahren, angesehen hatte. Art. 19 IV und Art. 93 schaffen ein Maximum rechtsstaatlicher Sicherheit. Dieser fortschreitende Ausbau justizförmig gesicherten Rechtsschutzes scheint auf den ersten Blick in derselben Linie zu liegen, die auch sonst das Grundgesetz charakterisiert: er erscheint als Ausfluß eines verstärkten Bekenntnisses zu derjenigen Gedankenwelt, die die Völker des Westens mit dem Wort Demokratie bezeichnen, zu den Ideen der amerikanischen Verfassung und der französischen Revolution. Wir können diese Gedankenwelt in drei Elemente gliedern: 1. die Anerkennung ewiger, unveräußerlicher Freiheitsrechte des Individuums (liberaler Gedanke), 2. der Volkswille als Quelle aller Staatsgewalt (demokratischer Gedanke im engeren Sinne), 3. der Rechtsstaatsgedanke: durch Gewaltenteilung und unabhängige Gerichte soll sichergestellt werden, daß bei allen staatlichen Handlungen die Menschenrechte und die vom Volk beschlossenen Gesetze geachtet werden.

Diese drei Prinzipien beherrschen das Bonner Grundgesetz noch stärker als die Weimarer Vfg. Die Grundrechte sind an den Anfang des GrG. gestellt, in Art. 1 beginnend mit der feierlichen Erklärung: „Die Würde des Menschen ist unantastbar". Daß auch der Gesetzgeber durch die Grundrechte gebunden wird, ist schon in Art. 1, später in Art. 20, betont. Die Praxis unter der Weimarer Vfg., daß der Gesetzgeber sich im Einzelfall über jedes Grundrecht durch ein verfassungsänderndes Gesetz hinwegsetzen kann, ist durch Art. 19 Abs. 1 untersagt worden. Das GrG. bekennt sich zur Heiligkeit und Unbedingtheit der Grundrechte, während die Weimarer Vfg. diese meist nur „im Rahmen der Gesetze" zusichert, also ihre Einschränkung durch einfaches Gesetz zuläßt.

Ebenso erscheint die Herleitung aller Staatsgewalt aus dem Willen des Volkes im GrG. noch stärker betont als in der Weimarer Vfg., und zwar in der spezifischen Linie des parlamentarischen Parteistaates. Als wichtigste Form der Äußerung des Volkswillens erscheint das aus Wahlkämpfen zwischen mehreren Parteien hervorgegangene Parlament. Andere Äußerungen des Volkswillens, auf die die Weimarer Vfg. Wert legte, die man aber nach den Erfahrungen vergangener Jahre im Verdacht hat, daß sie zu diktatorischen Zwecken mißbraucht werden könnten, wie Volksabstimmung und starke Präsidialgewalt, sind im GrG. vermieden worden.

Die politischen Parteien, die in der Weimarer Vfg. nur an einer einzigen Stelle, und zwar in negativem Sinne erwähnt waren (Art. 130: „Die Beamten sind Diener der Gesamtheit, nicht einer Partei") sind im GrG. Art. 21 nach ihrer positiven Bedeutung hervorgehoben.

Zusammen mit dem anfangs erwähnten Fortschreiten des Rechtsstaatsgedankens erscheint also das Bonner GrG. als Bekenntnis zur vollen Demokratie, über die Weimarer Vfg. in denjenigen Punkten hinausgehend, in denen diese noch Mängel im demokratischen Sinne gezeigt hatte. Das deutsche Volk soll damit die letzten Reste politischer Rückständigkeit abstreifen; es soll den vollen Anschluß an die demokratische Entwicklung des Westens erlangen. Dies, glaube ich, ist es, was die Väter des Bonner GrG. gewollt haben, und in diesem Licht erscheint das GrG. auch für die politische Öffentlichkeit in Deutschland wie bei den westlichen Besatzungsmächten.

II. Gewichtsverlagerung zwischen den Elementen der modernen Demokratie.

Aber eine genauere Analyse der drei genannten Elemente in der Geschichte der modernen Demokratie gibt uns ein viel verwickelteres Bild. Die Freiheitsidee, die demokratische Auffassung vom Volkswillen und der Rechtsstaatsgedanke haben sich nicht in ihrer ursprünglichen harmonischen Verkoppelung zusammen weiterentwickelt. Sie haben nicht mit einander Schritt gehalten, und infolgedessen ist ihr heutiges Verhältnis zueinander ein ganz anderes, als es in der Entstehungszeit der modernen Demokratie der Fall war. Wir wollen das im Einzelnen kurz verfolgen.

Wenn wir fragen, was die Schöpfer der modernen Demokratie in Amerika und in der französischen Revolution bei dem Wort „Demokratie" empfanden, so ist nicht eigentlich das, was der Wortsinn besagt, „Volksherrschaft", das Wesentliche. Wie wir noch heute, besonders beim Amerikaner, beobachten können, war das Hauptanliegen gerade, daß es möglichst gar keine „Herrschaft" mehr geben sollte. Von der Beseitigung der absoluten Monarchie erwartete man einen Zustand, in dem die Gewalt von Menschen über Menschen auf ein Minimum beschränkt sein sollte. Ein Maximum individueller Freiheit war das ideale Ziel. Und es erschien selbstverständlich, daß die Menschen, die sich von der monarchischen Herrschaft befreit hatten, bei der Regelung gemeinsamer Angelegenheiten durch Beratung und Abstimmung gegenseitig die Freiheit des Anderen achten würden. Gegenüber diesem Hochziel eines Maximums individueller Freiheit erscheint das eigentlich Demokratische, die Gesetzgebung durch das Volk und die Wahl aller Staatsorgane als Mittel, einer Wiederkehr von Gewalt in der Hand eines Einzelnen vorzubeugen. Demselben Zweck dienen die rechtsstaatlichen Prinzipien der Gewaltenteilung, insbesondere die Rechtssprechung durch unabhängige Richter. Freiheit, Volkswille und Gewaltenteilung erscheinen unlösbar miteinander verbunden, in einem harmonischen Dreiklang. Die Freiheit und Würde des Individuums ist als ewiges und unveräußerliches Naturrecht in der Vernunft verankert. Was in diesem Rahmen an rechtlicher Regelung des Gemeinschaftslebens notwendig ist, wird durch den Volkswillen als Gesetz beschlossen. Unabhängige Richter, die an das Naturrecht und in dessen Rahmen an das vom Volkswillen gesetzte positive Recht gebunden sind, wachen darüber, daß kein Recht verletzt wird.

Was ist nun aus diesem harmonischen Bild eines auf Freiheit, Volkswillen und Rechtsprechung aufgebauten Staatswesens, wie es dem aufgeklärten Menschen um 1800 als selbstverständliche Forderung der Vernunft erschien, in den 150 Jahren, die seitdem verflossen sind, geworden? Auf eine kurze vorläufige Formel gebracht können wir sagen: 1. Die Freiheit ist nicht weiterentwickelt worden; sie hat dem Verlangen nach Ordnung und Sicherheit Platz machen und starke Einschränkungen erdulden müssen. 2. Die Vorstellung vom Volkswillen ist gegen Ende des 19. Jahrhunderts und besonders seit dem ersten Weltkrieg in schwere Krisen geraten, die in verschiedener Weise als Krise des modernen Staates schlechthin, als Krise der Demokratie, des Parlamentarismus, des Mehrheitsprinzips oder des Parteiwesens empfunden werden. 3. Der Rechtsstaat ist demgegenüber am stärksten als ideale Forderung aufrechterhalten worden; das Bedürfnis nach rechtsstaatlicher Sicherheit ist mit der Notwendigkeit von Freiheitsbeschränkungen und mit den Krisen in der Erzeugung des Staatswillens gewachsen; aber der Rechtsstaat ist damit auch vor sehr viel schwierigere Aufgaben gestellt worden, als man ursprünglich angenommen hatte. Rechtsstaatlichkeit im Sinne des Ideals, das dem Art. 19 Abs. 4 vorschwebt, also ein Zustand, in dem jede Rechtsverletzung durch einen Richterspruch abgewehrt werden kann, erscheint als etwas Einfaches, so lange man bestimmte Freiheitsrechte als unbestreitbar anerkannt voraussetzen kann und so lange alles das als verbindliches Recht anerkannt wird, was vom Volk durch Mehrheitsbeschluß zum Gesetz erhoben ist. Aber Rechtsstaatlichkeit wird ein sehr schwieriges Problem, wenn diese Voraussetzungen nicht mehr erfüllt sind, d. h. wenn die Grenzen der Freiheitsrechte zweifelhaft werden und wenn die Zweifel auch nicht mehr durch einen Mehrheitsbeschluß behoben werden können, weil eben die Befugnis der Parlamentsmehrheit, ihren Willen durchzusetzen, nicht mehr anerkannt wird. Die erhöhten Anforderungen, die damit an den Rechtsstaat gestellt werden, und die Folgerungen, die sich daraus für den Ausbau der rechtsstaatlichen Einrichtungen ergeben, bilden das Problem, das uns im folgenden beschäftigen soll. Um es zu verstehen, müssen wir die Wandlungen, die sich an den beiden anderen Elementen der modernen Demokratie, dem Freiheitsgedanken und dem Volkswillen, vollzogen haben, noch etwas näher betrachten.

III. Wandlungen der Freiheitsidee.

Das Schicksal der Freiheitsidee im 19. Jahrhundert ist im Schrifttum der letzten Jahrzehnte genug erörtert worden. Ich kann mich darauf beschränken, die für unser Problem wichtigen Ergebnisse anzudeuten. Anders als in Amerika fand der demokratische Gedanke in Europa fast überall monarchische Regierungen und ein von ihnen geschaffenes Beamtentum vor. Daß diese Mächte, die nicht gewillt waren, in demselben Maße Freiheit zu gewähren, wie es in Amerika üblich war, sich weiterhin halten konnten, wenn auch meist unter Zugeständnissen an demokratische Forderungen, erklärt sich nur daraus, daß sie eben doch eine Ordnung und Sicherheit geschaffen hatten, auf die auch das Volk nicht mehr verzichten wollte und konnte. In Europa war von vornherein Freiheit nicht in dem Maße zu verwirklichen, wie im Lande der damals noch unbegrenzten Möglichkeiten.

Wenn der deutsche Idealismus den Gedanken der freien Persönlichkeit mit Begeisterung aufnahm, bedeutete er hier doch etwas anderes als in Amerika und auch etwas anderes als in Frankreich. Freiheit war nicht so sehr individuelle Beliebigkeit, sondern war enger mit dem Gedanken der Verantwortung verschwistert, Verantwortung gegenüber der Gemeinschaft oder gegenüber einem sachlichen Wert, der Idee der Wahrheit, der Kunst und Wissenschaft, der Wirtschaft, der öffentlichen Ordnung. Seit Mitte des 19. Jahrhunderts, mit der Entwicklung der modernen Industrie und der sozialen Spannungen, wird es immer deutlicher, daß Beeinträchtigungen der Freiheit dem Einzelnen weniger vom Staat drohen als vom wirtschaftlich stärkeren Arbeitgeber oder Konkurrenten. Aufgabe des Staates wird es jetzt, zum Schutz der Schwächeren in das Wirtschaftsleben einzugreifen (Schutzzölle, Arbeiterschutzgesetzgebung). Nicht mehr Freiheit, sondern soziale Sicherheit ist für die Mehrzahl der Menschen die erste Forderung an den Staat.

Durch das Ringen großer organisierter Machtgebilde, wie es für das 20. Jahrhundert charakteristisch ist, durch Verbände der Industrie und Landwirtschaft, Gewerkschaften, Kartelle, durch Arbeits- und Machtkämpfe, wird der Rechtsstaat vor Aufgaben gestellt, die aus dem klassischen Stil des liberal-demokratischen Rechtsstaates herausfallen und mit seinen Mitteln nicht mehr zu bewältigen sind. Wir sehen in der ganzen Welt neue Formen der Streiterledigung entstehen: Schlichtungsausschüsse, Kartellgerichte, die in der bisherigen Rechtsordnung als Fremdkörper wirken und sich ihr nur schwer einordnen lassen. In Deutschland ist die Entwicklung auf dem Gebiet des Kartellwesens dafür bezeichnend. Die zunächst als „Reichsschiedsgericht für Kriegsbedarf" entstandene Einrichtung wurde unter der Weimarer Vfg. zum Reichswirtschaftsgericht mit angegliedertem Kartellgericht. Nachdem dann der Nationalsozialismus diese Fragen in völliger Abkehr von rechtsstaatlichen Bindungen rein diktarorisch gehandhabt hatte, sind sie uns heute durch die Besatzungsmächte mit ihrer Entflechtungspolitik ganz aus der Hand genommen worden. Eine organische Eingliederung dieses Fragenkomplexes in unsere rechtsstaatliche Ordnung ist noch zu keiner Zeit gelungen.

In Amerika hat die Schwierigkeit, Streitigkeiten zwischen großen wirtschaftlich-sozialen Machtträgern oder zwischen ihnen und dem Staat durch die Gerichte zu entscheiden, zu neuen Einrichtungen geführt, die das Schema der Gewaltenteilung sprengen, den Administrative Regulations, beginnend schon 1887 mit der Interstate Commerce Commission. Es handelt sich um Spezialverwaltungsbehörden mit quasilegislatorischen und quasijudiziellen Vollmachten[1]). Das alte Schema, daß Eingriffe nur auf Grund von Gesetzen zulässig sind und unabhängige Gerichte die Einhaltung der gesetzlichen Schranken überwachen, versagt hier. Eine vorherige Regelung aller denkbaren Streitfragen durch abstrakte Normen ist praktisch unmöglich. Das Gesetz kann nur weitgehende Ermächtigungen in Form von Generalklauseln geben. Die praktisch-organisatorische Frage ist dann, wie die Behörde beschaffen sein muß, die solchen Aufgaben gewachsen ist. Konstruiert man sie als Gericht, so müssen die Richter Persönlichkeiten sein, die die wirtschaftlich-soziale und politische Tragweite ihrer Entscheidungen selbst beurteilen können, also Qualitäten haben, wie man sie sonst vom Gesetzgeber im Zusammenwirken mit den Spezialisten der Verwaltung erwartet. Legt man dagegen die Entscheidung in die Hände einer Verwaltungsbehörde von Fachleuten, so muß das Verfahren doch den Grundsätzen unparteiischer Rechtsprechung mit Anhörung aller Beteiligten, strengen Anforderungen an Beweise und an die Unbefangenheit der Richter genügen, und es bleibt trotzdem die Frage offen, inwieweit sich bei einer Verwaltungsbehörde eine den ordentlichen Gerichten gleichwertige Tradition bilden kann. In Amerika ist es gegenwärtig eine der schwierigsten Aufgaben des Supreme Court, zu überwachen, inwieweit die Delegierung von Rechtsprechungsaufgaben an Verwaltungsbehörden zulässig ist und ob dabei den rechtsstaatlichen Anforderungen im Sinne des Due Process of Law Genüge geleistet wird, insbesondere Willkürentscheidungen (unreasonable discrimination, unfair labor practices) verhindert werden. Hier stehen wir vor einem Gestaltungsproblem der Zukunft, auf das wir später zurückkommen werden, der Frage, auf welche Weise wir Einrichtungen schaffen können, die die Anforderungen in sich vereinigen, die wir bisher an den normensetzenden Gesetzgeber, den sachverständigen Verwaltungsbeamten und den unparteiischen Richter zu stellen gewohnt sind.

IV. Wandlungen im demokratischen Gedanken.

Während die Wandlungen in der Wertung und den Grenzen der Freiheit den Rechtsstaat vor neue Aufgaben stellen, die wesentliche organisationstechnische Reformen verlangen und in diesem Sinne teilweise schon bewältigt sind, wird der Rechtsstaat viel tiefer in seinem Wesen getroffen, wenn die Sicherheit der Recht-

[1]) Vgl. hierzu Cushman, Independent Regulatory Commissions (1941) und Administrative Regulation of Private Enterprise (Annals of Amer. Acad. of Polit. and Soc. Sciences, 1942), sowie Finer, Die Zukunft der Staatsform, 1947, S. 121 ff.

setzung problematisch wird, wenn also im demokratischen Staat zweifelhaft wird, inwieweit die aus Wahlen und Abstimmungen hervorgegangene Rechtsetzung verbindliche Kraft hat. Zum klassischen liberal-demokratischen Rechtsstaat gehörte, daß alle Fragen des Gemeinschaftslebens durch Rechtsnormen geregelt werden, die vom ganzen Volk als verbindlich empfunden werden. Die Gewähr dafür glaubte man darin zu finden, daß das Volk selbst durch Abstimmung oder durch ein von ihm gewähltes Parlament die Gesetze beschloß. Daß dabei die Mehrheit entscheidet, war eine aus dem Genossenschafts- und Vereinsleben übernommene zweckmäßige Praxis, eine Spielregel, die funktionierte, so lange es keine ernstlichen Meinungsverschiedenheiten über das letzte zu erstrebende Ziel gab, sondern man lediglich über die besten Mittel und Wege zur Erreichung des gemeinsamen Wohles stritt. Ein Mehrheitsprinzip hat es im Grunde niemals gegeben. Man kann im Gegenteil sagen, daß Mehrheitsbeschlüsse nur dann überzeugend und integrierend wirken, wenn nicht die Vorstellung dahinter steht, daß die Mehrheit ein Recht habe, der Minderheit ihren Willen aufzuzwingen, sondern wenn die Überstimmung lediglich als ein bedauerliches Surrogat für die im Prinzip angestrebte Einstimmigkeit erscheint, als ein praktisches Mittel, den vermutlichen gemeinsamen Willen festzustellen, ohne die Diskussion ins Endlose auszudehnen. Auch heute ist es noch in jedem guten Richterkollegium selbstverständlich, daß die Mitglieder bemüht sind, durch Aussprache mit sachlichen Gründen das Richtige zu ermitteln; und es wird als unbefriedigender Notbehelf empfunden, wenn man zur Abstimmungen schreiten muß, weil nicht alle Mitglieder zu einer einmütigen Überzeugung zu bringen sind. Bis etwa Mitte des 19. Jahrhunderts war dieser Geist auch in vielen Parlamenten noch lebendig. Das Wahlrecht wurde gestaltet nach dem Gesichtspunkt, die Urteilsfähigsten ins Parlament zu bringen. Das Ziel der Beratungen war, das für das Gemeinwohl Zuträglichste zu finden. Vorherige Vereinbarungen von Abgeordneten darüber, wie sie stimmen wollten, wurden vielfach noch als ungehörige Verfälschungen des Volkswillens empfunden.

Aber in der zweiten Hälfte des 19. Jahrhunderts änderte sich dieses Bild völlig, wenigstens in den meisten kontinental-europäischen Ländern. Wahlkämpfe und Parlamentsabstimmungen wurden wesentlich von politischen Parteien getragen. Rückblickend können wir heute sagen, daß die Vorstellung, man könne durch Wahlen und Abstimmungen einen Volkswillen ermitteln, der vom ganzen Volk als sein Wille und für jedes seiner Mitglieder verbindlich empfunden wird, nur in einem sehr kurzen geschichtlichen Zeitraum lebendig gewesen ist. Es ist das Zeitalter der „bürgerlichen Gesellschaft", die sich als ein Nebeneinander freier, gleichartiger Individuen ansieht, die Zeit, aus der der Doppelsinn des Wortes „Bürger“ stammt, der dritte Stand, der zugleich das Volk schlechthin, die Gesamtheit der Staatsangehörigen ist. Dieser vorübergehende Zustand einer in sich relativ homogenen Gesellschaft beginnt mit dem Verschwinden der Vorrechte des Adels und endet mit dem Aufkommen eines vierten Standes als neuen politischen Faktors.

Es ist nun für die deutsche Verfassungsgeschichte wichtig, daß es diesen Zustand einer homogenen bürgerlichen Gesellschaft, der in Westeuropa ein bestimmtes Zeitalter charakterisiert und in Amerika in gewissem Sinne bis heute andauert, bei uns in reiner Form niemals gegeben hat. Denn die politische Vorzugsstellung des Adels ist bis 1848 zum großen Teil erhalten geblieben. Um dieselbe Zeit beginnt aber schon die neue Klassenspaltung in Bürgertum und Arbeiterschaft. Die Vorstellung eines einheitlichen Volkswillens, der durch ein Parlament repräsentiert werden könnte, hat deshalb in Deutschland niemals Leben gewonnen. In den Parteien verquickten sich weltanschauliche Gegensätze mit den Interessen bestimmter wirtschaftlicher und sozialer Gruppen. Beides zusammen führte zu tiefer menschlicher Entfremdung zwischen den Anhängern verschiedener Parteien. Ein Bedürfnis in den Parlamenten durch Überbrückung der Gegensätze einen einheitlichen Volkswillen herauszuarbeiten, konnte nicht aufkommen, weil die staatliche Einheit durch die monarchischen Regierungen verkörpert war und das Volk niemals als Einheit den Regierungen gegenübertrat, sondern in den verschiedenen Parteien die Sonderinteressen einzelner Volksteile zum Ausdruck kamen. Die deutsche Einheitsbewegung war die einzige Gelegenheit, bei der das Volk als Ganzes der Vielheit der Dynastien gegenüber stand. Aber da die Einheit nicht durch die unter dem Gegensatz Großdeutsch — Kleindeutsch leidende Einheitsbewegung, sondern durch Bismarck verwirklicht wurde, blieb auch dieser einzige Ansatz zur Bildung eines einheitlichen Volkswillens ohne bleibende Bedeutung. Als die monarchische Führung 1918 verschwand, waren die Parteien in ihren Gegensätzen bereits so verfestigt, daß es nicht zur Bildung tragfähiger Koalitionen kam und die politische Führung im wesentlichen in den Händen des Beamtentums blieb. Die Parteien scheuten sich, in Lebensfragen des Staates die Verantwortung zu übernehmen, und beschränkten sich darauf, die Ämter unter ihre Angehörigen zu verteilen. Zu einer Anerkennung des Mehrheitsprinzips im Sinne der Bereitschaft, sich der jeweiligen Mehrheit zu fügen, ist es unter diesen Umständen im republikanischen Deutschland ebensowenig gekommen wie unter der Monarchie. Auch in den westlichen Demokratien hat sich die ursprüngliche Auffassung von der Ermittlung des Volkswillens durch Diskussion nicht auf die Dauer halten können (vielleicht mit Ausnahme der Schweiz). Aber in den angelsächsischen Ländern, bis zu einem gewissen Grade zunächst auch in Frankreich, herrschte doch das Mehrheitsprinzip als Spielregel des Parteikampfes im Sinne eines sportlichen Wetteifers darum, welche Partei die besten staatsmännischen Führer in ihren Reihen hat. Der jeweils siegreichen Mehrheit wird von der Minderheit das Recht zum Regieren zugestanden. Bei uns macht die scharfe weltanschauliche Spaltung eine solche gegenseitige Anerkennung der Parteien unmöglich. Nur eine verschwindend kleine intellektuelle Schicht vertritt ernstlich die relativistische Auffassung, daß mangels eines objektiven Maßstabes für das politisch Richtige die jeweilige Mehrheit zu entscheiden habe. Unsere großen Parteien hingegen nehmen für ihre Ideen Absolutheit in Anspruch und haben insofern eine Tendenz zum Totalitären. Sehr deutlich war das stets bei der Sozialdemokratie, die nur insofern demokratisch ist, als sie damit rechnet, daß sich irgendwann einmal die Mehrheit des Volkes von der Richtigkeit des Sozialismus überzeugen werde und dann keine andere politische Richtung mehr daneben Geltung haben könne. Beim früheren Zentrum und bei den heutigen christlichen Parteien findet das Mehrheitsprinzip neben dem Absolutheitsanspruch der christlichen Lehre nur eine rein taktische Anerkennung, insofern als diese Parteien infolge ihrer Mittelstellung zwischen rechts und links Aussicht haben, stets an einer Mehrheitsbildung beteiligt zu sein.

Wir können die außerordentlich verwickelte Frage, an welche Voraussetzungen eine echte Anerkennung des Mehrheitsprinzips gebunden ist und welche Aussichten für seine künftige Geltung bestehen, hier nicht weiter verfolgen. Ein Überblick über die allgemeine Entwicklung demokratisch-parlamentarischer Regierungen in den letzten 100 Jahren läßt aber durchschnittlich den Schluß zu, daß das Mehrheitsprinzip nur noch in Ländern mit gesicherten, bevorzugten Lebensbedingungen funktioniert, in denen es bereits im Zeitalter der bürgerlichen Gesellschaft Gelegenheit gehabt hat, sich zu bewähren und traditionelle Formen auszubilden, die sich dann auch neuen sozialen Gegebenheiten unmerklich anpassen können. In Ländern, in denen diese Voraussetzung fehlt, scheint das Mehrheitsprinzip heute keine Aussichten mehr zu haben, im Volksbewußtsein zu verwurzeln. Die äußere Einführung demokratischer Verfassungsformen bedeutet dann für jeden Volksteil einen Anreiz, mit den Mitteln der Organisation und Propaganda sich eine Mehrheit oder auch nur eine Scheinmehrheit im Parlament zu verschaffen und sie zur rücksichtslosen Durchsetzung eigener Gruppeninteressen zu benutzen. Da es lohnender ist, als Minderheit eine Mehrheit zu beherrschen und auszubeuten als umgekehrt, geht die Tendenz dahin, den Kreis der an der Herrschaft Beteiligten nicht weiter auszudehnen, als es zur Erringung einer formalen Scheinmehrheit nötig ist. Wir können hiernach bisher drei Phasen in der Entwicklung des Mehrheitsprinzips unterscheiden: In der ersten Phase, die dem Zeitalter der bürgerlichen Gesellschaft entspricht, werden Mehrheitsbeschlüsse noch im echten Sinne als verpflichtend anerkannt, als das relativ beste Mittel, das dem Gemeinwohl Zuträglichste festzustellen. In der zweiten Phase, beginnend mit dem Auftreten sozialistischer Parteien und der interessenmäßigen Spaltung im Bürgertum, fügt man sich zwar noch dem Mehrheitsbeschluß, aber ohne das Gefühl innerer Verpflichtung. Die Mehrheit erscheint lediglich als die stärkere Macht im Kampf der Interessen. Die überstimmten Volksteile versuchen mit außerparlamentarischen Machtmitteln (Generalstreik, wirtschaftlichem oder sozialem Druck) Einfluß zu gewinnen. In der dritten Phase, die nach dem ersten Weltkrieg allmählich einsetzt, hört auch die Anerkennung der Mehrheit als bloßem Machtfaktor auf, weil man erkannt hat, daß die Mehrheit nicht einmal den Vorzug der Macht auf ihrer Seite hat. Man hat die Mittel der Organisation und Propaganda so zu benutzen gelernt, daß auch kleine Gruppen als Stoßtrupps durch ihre Geschlossenheit und Geschicklichkeit zu Machtfaktoren werden und sich eine Scheinmehrheit erringen können, sofern man auf eine solche überhaupt noch Wert legt. Heute finden wir Elemente aller drei Phasen in den verschiedenen Ländern nebeneinander. Eine echte Anerkennung von Mehrheitsbeschlüssen ist nur noch in solchen Völkern festzustellen, in denen aus dem Zeitalter der bürgerlichen Gesellschaft moralische Bindungen der gegenseitigen Achtung und Anerkennung zwischen den Parteien weiterwirken. Wo diese Tradition nicht vorhanden ist, können anscheinend auf dem Boden des formalen Mehrheitsprinzips solche moralischen Bindungen nicht mehr neu entstehen. Das Mehrheitsprinzip wird hier als reine Vergewaltigung des Schwächeren durch den an Zahl oder Stoßkraft Überlegenen empfunden.

V. Wachsende Bedeutung und Ausweitung des Rechtsstaatsgedankens.

Was bedeutet nun diese allmähliche Zersetzung des Mehrheitsprinzips für unser Problem des Rechtsstaates? Es bedeutet, daß, nachdem schon die eine Säule des liberal-demokratischen Rechtsstaates, der naturrechtliche Glaube an ewige Freiheitsrechte brüchig geworden ist, nun auch das zweite Element schwindet, die Möglichkeit, durch den Volkswillen positives Recht, allgemein anerkannte Rechtsnormen, zu schaffen. Fehlen aber eindeutig feststellbare Rechtsnormen, dann verliert auch die Gewaltenteilung und die Rechtsprechung durch unabhängige, nur dem Gesetz unterworfene Richter ihren bisherigen Sinn. Der Rechtsstaat ist damit vor eine ganz neue Situation gestellt. Wenn ihm weder ein allgemein anerkanntes Naturrecht noch eine allgemein anerkannte Methode positiver Rechtserzeugung zu Gebote steht, fragt es sich, woher er nun die Maßstäbe für seine Rechtsfindung nehmen soll.

Der klassisch liberal-demokratische Rechtsstaat hatte in seiner logischen Geschlossenheit, durch die Art, wie er Freiheit, Volkswillen und unabhängige Rechtsprechung zu einem harmonischen Ganzen zu vereinigen wußte, eine ungeheure Anziehungskraft ausgeübt, die auch heute weiterwirkt, wo dieses System im Rechtsbewußtsein des Volkes verwurzelt ist. Aber die Voraussetzungen, unter denen dieses System entstanden ist, sind heute geschwunden. Wenn Freiheitsrechte keine feste Größe mehr sind und Mehrheitsbeschlüsse keine Gewähr für Gerechtigkeit mehr bieten, dann kann die Rechtsprechung ihre Aufgabe nur noch erfüllen, wenn sie in sich selbst, in ihrer eigenen Tradition, in den von ihr entwickelten Methoden unparteilicher Rechtspflege, klare Maßstäbe der Gerechtigkeit zu erzeugen imstande ist.

Bis hierher war es meine Aufgabe, zunächst einmal die düsteren Seiten des Bildes aufzuzeigen, die Gefahr eines rechtlichen Nihilismus, für den es weder ewiges Naturrecht noch verbindliches positives Recht gibt, weil ihm beide als willkürliche Setzungen der Macht, als ideologische Verbrämungen von Vergewaltigung erscheinen. Das war nötig, um die ungelöste Aufgabe, vor die der heutige Rechtsstaat gestellt ist, deutlich zu machen. Diesen Gefahren gegenüber, die klar gesehen werden müssen, ist nun aber auf der anderen Seite zu sagen, daß es auch heute ein lebendiges Rechtsbewußtsein gibt, rechtliche Bindungen, die stark genug sind, die Handlungen der Menschen zu bestimmen und sie vor Versuchungen zu schützen. Es sind zum Teil altüberlieferte Bindungen, zum Teil entstehen sie neu vor unseren Augen. Sie haben aber wenig zu tun mit jenen Methoden der Rechtserzeugung, die unsere geschriebenen Verfassungen als die normalen ansehen. Das lebendige Recht wird nicht von oben durch abstrakte Normen gesetzt, sondern es wächst von unten, in kleinen Gemeinschaften. Im Amtsbereich jedes Richters, der es versteht, die Menschen wenigstens von der allgemeinen Tendenz der Gerechtigkeit seiner Entscheidungen zu überzeugen, wächst ein solches Rechtsbewußtsein, gleichgültig, ob die Rechtsprechung auf geschriebenem Recht beruht oder nur aus dem Gerechtigkeitssinn des Richters fließt. Ein Bürgermeister, der heute die Fähigkeit beweist, zwischen Einheimischen und Neubürgern ein Verhältnis gegenseitiger Hilfe und Ergänzung herzustellen, und der durch sichtbare Erfolge bei allen Beteiligten das Gefühl weckt, daß eine neue Gemeinschaft im Werden ist, erzeugt in seiner Gemeinde ein lebendiges Rechtsbewußtsein. In räumlich größerem, sachlich beschränkterem Rahmen kann es z. B. einem Schlichter gelingen, Spannungen zwischen Unternehmern und Arbeitern zu überwinden, nicht durch faulen Kompromiß, durch bloßes Halbieren der beiderseitigen Ansprüche, sondern durch schöpferische Vorschläge, von denen beide Teile Nutzen haben. Das Charakteristische aller dieser Beispiele ist, daß hier gerade nicht, wie bei den Methoden der formalen Demokratie, die Entscheidung auf der Überstimmung einer Minderheit durch eine Mehrheit beruht, sondern daß Menschengruppen, zwischen denen Spannungen bestehen, unter gerechtem Ausgleich der Gegensätze einander näher gebracht werden. Hier haben die im Rechtsstaat ausgebildeten Methoden, das Anhören der Beteiligten, das sachliche Prüfen ihres Vorbringens, das Entscheiden oder Vermitteln durch Unparteiische, also Methoden, die zunächst dazu bestimmt waren, vorhandene Rechtsnormen gerecht anzuwenden, darüber hinaus die Fähigkeit bewiesen, auch neues Recht zu erzeugen. Prozessuale Formen, die geschaffen waren, um einen Rechtsstreit zwischen A und B zu entscheiden, werden benutzt, um die Interessen ganzer Bevölkerungsgruppen gerecht gegeneinander auszugleichen.

Es vollzieht sich also vor unseren Augen eine Gewichtsverlagerung zwischen den drei Elementen des klassischen liberal-demokratischen Rechtsstaates. Die brüchig gewordenen beiden Bestandteile, die auf dem Papier festgelegten, aber in der Wirklichkeit problematischen Freiheitsrechte und das Mehrheitsprinzip treten in den Hintergrund. Ihre Funktionen werden zum Teil von dem im engeren Sinne rechtsstaatlichen Element, dem was der Amerikaner Due Process of Law nennt, mit übernommen. Gesetzgebung und Verwaltung funktionieren dann am besten, wenn sie möglichst den Methoden unparteiischer, sachlich klärender Rechtssprechung folgen. In den meisten Ländern, in denen formal das Mehrheitsprinzip als Grundlage der Staatsgewalt herrscht, können wir heute beobachten, daß es entweder nur noch als reines Machtprinzip wirkt — dann geht das Rechtsgefühl und die Bereitschaft, den Gesetzen zu gehorchen, allmählich zugrunde —, oder daß sich unter den äußeren Formen von Mehrheitsbeschlüssen ein neuer Geist durchsetzt, der nicht mehr auf der Überstimmung eines Volksteiles durch einen anderen, sondern auf schiedsrichterlichem Ausgleich, auf Überwindung von Spannungen, auf Zusammenfassung von Gliedern zu einem Ganzen beruht. Die in Gruppen gegliederte Gesellschaft des 20. Jahrhunderts, die an die Stelle der homogenen bürgerlichen Gesellschaft des 19. Jahrhunderts getreten ist, fordert neue Staatsgestaltungsprinzipien. An die Stelle des Mehrheitsprinzips tritt entweder die rein machtmäßige Durchsetzung eines Volksteils gegen den anderen, wie es am schärfsten ausgeprägt in den totalitären Stoßtruppherrschaften nationaler oder proletarischer Färbung der Fall ist, oder das Bedürfnis nach schiedsrichterlichem Ausgleich.

Stoßtrupp und Schiedsrichter sind die charakteristischen neuen Elemente im Staat des 20. Jahrhunderts, nicht mehr das Mehrheitsprinzip, das nur noch aus dem 19. Jahrhundert mehr oder weniger nachwirkt. In Ländern, in denen der Übergang vom 19. zum 20. Jahrhundert sich ohne Bruch vollzogen hat, ist allerdings diese Wandlung in den Grundlagen der Staatsordnung eine unmerkliche. So beruht z. B. im heutigen Amerika die demokratische Willensbildung nicht mehr auf einer Diskussion von Meinungen über das Gesamtwohl, sondern auf dem Wirken großer gegensätzlicher Interessengruppen mit wirtschaftlich-sozialen Druckmitteln (Pressure groups)[2]. Aber ihr Einfluß auf die politischen Entscheidungen vollzieht sich nicht wie bei uns in Deutschland, wo meist bestimmte Interessengruppen mit bestimmten Parteien gekoppelt sind und die Abstimmung nach Parteien zugleich den Sieg bestimmter Interessen über andere bedeutet, sondern die beiden großen Parteien sehen sich genötigt, allen Interessengruppen nach Möglichkeit gerecht zu werden. In den Parteien selbst vollzieht sich der schiedsrichterliche Ausgleich; der Kampf der Parteien ist in gewissem Sinn ein Wetteifer um die größtmögliche Befriedigung der Ansprüche aller Gruppen. Das ist in Amerika möglich, weil die Parteigruppierung noch aus dem Zeitalter der bürgerlichen Gesellschaft stammt. In England ist das schon nicht mehr der Fall. Aber dort wirken auch in der Labour-Party die Traditionen der alten Parteien im Sinne sportlichen Wetteifers in staatsmännischen Leistungen weiter. Bei unseren deutschen Parteien, die erst in Zeiten der wirtschaftlich-sozialen Spaltung ihr Gesicht erhalten haben, ist eine solche Entwicklung nach allen bisherigen Erfahrungen nicht mehr zu erwarten.

VI. Der Rechtsstaatsgedanke in Deutschland.

Wenden wir uns nun zu den Besonderheiten unserer deutschen Lage. Wir haben bisher eine Entwicklung verfolgt, die vom klassischen liberal-demokratischen Rechtsstaat des Westens ausgeht und insofern auch für uns gilt, als unsere heutigen geschriebenen Verfassungen am Idealbild dieses Staatstypus orientiert sind. Aber dieses Staatsbild ist nicht aus unserer eigenen geschichtlichen Entwicklung hervorgegangen, sondern seit der französischen Revolution in mehreren Schüben als Fremdkörper bei uns eingedrungen und niemals heimisch geworden. Angesichts der Krise, in die der westliche Staatstypus auch in seinen Heimatländern gerät und die zu einer Gewichtsverlagerung zugunsten des rechtsstaatlichen Elements führt, ist es nun von Bedeutung, daß wir

[2] Vgl. Linden, Pressure Groups, Diss. Marburg 1949, und das dort verwertete amerikanische Schrifttum, insbes. die Bücher von Childs und Herring, sowie Werner, Rettung der Demokratie durch die Verwaltung? DV. 1950, S. 107 ff.

in unserer Geschichte eine eigene rechtsstaatliche Tradition haben, die sich dadurch von der des Westens unterscheidet, daß sie von Hause aus den Rechtsstaat nicht mit dem liberalen und dem demokratischen Element verbunden hat. Das legt uns die Frage nahe, ob wir nicht in der Weiterführung unserer eigenen rechtsstaatlichen Überlieferung Möglichkeiten haben, die nicht mit den Krisen des liberal-demokratischen Rechtsstaates belastet sind.

Unser deutscher Rechtsstaat geht in die ältesten Zeiten zurück, wo der Fürst als Wahrer von Recht und Frieden innere Gegensätze überbrückt, führt dann im Ständestaat zu einem Rechtsschutz durch die Gerichte des Reiches und hat eine moderne Ausprägung vor allem in Preußen erhalten, wo er in der Legende der Mühle von Sanssouci seinen symbolischen Ausdruck gefunden hat. Dieser Rechtsstaat geht nicht, wie der des Westens, von der Freiheit des Individuums aus, sondern von der Ordnung der Gemeinschaft. In seiner preußischen Form beruht er auf dem landesväterlichen Geist des Luthertums. Der König bindet seine Beamten im Interesse der Ordnung zunächst an strenge Instruktionen (so Friedrich Wilhelm I.). Er unterwirft sich dann selbst dieser Ordnung und bildet sie in der Kodifikation des Allg. Landrechts zu einer wirklichen Rechtsordnung weiter (Friedrich der Große). Unter schwächeren Monarchen ist später das Beamtentum zum eigentlichen Träger des Staates geworden. Die leitende Idee dieser Ordnung ist der gerechte Ausgleich zwischen den verschiedenen Gliedern des Volkes („suum cuique"), zunächst zwischen Adel und Bürgertum, später zwischen Bürgertum und Arbeiterschaft, zwischen Landwirtschaft und Gewerbe, ebenso aber auch zwischen den Konfessionen, allerdings nicht im Sinne formaler Gleichheit, sondern ausgewogener Zuweisung von Rechten und Pflichten je nach der Eigenart jedes Gliedes im Volksganzen. Dieses Bild eines gegliederten Organismus zieht sich durch die ganze deutsche Geschichte. Auf ihm beruht bis heute im wesentlichen das lebendige Rechtsbewußtsein unseres Volkes. Die für den Westen charakteristischen Forderungen der Freiheit des Individuums und der Gesetzgebung durch den Volkswillen waren dem deutschen Rechtsstaat von Hause aus fremd. Aber die deutsche Entwicklung hat in anderer Art mit der gesamteuropäischen Wandlung Schritt gehalten. In der Person des Frhr. v. Stein verkörpert sich das Fortschreiten des reinen Obrigkeitsstaates zu demjenigen Grad und Maß persönlicher Freiheit, das mit der Ordnung der Gemeinschaft verträglich ist, und zu aktiver Mitarbeit des Bürgers am öffentlichen Leben in Formen, die den Gefahren des westlichen Parlamentarismus vorbeugen. Diese Entwicklungslinie ist später nicht weitergeführt worden. Die Anziehungskraft der rationalen Geschlossenheit des westlichen Staatsbildes war zu stark, als daß sich die in geschriebener Verfassung kaum fixierbare Ordnung im

Sinne Steins hätte durchsetzen können. Heute sehen wir deutlicher, als es im 19. Jahrhundert möglich war, daß diese Übernahme fremder Formen doch nur eine sehr äußerliche, rein verstandesmäßige geblieben ist, daß sie nicht bis in die Tiefenschichten unseres Rechtsbewußtseins gedrungen ist. Das unverbundene Nebeneinander von eigener Überlieferung und rezipiertem, aber nicht assimiliertem Fremden hat aber auch bei uns zu schwereren Krisen geführt als in den Ursprungsländern der modernen Demokratie. Unsere Parlamente sind niemals zu „Vertretungen des ganzen Volkes", sondern zum Ausdruck der Zerrissenheit des Volkes geworden, nicht zu Auslesestätten staatsmännisch führender Persönlichkeiten, sondern zum Betätigungsfeld von Agitatoren, die die natürlichen Gegensätze verschärfen und doktrinär versteifen. Parlamentsbeschlüsse werden vom größten Teil des Volkes, nicht nur von der überstimmten Minderheit, sondern auch von den Anhängern der an der Mehrheit beteiligten Koalitionspartner, nicht als Ausdruck ihres Willens, sondern als Sieg fremder Interessen empfunden. Beamte mit volksnahen Funktionen, wie Amtsrichter oder Bürgermeister, sind durchschnittlich enger mit dem Volksganzen verbunden als Parlamentarier, die jeweils nur einen Volksteil vertreten und dem anderen, sehr viel größeren, als erklärte Feinde erscheinen. Der ernannte Beamte kann sich bei persönlicher Tüchtigkeit leichter allgemeines Vertrauen und den Ruf der Unparteilichkeit erwerben als der im Parteikampf gewählte, der erst das Vorurteil der anderen Parteien überwinden muß.

Daß der Rechtsstaatsgedanke in Westeuropa mit dem Parlamentarismus, bei uns aber mit Monarchie und Beamtentum verkoppelt war, hängt auch mit den Unterschieden in der geistesgeschichtlichen Lage der Entstehungszeit dieser Institutionen zusammen. Bis gegen Mitte des 19. Jahrhunderts war noch die religiös-sittliche Gemeinschaftshaltung des mittelalterlichen Christentums und der Reformation lebendig, teils in ihrem alten traditionellen Bestand, teils in der säkularisierten Form der Humanitätsethik von Aufklärung und Idealismus nachwirkend. In der zweiten Hälfte des 19. Jahrhunderts zerstörte die fortschreitende Säkularisierung in Verbindung mit naturwissenschaftlichem Denken weithin den Glauben an letzte allgemeingültige Wertmaßstäbe und ersetzte ihn durch kausal-technisches Klugheits- und Erfolgsdenken. Die staatlichen Institutionen haben bis heute in den verschiedenen Ländern und Völkern die Merkmale der geistesgeschichtlichen Periode bewahrt, der sie ihren Ursprung verdanken. In den angelsächsischen Ländern sind Demokratie und Parteien mit christlichem Gemeinschaftsgeist erfüllt, in Frankreich mit dem des Naturrechts der Aufklärung und des Rationalismus. Bei uns haben die Parteien ihre entscheidende Prägung erst in einer Zeit des Wertrelativismus und des Erfolgsdenkens erhalten. Der Parteikampf ist zu einem Machtkampf zwischen ideellen oder materiellen Interessengruppen geworden, die durch nichts Gemeinsames mehr verbunden sind. Umgekehrt haben sich bei uns in Monarchie und Beamtentum die religiösen und sittlichen Kräfte ihrer Ursprungszeit entfalten können: landesväterlicher Dienst am Ganzen, letzte Verantwortung vor dem eigenen Gewissen. Das später entstandene angelsächsische Beamtentum erscheint demgegenüber im Sinne kausal-technischen Denkens als fachmännisch ausführendes Organ des parlamentarisch festgestellten Volkswillens. Diese Unterschiede in der Entstehungszeit der demokratischen Institutionen einerseits, des Berufsbeamtentums andererseits bestimmen bis heute entscheidend ihren Geist und ihre Rolle im Rechtsbewußtsein des Volkes.

Der Rechtsstaatsgedanke im Sinne gerechter, sachlicher, unparteiischer Entscheidung von Gegensätzen ist also der zwischen uns und dem Westen gemeinsame, allgemein anerkannte Wert. Das Unterscheidende ist die Koppelung des westlichen Rechtsstaates mit dem liberalen und demokratischen Gedanken. Vom Westen her gesehen mag es deshalb so scheinen, als wenn uns überhaupt die rechtsstaatliche Haltung fehlte und von jeher gefehlt habe, und durch die Erfahrungen mit dem Nationalsozialismus ist diese Auffassung des Westens scheinbar besonders nachdrücklich bestätigt worden. Tatsächlich ist aber auch in nationalsozialistischer Zeit im größten Teil des deutschen Volkes das rechtsstaatliche Gefühl nie zerstört worden. Daß es bis zum Zusammenbruch lebendig war, zeigt sich gerade darin, daß die nationalsozialistische Führung sich genötigt sah, besonders schwere Verstöße gegen den Rechtsstaat im geheimen durchzuführen. Auch unter Nationalsozialisten selbst wurde der Wert des Rechtsstaatlichen im allgemeinen nicht bestritten, sondern die Überwindung des „liberalen Gesetzesstaats" gefordert. Wenn unter dem Nationalsozialismus tatsächlich die rechtsstaatliche Sicherheit fast völlig zerstört worden ist, so liegt das daran, daß das rechtsstaatliche Element praktisch in die Verneinung von Liberalismus und Demokratie mit hineingezogen worden war. Um so stärker ist aber nach dem Zusammenbruch das Bedürfnis nach Wiederherstellung des Rechtsstaates erwacht. So können wir heute über alle parteipolitischen und sonstigen Gegensätze hinweg den Rechtsstaatsgedanken als die zentrale gemeinsame Forderung aller Richtungen in Deutschland ansehen.

Wenn wir nun vor die Frage gestellt sind, inwieweit wir bei der Erneuerung unserer rechtsstaatlichen Ordnung unsere eigene Überlieferung weiterführen sollen und inwieweit wir Veranlassung haben, von anderen Völkern zu lernen, müssen wir uns Rechenschaft geben, wo die Wurzeln des lebendigen Rechtsgefühls bei uns liegen. Es genügt nicht, daß wir in einer geschriebenen Verfassung Bestimmungen darüber haben, auf welche Weise verbindliche Rechtsnormen zustande kommen; sondern die Frage ist, inwieweit bei uns Parlamentsbeschlüsse, behördliche Anordnungen, richterliche Entscheidungen wirklich imstande sind, ein Gefühl rechtlichen Verpflichtetseins zu erzeugen. Über solche Frage läßt sich natürlich nichts exakt Beweisbares aussagen. Aber wir müssen uns ein Urteil darüber bilden, wenn wir der Ausbreitung eines rechtlichen Nihilismus begegnen wollen. Vielleicht kann hier neben der Erfahrung im praktischen Rechtsleben auch eine rechtssoziologische Forschung, die uns bisher fast völlig fehlt, von Nutzen sein. Wir dürfen uns aber diese Forschungsaufgabe nicht zu einfach vorstellen. Es genügt nicht, die rechtlichen Vorstellungen der Menschen etwa durch Befragen statistisch zu ermitteln; sondern es kommt auf die mehr unterbewußten Motivkräfte und Bindungen an, die das tatsächliche Handeln der Menschen bestimmen. Steuermoral, Verstöße gegen Wirtschaftsbestimmungen, aber auch Jugendverwahrlosung, Ehezerwürfnisse und dergl. bieten heute eine Fülle von Beobachtungsmaterial für die Klärung der Frage, mit welchen Mitteln es möglich oder nicht möglich ist, Bindungen zu erzeugen, die den Versuchungen des Lebens standhalten. Jedenfalls müssen wir uns bewußt sein, daß die Wirklichkeit unseres Rechtslebens vielfach überdeckt und verfälscht wird durch Vorstellungen vom formalen Gelten von Rechtsnormen, die nicht bis in das Innere der menschlichen Haltung dringen.

Bevor ich abschließend die praktischen Folgerungen für unser künftiges rechtsstaatliches Leben zu ziehen versuche, sei noch ein Blick auf die seelische Lage geworfen, in der sich heute solche Bemühungen vollziehen. Seit dem Zusammenbruch im ersten Weltkrieg haben wir noch zu keiner Zeit wieder eine Gleichgewichtslage unseres Gemeinschaftslebens erlangt, wie sie normalerweise die Voraussetzung für eine dauerhafte, in sich ausgeglichene Volksordnung bildet. Alle politischen Grundentscheidungen werden seitdem mitbestimmt von der Schockwirkung des Zusammenbruchs und seiner Folgen. Es fehlte die Möglichkeit echten Vorwärtsschreitens auf Grund ruhig verarbeiteter Erfahrungen aus unseren Erfolgen und Fehlschlägen. Vieles, was als Fortschritt, als entschiedene Abkehr von erkannten Fehlern erscheint, ist in Wahrheit nur Ausdruck der Hilflosigkeit, ein Greifen nach einem Rettungsanker ohne klare Rechenschaft, ob er uns auch wirklich Halt gibt. Das ist mehr noch als im Bonner GrG. in den unmittelbarer vom Zusammenbruch berührten Länderverfassungen von 1946 zu spüren; in den krampfhaften Versuchen, einer Wiederkehr totalitärer Regierungsformen durch Verbot von Diktatoren zu begegnen, und in dem feierlichen Proklamieren von Freiheitsrechten, von denen klar war, daß sie für absehbare Zeit nur auf dem Papier stehen konnten. Bedenklicher als diese offensichtlichen Symptome der Hilflosigkeit ist das Sich-Anklammern an fremde Vorbilder, die Vorstellung, als seien wir „rückständig" und müßten jetzt die westeuropäische Entwicklung nachholen, indem wir unter völlig veränderten Verhältnissen dasselbe tun, was die Väter der modernen Demokratie vor 150 Jahren getan haben.

Wir leben gegenwärtig in einer sehr labilen seelischen Situation. Die aus dem 19. Jahrhundert überkommenen Formen staatlicher Ordnung passen nicht mehr in die Gegenwart und sind in der ganzen Welt in mehr oder weniger schwere Krisen geraten. Eine neue Ordnung wird zwar schon in gewissen Ansätzen sichtbar, aber es sind erst vereinzelte Bruchstücke des Neuen, die sich noch nicht einmal gedanklich zu einem geschlossenen Gesamtbild zusammenfügen lassen. Dieses Leben in einer Übergangsperiode zwischen zerbrochenem Alten und unfertigem Neuen ist eine Gefahrenquelle sowohl für die äußere Ordnung wie für den inneren Menschen und gibt unverantwortlichen Kräften Chancen der Machtgewinnung. Deshalb brauchen wir zunächst einen Notbau, um so schnell wie möglich wenigstens ein Minimum rechtsstaatlicher Sicherheit wiederzuerlangen. Unter diesem Gesichtspunkt rechtfertigt es sich, daß in Bonn noch einmal die typischen Formen geschriebener Verfassung im Sinne des klassischen Rechtsstaates des 19. Jahrhunderts erneuert worden sind, obwohl wir kaum ernstlich damit rechnen dürfen, daß sie im 20. Jahrhundert noch mit Leben erfüllt werden können. Als vorläufige äußere Bindung haben sie trotzdem den Wert, daß sie uns ohne revolutionären Bruch einen geordneten allmählichen Übergang zu neuen Einrichtungen ermöglichen. Aber wir dürfen uns durch diese Anerkennung des Grundgesetzes als einer vorläufigen verbindlichen Ordnung nicht den Blick dafür trüben lassen, daß die tragenden Ideen dieser Ordnung der Vergangenheit angehören und daß wir nun erst die Tatbestände der Gegenwart hinreichend klären müssen, um eine ihnen angemessene dauerhafte neue Ordnung aufbauen zu können. Neben der Staatsrechtslehre alten Stils brauchen wir eine neue Staatsgestaltungslehre.

VII. Die Zukunft des Rechtsstaatsgedankens.

Ich hatte die Frage aufgeworfen, in welchem Verhältnis der Rechtsstaatsgedanke zu den anderen tragenden Ideen des demokratischen Staates steht und welche Folgerungen aus der Tatsache zu ziehen sind, daß das liberale und das demokratische Element problematisch geworden sind. Dem Rechtsstaat im klassischen (liberal-demokratischen) Sinne ist eine wesentliche Grundlage entzogen, wenn er nicht mehr mit naturrechtlichen und mit positivrechtlichen Normen als festen Größen rechnen kann. Die

Erkenntnis, daß Freiheitsrechte nicht in einer für alle Zeiten bindenden Weise festgelegt werden können, daß aber die Entscheidung durch Mehrheitsbeschluß die Gefahr der Willkür in sich trägt, hat in den Mittelpunkt des Rechtsstaates das Bedürfnis nach einer höchsten unparteiischen Instanz gerückt, auf deren gerechte Entscheidung das ganze Volk vertrauen kann. Wie können wir zu einem solchen „Hort der Verfassung" gelangen? Die amerikanische Verfassung hat in gewissem Sinne über den Mehrheitswillen des Parlaments den Supreme Court gestellt, aber nur als letzte Rechtskontrolle an Hand der geschriebenen Verfassung. Heute genügt nicht mehr dieser formal-staatsrechtliche Schutz der Verfassung. Wir brauchen einen Hort der Gerechtigkeit in höherem Sinne, weil sich nicht mehr vorher normenmäßig festlegen läßt, worin die Gerechtigkeit inhaltlich bestehen soll.

Wir sind hier an dem Punkt angelangt, wo es deutlich wird, daß ein Schutz gegen Willkür und Rechtsbruch mit rein institutionellen Mitteln überhaupt nicht zu erreichen ist. Die Überwachung einer Instanz durch eine höhere findet an der Spitze des Staates ein natürliches Ende. Es ist die alte unlösbare Frage: Quis custodit custodem? Die moderne Demokratie glaubte in ihrer Ursprungszeit, als man noch mit dem einheitlichen Volkswillen als einer Realität rechnete, im Volke selbst diesen höchsten, nicht mehr überwachungsbedürftigen Wächter über alle Machtträger gefunden zu haben. Da wir heute statt des einheitlichen Volkswillens die auseinanderstrebenden Volksteilwillen vor uns haben, ist der Mehrheitsbeschluß das ungeeignetste Mittel geworden, die Teile des Volkes zu einem Ganzen zusammenzufügen. Wir müssen jetzt der Tatsache klar ins Auge sehen, daß die letzte Bindung an die Gerechtigkeit nicht durch eine Institution erreicht werden kann, sondern nur als sittliche Bindung möglich ist. Die Institutionen aber müssen danach beurteilt werden, inwieweit sie die Entwicklung solcher sittlichen Bindungen fördern oder hemmen. Vergleichen wir in diesem Sinne Parlament, Regierung und Gericht, so finden wir in dem parteigespaltenen, von den Erfolgen des Wahlkampfes abhängigen Parlament die relativ geringste sittliche Hemmung gegen die Ausnutzung der Macht, sofern nicht aus früheren Perioden Traditionen weiterwirken, die aber in der Gegenwart anscheinend nicht mehr neu entstehen können. Beim Parlament ist auch die Scheu vor notwendigen unpopulären Maßnahmen am größten. Eine Regierung, ein Kollegium aus den verantwortlichen Leitern der einzelnen Geschäftszweige, zeigt demgegenüber eine stärkere Gebundenheit an die Sache. Die zu lösenden Aufgaben bilden eine natürliche Quelle von Verantwortungsgefühl[3]). Aber die Gefahr ist hier, daß um der Sache

3) Besonders deutlich ist das heute auf dem Gebiet des Finanz- und Haushaltswesens, wo sich das Verhältnis zwischen Regierung und Parla-

willen, im Interesse des zu erreichenden Zieles, die Rücksicht auf die betroffenen Menschen vernachlässigt wird. Das Gericht, das an Anhörung aller Beteiligten und an sachliche Prüfung ihres Vorbringens gewöhnt ist, trägt als Institution am stärksten in sich selbst die Garantie der Gerechtigkeit und Unparteilichkeit. Grenzen sind der Justiz allerdings gesetzt durch die Schwerfälligkeit des Verfahrens, das notwendig ist, um sicherzustellen, daß Niemandem Unrecht geschieht. Deshalb lassen sich nicht alle Funktionen der Regierung und Verwaltung justizförmig durchführen. Überall, wo ein schnelles Eingreifen durch tatkräftige erfahrene Fachbeamte notwendig ist, brauchen wir Formen, die von denen der Justiz wesensverschieden sind. Das Interesse der Gerechtigkeit muß dann darauf beschränkt werden, ungerechtfertigte Eingriffe nachträglich rückgängig zu machen und Schäden zu vergüten.

Ganz anders aber steht es mit den Aufgaben der Gesetzgebung. Hier ist durchaus Raum für ein sorgfältiges justizförmiges Verfahren, und tatsächlich wird heute bei der Ausarbeitung von Gesetzen in Ministerien oder Parlamentsausschüssen in weitestem Maße von den Mitteln der Anhörung aller Beteiligten und sachlicher Nachprüfung der Tatsachen Gebrauch gemacht. Die gesetzgeberische Entscheidung von Fragen, in denen große Gruppen der Bevölkerung, Unternehmer und Arbeiter, Produzenten und Konsumenten, Stadt und Land, Groß- und Kleinbetriebe sich gegenüberstehen, ist einem gerichtlichen Prozeß in vergrößertem Maßstab zu vergleichen. Im Hinblick auf die Tragweite der Entscheidungen und die Größe des von den Gesetzen betroffenen Menschenkreises sind hier alle in der Justiz ausgebildeten Schutzmittel gegen ungerechte Entscheidungen in erhöhtem Maße am Platze. Sie sind aber wenig ausgebildet worden, so lange man einen genügenden Schutz schon darin zu sehen glaubte, daß die Gesetze vom Volk selbst gegeben werden. Nachdem wir einmal erkannt haben, daß die Vorstellung vom Volkswillen, der sich unmittelbar in ein Gesetz umgießen läßt, heute fast überall eine Illusion ist, fragt es sich, ob wir überhaupt noch Anlaß haben, bei der Gesetzgebung durch Parlamente stehen zu bleiben, und ob wir diese Aufgabe nicht mehr und mehr auf justizförmig arbeitende Behörden übertragen sollen. Die Vorstellung von der Wesensverschiedenheit der an feste Rechtsnormen gebundenen Justiz und der frei nach politischen Wertungen entscheidenden Gesetzgebung, diese Unterscheidung, die an der Wiege des klas-

ment gegenüber der Frühzeit des Parlamentarismus umgekehrt hat. Früher schien eine Kontrolle der ausgabefreudigen Regierungen durch die Parlamente nötig. Heute neigen die Parteien zu Ausgabenbewilligungen, um bestimmte Wählergruppen zu gewinnen. Die Parlamente bedürfen jetzt der Überwachung durch die Regierungen, insbesondere die Finanzminister, die ein besseres Gefühl für die Vertretbarkeit von Ausgaben und für die Begrenztheit der Steuerquellen haben.

sischen Rechtsstaates stand, wird der heutigen Wirklichkeit nicht mehr gerecht. Bei grundsätzlichen Entscheidungen sind Revisionsgerichte auch jetzt schon oft vor Fragen gestellt, auf die das positive Recht keine Antwort gibt und eine Antwort nur in gerechter Interessenabwägung und in dem Streben nach Rechtssicherheit gefunden werden kann. Die in der Justiz ausgebildeten Methoden der Anhörung und sachlichen Beweiserhebung bieten aber die relativ beste Garantie dafür, daß in den Richtern Verantwortungsgefühl und Gerechtigkeitssinn ausgebildet werden[4]).

Das 19. Jahrhundert hat vom individualistischen Standpunkt aus in vollkommenster Weise die Methoden geschaffen, um Rechtsstreitigkeiten zwischen Einzelnen oder gegen den Staat mit allen Garantien der Gerechtigkeit zu entscheiden. Das 20. Jahrhundert steht jetzt vor der Aufgabe, die erprobten Methoden gerechter Streitentscheidung auf die Spannungen zwischen den großen Gruppen des Volkes auszudehnen.

Ich habe versucht zu zeigen, daß unter den verschiedenen Elementen unserer Staatsordnung der Rechtsstaatsgedanke heute der wichtigste und am wenigsten umstrittene ist. Etwas überspitzt könnte ich sagen: Der liberale und demokratische Gedanke gehören der Vergangenheit an; sie wirken nur noch als Nachklänge aus dem 19. Jahrhundert in unsere Gegenwart hinein. Für einen späteren rückblickenden Betrachter wird vielleicht die moderne Demokratie ebenso wie die athenische als eine kurze Episode erscheinen, als ein vorübergehender Pendelausschlag nach der anderen Seite, als Antithese zu einer Zeit der Tyrannis oder des Absolutismus. Hingegen weist der Rechtsstaat in die Zukunft: Aufgaben, die mit den typischen Mitteln von Liberalismus und Demokratie, durch verbriefte Freiheitsrechte und durch Abstimmung nicht mehr gelöst werden können, werden fortschreitend zum Gegenstand justizförmiger Handhabung und richterlicher Entscheidung. Der Rechtsstaatsgedanke ist heute der gemeinsam anerkannte Wert, in dessen Bejahung die Anhänger der westlichen Demokratie und die in der deutschen Tradition verwurzelten Menschen sich finden können.

In einer von Willkür und gegenseitiger Vergewaltigung bedrohten Welt richtet sich heute das Verlangen aller Völker am stärksten auf einen gerechten Ausgleich der Interessen, sowohl im Inneren jedes Volkes wie zwischen den verschiedenen Völkern der Erde. Das Bedürfnis nach Freiheit und Selbstbestimmung findet seine natürlichen Grenzen und tritt zurück hinter dem Verlangen nach Gerechtigkeit. Auch wenn man sich über die letzten

---

[4]) Gegenüber dieser erzieherischen Kraft der Institution und der Tätigkeit ist es von sekundärer Bedeutung, ob die Richter ernannt oder gewählt werden. Die dem Wesen der Justiz am besten entsprechende Form der Auslese ist aber doch wohl, ebenso wie in der Wissenschaft, die Kooptierung.

Maßstäbe der Gerechtigkeit nicht einigen kann, erscheint es gegenüber der gewaltsamen Auseinandersetzung zwischen Klassen oder zwischen Völkern immer noch als das geringere Risiko, sich dem Schiedsspruch einer unparteiischen Instanz zu unterwerfen. Wo echte Gerechtigkeit nicht zu verwirklichen ist, bleibt dann ein Zustand äußerlicher Befriedung und relativer Rechtssicherheit die erträglichste Alternative.

So formt sich allmählich ein neues Bild künftiger Ordnung, ein Bild, das, im Gegensatz zur modernen Auffassung vom souveränen Staat, uns wieder der mittelalterlichen Vorstellung einer christlichen Weltordnung näher bringt, einem organischen Weltbild, in dem verschiedenartige Glieder ein freies Eigenleben führen, aber durch unparteiisch ausgleichende Kräfte zu einem auf gegenseitige Hilfe und Ergänzung ausgerichteten Ganzen zusammengefaßt sind. Unsere Aufgabe als Juristen und als Wissenschaftler ist es, zur Verwirklichung eines solchen Zukunftsbildes unseren Beitrag zu leisten, als Juristen, indem wir dem Rechtsgedanken überall Geltung verschaffen, als Wissenschaftler, indem wir der Leidenschaft und Einseitigkeit in den Spannungen zwischen Parteien, Klassen und Völkern eine objektive Tatsachenerkenntnis gegenüberstellen.

Leitsätze des Mitberichterstatters über Tragweite der Generalklausel im Art. 19 Abs. 4 des Bonner Grundgesetzes

1. *Art. 19 Abs. 4 und Art. 93 sind, verglichen mit Weimarer RV. Art. 107 bzw. 19, ein verstärktes Bekenntnis zum Rechtsstaatsgedanken. Zusammen mit der Betonung der Unantastbarkeit der Grundrechte und der demokratisch-parlamentarischen Formen der Willensbildung wird hier die volle Verwirklichung der demokratischen Ideenwelt im Sinne der amerikanischen Unabhängigkeitserklärung und der französischen Revolution proklamiert.*
2. *Die drei tragenden Ideen der modernen Demokratie: Maximum individueller Freiheit, Volkswille als Quelle aller Staatsgewalt, rechtsstaatliche Sicherheit, haben sich aber seit ihrer Entstehungszeit nicht gleichmäßig weiter entwickelt. Die notwendigen Begrenzungen der Freiheit und die Krisen im Parlamentarismus und Mehrheitsprinzip führen zu einer Gewichtsverlagerung zugunsten des rechtsstaatlichen Elements. Sie stellen den Rechtsstaat vor neue, heute noch nicht gelöste Aufgaben.*

3. Deutschland hat eine eigene rechtsstaatliche Tradition, die von der westeuropäisch-amerikanischen (liberal-demokratischen) teilweise inhaltlich abweicht. Sie kann angesichts der Krisen der spezifisch westlichen Elemente der modernen Demokratie erhöhte Bedeutung gewinnen.

4. Die in der Justiz erprobten Methoden (Anhörung der Beteiligten, sachliche Prüfung der Beweise, Entscheidung durch kleine Kollegien von Unparteiischen) sind geeignet, auch in Gesetzgebung und Verwaltung mehr Raum zu gewinnen. Sie können insbesondere auf die Beilegung von Spannungen organisierter Bevölkerungsgruppen ausgedehnt werden, wo das Mehrheitsprinzip als Mittel schiedsrichterlichen Interessenausgleichs versagt.

Tragweite der Generalklausel im Art. 19 Abs. 4 des Bonner Grundgesetzes (3. Aussprache)

Becker-Speyer: 1. Der Hinweis des Herrn Referenten, daß es in den Ländern der französischen Zone keine volle Generalklausel gebe, bedarf der Ergänzung und der Erläuterung. Eine volle Generalklausel gibt es nach dem Landesverfassungsrecht in Rheinland-Pfalz, Baden und Württemberg-Hohenzollern für die sog. Anfechtungssachen. Ungeregelt sind aber noch die echten Parteistreitigkeiten. Auch sind die Bezirksverwaltungsgerichte im Lande Rheinland-Pfalz noch nicht durch hauptamtliche Verwaltungsrichter besetzt, sondern werden von aktiven Verwaltungsbeamten des höheren Dienstes betreut, während das Landesverwaltungsgericht mit hauptamtlichen Verwaltungsrichtern besetzt ist.

2. Während in den Ländern der amerikanischen Zone für das dem verwaltungsgerichtlichen Verfahren vorgeschaltete Beschwerde- oder Einspruchsverfahren in gleicher Weise die Generalklausel gilt, besteht in Rheinland-Pfalz die Gefahr, daß das enumerativ geregelte Beschwerdeverfahren bei Vorschaltung vor das verwaltungsgerichtliche Verfahren die Generalklausel verfassungswidrig einengt. Gegen die Vorschaltung des Beschwerdeverfahrens an sich dürfte nichts einzuwenden sein. Insbesondere steht dies nicht im Widerspruch zu Art. 19 Abs. 4 GG. Eine solche Vorschaltung darf m. E. nur geschehen, wenn auch für die Beschwerde die gleiche Generalklausel gilt wie für die Verwaltungsgerichtsbarkeit.

3. Mir scheint, daß aber auch etwas Grundsätzliches zum verwaltungsgerichtlichen Verfahren gesagt werden muß. Der überwiegend in der deutschen Verwaltungsgerichtsbarkeit maßgebende Grundsatz des kontradiktorischen Verfahrens bedarf der Überprüfung; jene krasse Form, daß Staat und Individuum als Beklagter und Kläger einander gegenübertreten, entspricht nicht der wahren Interessenlage: Der Betroffene will nicht den Staat verklagen, sondern er will sein Recht. Das Parteienstreitverfahren mit den Rechtsfiguren des Klägers und des Beklagten war der Preis, um den der bürgerliche Rechtsstaat des 19. Jahrhunderts die Verwaltungsgerichtsbarkeit eingeführt hat. Ganz abgesehen von dem württembergischen Verwaltungsrechtspflegegesetz von 1876, das an Stelle des Parteienstreitverfahrens (wie in Österreich) die Rechtsbeschwerde kennt, kennt das bayerische

Recht im Verwaltungsprozeß nicht Kläger und Beklagte, sondern lediglich Beteiligte. Hier taucht die Frage auf, ob wir im Parteienstreitverfahren nicht vielleicht doch zu sehr das liberale Streitverhältnis zwischen Staat und Bürger konserviert haben. Denn unsere Verfassungen der Gegenwart haben sich nicht nur bemüht, das obrigkeitliche Machtverhältnis zwischen Staat und Untertan zu überwinden, sondern haben auch das liberale Streitverhältnis durch ein organisches Einordnungsverhältnis des einzelnen in Volk und Staat ersetzt.

4. Schließlich muß noch der Wandel des Rechtsstaatsbegriffs erörtert werden. Wenn von dem Herrn Korreferenten mit Recht darauf aufmerksam gemacht worden ist, daß weder der gesetzesstaatliche noch der formale Rechtsstaat unserer heutigen rechtsstaatlichen Auffassung entspricht, so muß hier auf Art. 28 Abs. 1 Satz 1 GG. hingewiesen werden, wonach die verfassungsmäßige Ordnung in den Ländern u. a. den Grundsätzen des sozialen Rechtsstaates entsprechen muß. Diese Bestimmung ist nicht nur ein Programm, sondern verpflichtet alle Organe des Staates, und zwar die Organe der Gesetzgebung, Verwaltung und Rechtsprechung, bei allen ihren Maßnahmen den Maßstab der sozialen Gerechtigkeit zu beachten. Für die Verwaltungsgerichtsbarkeit bedeutet dies insbesondere einen zusätzlichen Prüfungsmaßstab bei der Wertung von Ermessensüberschreitung und Ermessensmißbrauch. Was z. B. „unbillige Härten" sind, bleibt nicht mehr allein dem pflichtgemäßen Ermessen der Verwaltungsbehörden vorbehalten, sondern wird nach dem Maßstab der sozialen Gerechtigkeit im Rahmen der Prüfung von Ermessensfehlern nachgeprüft. Damit wird das den Verwaltungsbehörden vorbehaltene zweckgebundene Handeln nach dieser Richtung hin nachprüfbar. Der Begriff der sozialen Gerechtigkeit ist allerdings keine absolute Realität; aber das Bewußtsein, sozial gerecht behandelt worden zu sein oder nicht, ist eine Realität, der das Verwaltungsgericht nach Lage des Einzelfalles im Rahmen der Nachprüfung von Ermessensfehlern Rechnung zu tragen hat. Wenn man daher die Wandlung des Rechtsstaats in der Gegenwart deuten will, so führt sie m. E. vom gesetzesstaatlichen über den formalen Rechtsstaat der Vergangenheit zum sozialen Rechtsstaat der Gegenwart, der durch Art. 28 Abs. 1 Satz 1 GG. unmittelbar anzuwendendes Bundesverfassungsrecht geworden ist.

Laforet-Würzburg: Die Worte „durch die öffentliche Gewalt" in Art. 19 Abs. IV sollen nach den Verhandlungen die Fälle treffen, daß durch Träger der öffentlichen Gewalt, also im Hoheitshandeln, eine Rechtsverletzung der einzelnen Rechtspersönlichkeit eingetreten ist. Nicht unter Art. 19 Abs. IV fallen Ansprüche gegen den Staat oder andere Hoheitsträger aus deren fiskalischer Tätigkeit. Auch die Verletzung von sog. Reflexrechten fällt, soweit eine Klärung in den Verhandlungen des Parlamentarischen Rates eingetreten ist, nicht unter die Verletzung der Rechte. Es ist richtig, daß nach Art. 19 Abs. IV Satz 2 automatisch die Zuständigkeit der bürgerlichen Gerichte geöffnet wird, sobald die Zuständigkeit der Verwaltungsgerichte begrenzt oder beschränkt wird.

Bei der Fassung des Entwurfes des Verwaltungsgerichtsgesetzes im Heidelberger Ausschuß ist die Generalklausel für das verwaltungsgerichtliche Verfahren als unbedingte Grundlage genommen worden. Ich war mir darüber klar, daß dadurch vor allem in der ersten Zeit eine außerordentliche Überlastung der Verwaltungsgerichte eintreten kann. Das ist in Bayern auch tatsächlich erfolgt, ohne daß man durch Gewinnung von neuen Kräften für die Verwaltungsgerichte wirksam helfen konnte. Der bayerische Gesetzgeber mußte sich zu einer Novelle zum Verwaltungsgerichtsgesetz entschließen. Der bayerische Landtag stand vor der schwierigen Entscheidung, ob er mit Rücksicht auf die ungeheuere Überlastung der Verwaltungsgerichte (wenn auch nur vorübergehend für kurze Zeit) das Rechtsmittelverfahren zu Ungunsten des Beschwerdeführers ändern muß. Es fragt sich, ob noch von einem rechtswirksamen Rechtsschutz gesprochen werden kann, wenn bei der Überbelastung der Verwaltungsgerichte, insbesondere auch des Verwaltungsgerichtshofes, der Beteiligte erst nach langer Zeit eine Entscheidung erhalten kann. Es ist bedeutsam, daß trotz dieser außerordentlichen Notlage der bayerische Gesetzgeber im August 1949 an der Generalklausel schlechthin festgehalten hat.

Thoma-Bonn regt die baldige Drucklegung der Materialien zum Bonner Grundgesetz an.

v. Mangoldt-Kiel: Ich teile die Bedenken von Herrn Klein bezüglich des Satzes 2 von Art. 19 Abs. 4 und habe meine Bedenken gegen die Vielheit von formalen Sicherungen in den Beratungen des Parlamentarischen Rates nie verschwiegen. Doch sehe ich Gefahren weniger in Art. 19 Abs. 4 als im letzten Satze des Abs. 1 des Art. 19. Ich habe immer wieder darauf hinzuweisen versucht, daß ein Zuviel an rechtsstaatlichen Sicherungen dem Rechtsgedanken nur verderblich sein könne. Die justizstaatliche Hypothek des Art. 19 Abs. 4 letzter Satz ist im wesentlichen das Werk der wenigen Juristen des Allg. Redaktionsausschusses des Parlamentarischen Rats. Im allgemeinen haben sich die Juristen bei den Beratungen viel weniger durchgesetzt, als es nach dem Aussehen des Grundgesetzes den Anschein hat. Jedenfalls ist sicher nicht zutreffend, wenn das Werk von Bonn als ein Juristenwerk bezeichnet wird. Was die Frage der justizlosen Hoheitsakte betrifft, so ist sie bei den Bonner Beratungen aus Zeitmangel ungeprüft geblieben und bedarf noch einer sorgfältigen und eingehenden Spezialuntersuchung. — Das Referat von Herrn Herrfahrdt betreffend sei zum Ausdruck gebracht, daß ich die darin aufgezeigten Möglichkeiten, zu völlig neuen Formen zu kommen, aufrichtig begrüße, daß aber das Mandat der Bonner Versammlung, die ja nur aus einer mittelbaren Wahl hervorgegangen war, für Lösungen in der von Herrn Herrfahrdt empfohlenen Richtung von vornherein mehr als zweifelhaft war. Andererseits habe ich aus meiner nun schon mehrjährigen parlamentarischen Tätigkeit seit dem Anfang des Jahres 1946 den Eindruck gewonnen, daß echte Diskussionen in Parlamenten auch heute noch durchaus möglich sind, wenn sie sich auch mehr in die Ausschußarbeit verschoben haben, und daß insbesondere in einem Ausgleich zwischen den größeren Gruppen sich eine sachliche Zusammenarbeit anbahnen kann.

Drath-Berlin: Art. 19 Abs. 4 ist reichlich knapp formuliert und wird daher noch manche Frage aufwerfen. Er spricht von „jemand"; wenn man die Parallele in Art. 34 in Betracht zieht, so sind nur natürliche Personen gemeint. Für juristische Personen wird man aus dem unmittelbaren Zusammenhange mit Abs. 3 des Art. 19 die Anwendbarkeit des Abs. 4 bejahen können, soweit es sich um Verletzung von Grundrechten handelt; wie aber, wenn das nicht der Fall ist? Und wie bei den nicht rechtsfähigen Vereinen? — Art. 19 Abs. 4 spricht ferner von „öffentlicher Gewalt". Dieser Begriff ist weiter als der der „obrigkeitlichen Gewalt", wie wir aus der Entwicklung des Amtshaftungsrechts wissen. Soll der Rechtsweg ausgedehnt werden? Gewiß verlangt Art. 19 Abs. 4, daß eine Rechtsverletzung vorliegt; aber wird nicht die Tendenz begründet, auf dem Gebiete der nicht-obrigkeitlichen, wohl aber öffentlichen Verwaltung künftig subjektive Rechte anzunehmen, wo sie bisher nicht angenommen wurden? — Eine Auseinandersetzung mit Art. 142, von der Herr Klein sprach, scheint mir kaum nötig; Art. 142 hat eine andere Bedeutung, er soll m. E. vor allem den besonderen Schutz des Art. 120 der bayerischen Verfassung vor dem Verfassungsgerichtshof aufrechterhalten, wofür die Fortexistenz der bayerischen Grundrechte Voraussetzung war. (Zuruf von Herrn Klein: „Einverstanden!"). — Die Gleichsetzung „Rechtsweg = Gerichtsweg" scheint mir nicht ganz unbedenklich zu sein, wenn ich daran denke, daß eines Tages Probleme wie das der Konzernentflechtung rein deutsche Angelegenheit sein werden. Ich fürchte, daß Verwaltungs- wie auch ordentliche Gerichte es schwer haben würden, damit fertig zu werden, während bekanntlich die Schiedsgerichtsbarkeit sich großen wirtschaftlichen Problemen besser gewachsen gezeigt hat. Würde sie aber zulässig sein? Diese Frage ist wohl der Prüfung wert. — Je stärker der Gedanke des sozialen Rechtsstaates sich durchgesetzt hat, desto mehr ist die traditionelle Beschränkung der Ermessenskontrolle zum Problem geworden. Die Formulierung der Verwaltungsgerichtsgesetze der amerikanischen Zone, nach denen ein Verwaltungsakt anfechtbar ist, wenn er „nicht im Sinne des Gesetzes" liegt, böte die Handhabe für eine vorsichtige Weiterentwicklung. Wenn wir der Verwaltungsgerichtsbarkeit den Vorzug vor der Tätigkeit ordentlicher Gerichte in Verwaltungssachen geben, so doch nicht nur wegen ihrer besonderen Rechts-, sondern auch Sachkunde; sie sind selbst ein Teil der Verwaltung, sind besondere, nämlich gerichtliche Verwaltungsbehörden, die in besonderem Verfahren und mit besonderen Wirkungen tätig werden. Sie sollten wohl auch geeignet sein, Ermessenskontrolle in weiterem Umfange als bisher auszuüben. Die bisherige Begrenzung wäre wohl einmal auf ihre politische und soziale Standortgebundenheit zu untersuchen.

Aus dem Wörtchen „soweit" in Art. 19 Abs. 4 Satz 2 möchte ich den Schluß von Herrn Klein, daß in jedem Lande irgendein Rest von Verwaltungsgerichtsbarkeit immer existieren müsse, nicht ziehen. Ich nehme an, daß folgendes diesem Ausdruck zugrunde liegt: Der Bund mußte mit den Verhältnissen in allen seinen Ländern rechnen; das „soweit" will also einfach berücksichtigen, daß in dem einen oder anderen Lande nur eine begrenzte oder auch gar keine Verwaltungsgerichtsbarkeit bestehen könnte. Auch Art. 96 Abs. 1 verlangt wohl nicht einen „Unterbau" an Verwaltungsgerichten in allen Ländern des Bundes.

In „Regierungsakten", die justizlos sind, unter allen Umständen eine Negierung des Rechtsstaates zu sehen, halte ich für bedenklich. Das Reichs-Amtshaftungsgesetz von 1910 gibt doch wohl zu denken. Ich finde im Augenblick kein anderes Beispiel als die Möglichkeit von Devisen-, Währungs- oder Handelsmaßnahmen, die stets tiefe Eingriffe in zahlreiche Rechtsverhältnisse bringen und regelmäßig nicht durch Gesetz, sondern aus Gründen der Geheimhaltung usw. durch Akt der Regierung vorgenommen werden. In Fällen solcher oder ähnlicher Art kann man nicht den Rechtsweg zulassen.

Endlich kann es weder zu Art. 34 noch zu Art. 19 darauf ankommen, daß ein einzelner Beamter den fraglichen Akt vorgenommen hat; selbstverständlich kommen auch Akte von Kollegialbehörden in Frage.

Grundsätzlicher als diese kurzen Bemerkungen zum Referate von Herrn Klein sind die, die m. E. zu dem des Herrn Herrfahrdt nötig sind:

Bildet sich heute wirklich durch die Rechtsprechung eine neue Rechtsüberzeugung? Verlassen die Parteien das Gericht nicht vielmehr in dem Gefühl, daß entweder sie selbst ihre Sache „gut hingekriegt" haben oder aber daß ihnen von einsichtslosen Richtern Unrecht gesc ehen sei? Und soweit es besser steht: Bleibt das, was da an wirklicher Rechtsüberzeugung neu wächst, nicht viel zu atomisiert, weil auf die Parteien beschränkt? Eine neue Rechtsüberzeugung, die in gesellschaftlich relevanter Weise weite Kreise erfaßt, entsteht dadurch kaum. Zu Ende ist die Sache, wenn die Parteien kein Geld mehr haben oder wenn keine höhere Instanz mehr da ist, aber kaum je, weil die Parteien von dem Urteil überzeugt worden sind. Soweit das aber wirklich anders wäre, kann es doch nur sehr begrenzte Bedeutung gewinnen, wenn wir bedenken, welche geradezu ungeheuren Aufgaben der Neugestaltung nach diesem Zusammenbruche vor uns liegen. Diese Aufgaben müssen gesetzlich gelöst werden. Die Rechtsprechung reicht dazu bei weitem nicht aus, ebensowenig die Verwaltung, überhaupt kein Fachbeamtentum irgendwelcher Art. Wie kann heute das Problem des Wohnungsbaues, der Kriegsopfer-Versorgung, der Flüchtlinge usw. usw. auf andere Weise als eben gesetzlich geregelt werden? Eines Tages wird die Überwindung des Gegensatzes zwischen den Verhältnissen der Ostzone und des Westens vor uns stehen. Entscheidungen von so eminenter Bedeutung kann man nicht einem pouvoir neutre überlassen. Ich sehe also ganz davon ab, ob wir wirklich annehmen können, daß unsere Beamtenschaft mit dem Volke besser verbunden ist, als es unsere Parteien leider sind. Ich verweise nur noch darauf, daß so andere Faktoren wie etwa das Christentum und der Sozialismus um viele dieser Fragen, die uns aufgegeben sind, ringen, indem sie sich zunächst nicht einmal auseinander-, sondern vielmehr zusammensetzen. Ich verweise nur noch darauf, daß Max Weber uns gelehrt hat, auch die Eigengesetzlichkeit jeder Bürokratie als Macht- und Herrschaftsapparat zu erkennen. Und ich warne davor, die Realitäten zu idealisieren, weil nichts so sehr wie das die Realisierung von Ideen verhindert.

Merk-Tübingen: In rechtsgeschichtlicher Hinsicht zunächst vermag ich entgegen den Ausführungen von Herrn Herrfahrdt den Rechtsstaatsgedanken im alten Deutschen Reiche nicht in erster Reihe in der Ständegliederung als solcher zu erblicken. Es haben sich vielmehr auf Grund besonderer Lebensverhältnisse, nämlich der, z. T. dann erblich gewordenen, Berufstätigkeit besondere Rechtskreise gebildet, für die allerdings auch ein besonderer Rechtsschutz eingerichtet wurde neben dem landgerichtlichen Rechtsschutz in Lehens-, Dienstmannen-, Hofgerichten usf. unter Mitwirkung der Rechtsgenossen nach Art der landgerichtlichen Rechtsprechung. Vielmehr lag das Rechtsstaatliche vor allem darin, daß nach mittelalterlicher deutscher Rechtsauffassung die öffentliche Gewalt unter dem Rechte stand, wie dies z. B. im Sachsenspiegel, insbesondere in dem Krönungseid des deutschen Königs, deutlich zum Ausdruck kommt; weiter daß — schon in einer Art von Gewaltentrennung — die politische Gewalt an der Rechtsfindung nicht beteiligt war, sondern der Richter, insbesondere auch der König im Königsgericht, ferner der Graf im Grafschaftsgericht usf., nur Leiter der Gerichtsversammlung und -verhandlung, „Frager des Rechts" und Erlasser des Rechtsgebots entsprechend dem durch die Gerichtsversammlung angenommenen Urteilsvorschlag der Urteilsfinder war. Sodann kommt in der Neuzeit der Rechtsstaatsgedanke insbesondere in der Einrichtung der Reichsgerichtsbarkeit des Reichskammergerichts und des Reichshofrats zum Ausdruck, die bei Eingriffen in die wohlerworbenen Rechte oder bei Mißbrauch der Landeshoheit durch die Untertanen, auch die Stände, im Wege der Berufung, auf alle Fälle aber auch bei Gewährung des Vorrechts des Berufungsausschlusses bei Rechtspflegeverweigerung angerufen werden konnten. Auch im unbeschränkten Fürstenstaat der Aufklärungszeit machte sich der Rechtsgedanke noch geltend in der Anerkennung der Unabhängigkeit der Gerichte in bürgerlichen Rechtssachen und Strafsachen unter Einwirkung von Montesquieu und in der sog. Fiskuslehre zum Schutze vermögensrechtlicher Rechtsverhältnisse, auch im Bereiche der öffentlichen Verwaltung, insofern der Staat hierbei als Fiskus dem bürgerlichen Recht und den ordentlichen Gerichten unterstellt wurde. In der Zeit des Verfassungs- und Rechtsstaats mit den auf Grundrechten und Gewaltentrennung aufgebauten Verfassungsurkunden wird dann bekanntlich auch mit dem Grundsatz der Herrschaft des Gesetzes — Grundsatz der Gesetzmäßigkeit der Verwaltung und Grundsatz des Vorbehaltes des Gesetzes — auch die hoheitliche Verwaltung unter eine bindende Rechtsordnung gestellt, die durch gerichtlichen Schutz, sei es der ordentlichen oder der Verwaltungsgerichte, mehr und mehr voll wirksam gesichert wird; in Württemberg ergab sich schon nach der Verfassung von 1819 eine Art der Verwaltungsrechtspflege durch die Zuständigkeit des Geheimen Rats auf Beschwerde gegenüber Verfügungen der Minister.

In Art. 1 BGG. vermag ich nicht die Anerkennung von vorstaatlichen Rechten im Sinne des Naturrechts zu erblicken; vielmehr bestimmt Art. 1 selbst, anknüpfend an die bisherige deutsche Entwicklung, die verfassungsrechtliche Einräumung und Gewährleistung von Grundrechten; im übrigen könnte man m. E., wie hier nicht näher ausgeführt werden kann, unter „Naturrecht" im wissenschaftlichen Sinne nur sittliche, durch vorliegende Bedürfnisse und Verhältnisse sowie die erreichte Kulturentwicklung bedingte, Anforderungen an die Gestaltung einer Rechtsordnung verstehen.

Zweifelhaft mag die Auslegung des Art. 19 Abs. 4 BGG. erscheinen. Nämlich ob dieser Vorschrift sozusagen nur „verfassungsrechtliche" Bedeutung, d. h. der Schutz nur der Grundrechte zukommt — wie man aus der Stellung in dem Abschnitt über „Grundrechte" und der Vorschrift des Art. 1 Abs. 3 entnehmen könnte — oder aber darüber hinaus „verwaltungsrechtliche" Bedeutung, d. h., daß sie dem Schutze nicht nur der Grundrechte, sondern aller persönlichen (sog. subjektiven) Rechte dient. Dieser zweiten Auffassung dürfte der Vorzug zu geben sein, da hier im Gegensatz zu den vorangehenden Absätzen von „Rechten" schlechtweg die Rede ist. Jedenfalls aber ist die Fassung des Art. 19 mangelhaft und die Aufnahme der fraglichen Vorschrift als Abs. 4 in Art. 19 zu beanstanden — es wäre sehr erwünscht, wenn die gesetzgeberischen Unterlagen bzw. Beweggründe in dieser Hinsicht bekannt würden. — Daß im übrigen auch bloße Rückwirkungsrechte (sog. Reflexrechte) unter diesen „Rechten" zu verstehen sein sollen, vermag ich entgegen der Ansicht von Herrn Klein nicht anzunehmen. Ebenso wird m. E. der ordentliche Rechtsweg nicht schon eingreifen gegenüber der bisherigen sog. nachträglichen Verwaltungsrechtspflege, wo zunächst der Verwaltungsweg durchlaufen sein muß, oder gegenüber dem Anfechtungsverfahren in Steuersachen, da hier auf alle Fälle, wenn auch nicht von vornherein, so doch letztlich eine Art verwaltungsgerichtlichen Rechtsschutzes besteht. Auch sonst wird die Vorschrift des Art. 19 Abs. 4 noch mit Bezug auf ihre Tragweite der näheren abgrenzenden Auslegung bedürfen; insbesondere werden auch sog. „Regierungshandlungen" — ähnlich wie im französischen Recht — auszunehmen und die Vorschrift auf Verwaltungshandlungen i. e. S., insbesondere Verwaltungsverfügungen, zu beschränken sein. Es erscheint mir auch bedenklich, zur Auslegung des Abs. 19 Abs. 4 alle möglichen anderen, doch vielleicht voneinander abweichenden Gesetze, insbesondere Landesgesetze, heranzuziehen, wie es im ersten Vortrag geschehen ist. Im übrigen darf man wohl hoffen, daß es durch die oberste Gerichtsbarkeit des Bundes zu einer einheitlichen Auslegung und Rechtshandhabung der Vorschrift kommt. Es bleibt nur zu bedauern, daß das Verhältnis des verwaltungsgerichtlichen Rechtsschutzes zum ordentlichen Rechtsschutze je nach der Landesgesetzgebung sich in den verschiedenen Ländern verschieden gestaltet.

Wenn auch durch das Bonner GG. die Grundrechte neue und erhöhte Bedeutung gewonnen haben mit der Anerkenung des Eigenwerts der Persönlichkeit gegenüber der vorangegangenen Zeit des nationalsozialistischen Führerstaats, so ist doch immer dabei gleichzeitig zu betonen die Einordnung des Einzelnen in die Gemeinschaft, wie in die Familie, so in Volk und Staat und dieser selbst wieder in die Gemeinschaft der Völker: Persönlichkeitsgedanke und Gemeinschaftsgedanke sind miteinander aufs engste zu verbinden. Und hierbei wird nun infolge der gesellschaftlich-wirtschaftlichen Umschichtung gegenüber der liberalen Zeit auch der soziale Gedanke (vgl. auch Art. 28 Bonner GG.) von Bedeutung im Sinne eines gerechten und billigen Ausgleichs der berechtigten Belange der verschiedenen Bevölkerungsschichten unter dem Gesichtspunkt des Gemeinwohls. Möge es gelingen, daß durch stärkere Ausprägung der Gemeinschaftsgesinnung bei uns die gesellschaftlichen und wirtschaftlichen Gegensätze zum Wohle des Ganzen sich mildern und wir uns dem Zustande annähern, wie er z. B. in England besteht, wo noch vor wenigen Jahren ein englischer Schriftsteller (Jennings) sagen konnte, daß Konservative und Arbeiterpartei sich mit Bezug auf ihre politischen Bestrebungen nur dem Grade nach unterscheiden.

Ipsen-Hamburg: Die Folgen, die sich aus der Regelung des Art. 19 Abs. 4 ergeben können, müssen mit besonderer Aufmerksamkeit beobachtet werden, und zwar in dreifacher Hinsicht:

1. Der Herr Referent hat — seinem Wortlaut gemäß — dem Art. 19 Abs. 4 eine grundgesetzliche Gewährleistung der verwaltungsgerichtlichen Generalklausel nicht entnommen. Ich frage mich, ob diese Interpretation wirklich geboten und in ihren Konsequenzen erwünscht ist. Denn: die Auffassung, daß dem Gesetzgeber (d. h. auch dem Landesgesetzgeber) ein Abbau der gegenwärtig gegebenen Generalklausel überlassen bleibe, bewirkt gemäß Satz 2 des Art. 19 Abs. 4 eine entsprechende Zulassung des ordentlichen Rechtsweges und würde uns — ich halte es nämlich trotz meiner hamburgischen Herkunft und Hamburgs justizstaatlicher Tradition mit v. Gneist — in einen m. E. überwundenen und unzeitgemäßen justizstaatlichen Zustand zurückwerfen. Die Gerichtsbarkeit im materiellen Sinne muß so (und von denjenigen Gerichten) ausgeübt werden, wie sie dem Gegenstand des Streites angemessen ist. Es ist daher unter allen Umständen zu verhindern, daß die ordentlichen Gerichte auf diesem Wege in das Feld der materiellen Verwaltungsgerichtsbarkeit, für das heute den ordentlichen gleichrangige Verwaltungsgerichte zur Verfügung stehen, einbrechen und ihnen weitere Verwaltungsgerichtsbarkeit im materiellen Sinne überantwortet wird. Nur mit diesem Vorbehalt ist es auch vertretbar, mit dem Herrn Referenten und der wohl herrschenden Lehre anzunehmen, daß auch Ansprüche aus besonderen Gewaltverhältnissen ohne Einschränkung der gerichtlichen Geltendmachung zugänglich sind, was früher auch dort, wo verwaltungsgerichtliche Generalklausel bestand, keineswegs vorbehaltlos angenommen wurde. Die Neigung der ordentlichen Gerichte, sich materielle Verwaltungsgerichtsbarkeit anzumaßen, ist nach 1945 (in einer anfänglich wohl verständlichen rechtsstaat-

lichen Bemühung um Gewährung gerichtlichen Rechtsschutzes) bekanntlich hervorgetreten in dem inzwischen — u. a. von Ule korrigierten — Versuch, die sog. Tatbestandswirkung abzubauen durch Ausweitung der Nichtigkeitsgründe für fehlerhafte, insbesondere schlicht gesetzwidrige Verwaltungsakte, die nach zutreffender und unter allen Umständen aufrechtzuerhaltender Auffassung nur anfechtbar sind und Tatbestandswirkung bis zur erfolgten Anfechtung auch gegenüber den ordentlichen Gerichten äußern.

2. Abgesehen davon, daß Art. 19 Abs. 4 einen Rechtsweg so oder so eröffnet, bleibt ein Grundproblem gleichwohl ungelöst: die Frage nämlich, wie der Kläger ein obsiegendes Urteil aus Untätigkeitsklage gegen die renitente oder unvermögende Behörde vollstreckt. Es ist heute aus verschiedenen Ursachen — der Haltung, des Willens, der begrenzten effektiven Möglichkeiten — für Verwaltungsbehörden nicht mehr und nicht überall selbstverständlich, gerichtliche Urteile zu befolgen, und weder Aufsichtsmittel noch parlamentarische Intervention reichen immer aus, um dem Urteil Geltung und Gehorsam zu verschaffen. Man wird, nachdem das Grundgesetz vollen gerichtlichen Rechtsschutz und Eigenständigkeit der dritten Gewalt proklamiert und gewährleistet hat, die Forderung — notfalls d. l. f. — erheben dürfen, hier die letzte Konsequenz zu ziehen und Lösungen zu entwickeln, die dem Richterspruch Autorität verschaffen — es sei denn, man erkennt hieran, daß das Grundgesetz eines Staates höchst begrenzter Möglichkeiten den Rechtsschutz idealisierend überfordert hat.

3. Der Herr Referent hat wohlabgewogen und aus echten Sachbedenken heraus die Möglichkeit „justizloser Hoheitsakte" trotz des Art. 19 Abs. 4 Satz 2 nicht ausgeschlossen. Ich teile diese Auffassung und habe sie jüngst ebenso geäußert. Es gibt Grenzen aller Gerichtsbarkeit, auch für Art. 19 Abs. 4. Die lange Geschichte der sog. Regierungsakte bestätigt diese Erkenntnis ebenso wie die Einsicht, daß ein justizloser Hoheitsakt kein Unrechtsakt zu sein braucht und es auch Wege des gerechten Ausgleichs ohne Gerichtsbarkeit geben sollte. Das ganze Problem ist heute für uns von geringerer Bedeutung, solange die Besatzungslage wesentliche Akte dieser Art deutscher Entscheidung vorenthält. Mit der zunehmenden Wiederherstellung deutscher Kompetenz auch insoweit wird das Problem der justizlosen Hoheitsakte für das deutsche Recht und die Handhabung des Art. 19 Abs. 4 an Aktualität zunehmen.

Bühler-Köln: Die Generalklausel für die Zuständigkeit der Verwaltungsgerichte ist an sich gewiß die seit Jahrzehnten erstrebte ideale Lösung. Ihre Durchführung wird aber noch größere

Schwierigkeiten machen als bisher. Sie setzt ja den Nachweis der Verletzung eines subjektiven öffentlichen Rechts voraus, und die Führung dieses Nachweises ist auf den unendlich vermehrten Tätigkeitsgebieten der Verwaltung gerade nach der jüngsten staatlichen Entwicklung vielfach sehr schwer.

Grundsätzlich sehe ich als Erfordernisse eines subjektiven öffentlichen Rechts immer noch dieselben an wie in meinem Buch von 1914.

Die Klagemöglichkeit vor den Verwaltungsgerichten hängt davon ab, ob die betreffenden materiellen Gesetze mit genügender Klarheit zum Ausdruck bringen, ob sie einen Rechtsanspruch gewähren wollen oder nicht. Dafür ist natürlich Voraussetzung, daß die gesetzgebenden Faktoren sich Klarheit darüber verschaffen, ob sie das wollen oder nicht.

Diese Klarheit ist z. B. jetzt geschaffen im Soforthilfegesetz vom 21. 8. 1949, das deutlich sagt, daß auf die monatliche Unterhaltsrente von 70 Mark für den Einzelnen, 100 Mark für das Ehepaar ein Rechtsanspruch besteht, für Aufbau- und Wohnungshilfe usw. dagegen nicht (§§ 44—47). Das müßten auch andere Gesetze ähnlich tun.

Ein Problem der Gesetzgebungstechnik liegt auch nach der Richtung vor, wieweit im Wege von Verordnungen Rechte gewährt und Eingriffe vorgenommen werden können. Gründliche Untersuchung des Verordnungsrechts wäre wohl ein geeigneter Gegenstand für eine künftige Staatsrechtslehrertagung.

Bis jetzt wiegt die Meinung vor, daß, soweit Ermessen eingeräumt ist, kein Anspruch und darum auch keine Verwaltungsrechtskontrolle gegeben ist. Aber im Sinne der früheren Möglichkeiten der Ermessenskontrolle scheint auch der Oberste Finanzgerichtshof hier einlenken zu wollen. Dann ist auch noch der Verwendung unbestimmter Begriffe zu gedenken, die nicht erkennen lassen, ob und wieweit ein Rechtsanspruch des Einzelnen und eine Nachprüfungsmöglichkeit der Gerichte bestehen soll.

Jellinek-Heidelberg: Bevor auf die Ausführungen des Herrn ersten Berichterstatters einzugehen ist, sei darauf hingewiesen, daß die von Herrn Ipsen vermißte Abhandlung über die Möglichkeit der Vollstreckung gegen eine Behörde in einer Heidelberger Habilitationsschrift im Entstehen begriffen ist, die vermutlich in Bälde der Fakultät vorliegen wird.

Und nun zu den Ausführungen von Herrn Klein! Was Herr Klein zum preußischen Gesetz über die Erweiterung des Rechtsweges von 1861 gesagt hat, kann bei den mit diesem Gesetz nicht Vertrauten irrige Vorstellungen erwecken. Das Gesetz hat keineswegs für alle Steuersachen den ordentlichen Rechtsweg eröffnet, sondern bei den direkten Steuern nur für den Fall der Doppelzahlung oder der Verjährung oder bei Bestreitung der Steuereigenschaft der angeforderten Abgabe. — Die Bedeutung von Otto Bähr und Rudolf v. Gneist für die Verwaltungsgerichtsbarkeit verdienten einmal eine genauere geistesgeschichtliche Untersuchung, insbesondere wäre zu prüfen, ob auch bereits das badische Gesetz vom Jahre 1863 wesentlich unter v. Gneist'schem Einfluß entstanden ist.

Nicht überzeugend scheinen mir die Ausführungen von Herrn Klein, wonach es schlechthin unzulässig sein soll, in öffentlichrechtlichen Fragen ein Schiedsgericht zu vereinbaren. Der Satz: volenti non fit iniuria gilt für gewisse Streitsachen auch hier.

Erstaunlich ist, wie rasch sich einige Herren eine kritische Bemerkung von Herrn Klein haben zu Herzen gehen lassen. Man sollte nicht gleich bei jeder Kritik umfallen. So halte ich die Auffassung von Herrn Klein, es müsse im Art. 19 Abs. 4 statt „durch die öffentliche Gewalt" heißen: „durch einen Träger der öffentlichen Gewalt" nicht für richtig, da man unter Träger der öffentlichen Gewalt den Staat oder eine sonstige juristische Person des öffentlichen Rechts versteht, und nicht, wie Herr Klein vorschlägt, die Verwaltungsbehörde.

Bei Anerkennung justizloser Hoheitsakte ist äußerste Vorsicht geboten. Immerhin wäre zu erwägen, Gesetze und Verordnungen, also das, was man gemeinhin die abstrakte Normenkontrolle nennt, von der Vorschrift des Art. 19 Abs. 4 GG. auszunehmen. Und dann sind justizlos die Gnadenakte. So haben wir in Stuttgart gestern vor acht Tagen entschieden, daß gegen die Versagung einer Begnadigung eine verwaltungsgerichtliche Klage nicht gegeben sei. Ein ordentliches Gericht hatte eine Strafe verhängt. Der Bestrafte bat den zuständigen Minister um Begnadigung, die aber versagt wurde. Gegen diese Versagung erhob er verwaltungsgerichtliche Klage. Der Verwaltungsgerichtshof Stuttgart hat diese Klage als unzulässig abgewiesen, schon weil die Vorstellung grotesk wäre, daß die Gnadeninstanz verpflichtet wäre, eine Rechtsmittelbelehrung dahingehend anzufügen, daß gegen die Ablehnung der Begnadigung — vielleicht bei einer mehrjährigen Zuchthausstrafe! — die Anrufung des Verwaltungsgerichtshofes zulässig sei. Gnade ist eben noch mehr als freies Ermessen. Während es beim freien Ermessen einen Anspruch auf fehlerfreie Ausübung des Ermessens gibt, ist die Gnade vollkommen frei.

Daß Art. 19 Abs. 4 in der Tat eine Vorschrift erster Ordnung ist, zeigt sich darin, daß dieser Artikel schon jetzt für alle möglichen und unmöglichen Fälle herangezogen wird. So schreibt Kollege Naumann, es sei schon die Ansicht geäußert worden, Art. 19 Abs. 4 sei stärker als Art. 131 GG., wonach Klagen auf Wiedereinstellung eines aus politischen Gründen entfernten Beamten erst nach Erlassung eines Bundesgesetzes zulässig sein sollen. Es wurde die Ansicht geäußert, daß, wenn ein solches Bundesgesetz nicht bald komme, auf Grund des Art. 19 Abs. 4 trotz Art. 131 Klage erhoben werden könne.

Herr Klein wird mit mir der Ansicht sein, daß jetzt in der britischen Zone auch kirchliche Verwaltungsakte angefochten werden können, die von der Verordnung Nr. 165 von der Anfechtbarkeit im Verwaltungsstreitverfahren ausgenommen sind.

Bei Beurteilung eines praktischen Falles ist schon die Frage entstanden, ob beim System der sog. Wahlklage nach deren Versäumung doch noch das Verwaltungsgericht angerufen werden könne. Das Gesetz läßt also dem Betroffenen die Wahl, entweder Klage zu erheben oder Beschwerde einzulegen. Er tut das zweite, wird aber abgewiesen. In diesem Falle kann er, wenn keine neue Belastung vorliegt, gegen den Beschwerdebescheid keine Klage erheben, da es ihm ja freigestanden hätte, sich sofort an das Verwaltungsgericht zu wenden. Auch hier gilt der Grundsatz: volenti non fit iniuria. Ganz klar ist, daß sich ein Betroffener nicht an die ordentlichen Gerichte wenden kann, wenn er die an sich zulässige verwaltungsgerichtliche Klage versäumt hat. Auch von einem solchen Falle berichtet Kollege Naumann brieflich. Dagegen rückt der negative Kompetenzponflikt in den Bereich unserer Betrachtungen. Wenn das Verwaltungsgericht eine Anfechtungsklage rechtskräftig mit der Begründung abgewiesen hat, daß für den fraglichen Gegenstand der ordentliche Rechtsweg gegeben sei, dann muß sich wohl oder übel das ordentliche Gericht des Falles annehmen, es sei denn, daß es einen Gerichtshof zur Entscheidung von Kompetenzkonflikten gibt.

Abendroth-Wilhelmshaven: Ich halte die Auffassung Kleins für unzutreffend, daß Art. 19 Abs. 4 als unabdingbare Konsequenz des Hauptgrundrechts des Art. 1 angesehen werden muß und deshalb dem Unabänderlichkeitsschutz des Art. 79 Abs. 3 untersteht. Wenn auch Art. 79 Abs. 3 zweifellos das materielle Hauptgrundrecht des Art. 1 vor jedem Zugriff des Gesetzgebers auch dann bewahren will, wenn er im übrigen die Voraussetzungen des Grundgesetzänderungsverfahrens zu erfüllen vermag, so ist doch nicht einzusehen, daß Art. 19 Abs. 4 die einzig denkbare Methode enthält, dies materielle Grundrecht formell zu sichern. Die Argumentation von Klein krankt schon daran, daß ja alle Grundrechte der Art. 2 ff. des Grundgesetzes nach dem klaren Wortlaut des Art. 1, um die Terminologie von Herrn Klein zu verwenden, als Konsequenzen aus dem materiellen Hauptgrundrecht des Art. 1 anzusehen sind. Art. 79 Abs. 3 hat aber bewußt vermieden, diesen Konsequenzen aus dem Grundgesetz des Art. 1 Schutz vor Grundgesetzänderungen zu gewähren. In Art. 79 werden bewußt nicht die Art. 1 „bis" 20 sondern lediglich die Art. 1 „und"

20 als unabänderlich bezeichnet, wobei selbstverständlich auch diese Unabänderlichkeit unter dem Vorbehalt des Art. 146 steht. Außerdem werden in Art. 79 Abs. 3 ausdrücklich nicht „Grundrechte“, sondern nur „Grundsätze“ vor der Grundgesetzänderung bewahrt. Es leuchtet ohne weiteres ein, daß Art. 1 nicht unmittelbare Grundrechte, sondern nur Grundsätze enthält, aus denen sich die Existenz von konkreten Grundrechten allerdings notwendig ergibt. Das Grundgesetz hat mit dieser Systematik versucht, die Vorstellung, daß es der Staatsgewalt und also auch der verfassunggebenden Gewalt entzogene naturrechtlich begründete Rechtsgrundsätze gebe, mit den praktischen Notwendigkeiten inhaltlicher Anpassung dieser Grundsätze an die jeweils veränderlichen historischen und gesellschaftlichen Bedingungen zu verbinden und an der demokratischen Grundauffassung festzuhalten, daß diese Anpassung eine Angelegenheit der, sei es verfassunggebenden, sei es gesetzgebenden Gewalt des Volkes sei. Es wird sich aber schwerlich behaupten lassen, daß die Gestaltung des Art. 19 Abs. 4 nicht ohne Preisgabe des Grundsatzes des Art. 1 gewandelt werden könne. Deshalb scheint mir die Auffassung von Herrn Klein, Art. 19 Abs. 4 sei als das dem materiellen Hauptgrundrecht (das in Wirklichkeit ein Grundsatz ist) des Art. 1 adäquate formelle Hauptgrundrecht nach dem Willen des Grundgesetzes nicht abänderbar, nicht nur mit dem klaren Wortlaut des Art. 79 Abs. 3 unvereinbar zu sein, sondern ebenso dem Geiste des Grundgesetzes zu widersprechen.

Ich teile die Bedenken des Referenten gegen die potentielle Verdrängung der Verwaltungsgerichtsbarkeit durch Art. 19 Abs. 4 Satz 2. Mir scheint aber, daß er auch hier dem Grundgesetz Gewalt antut, wenn er aus der Fassung des Art. 19 Abs. 4 einen institutionellen Schutz eines Minimums an Verwaltungsgerichtsbarkeit ableiten will. So sehr ich einen solchen Schutz wünschen würde, so hat jedoch die den Parlamentarischen Rat beherrschende Tendenz und seine irrige Auffassung von der Einheitlichkeit der gesamten richterlichen Gewalt zu einer Lösung geführt, die den Ländern nicht die Verpflichtung auferlegt, Verwaltungsstreitigkeiten in einem ihnen adäquaten besonderen Verwaltungsgerichtsverfahren zu regeln, und ihnen die Möglichkeit gewährt, sie ohne jede Einschränkung im ordentlichen Gerichtsverfahren regeln zu lassen.

Frhr. v. d. Heydte-München: Was berechtigt uns dazu, unter dem Begriff der „öffentlichen Gewalt“ ausschließlich „Verwaltungsbehörden“ zu begreifen? Hätte der Gesetzgeber diese Einschränkung gewollt, hätte er es auch gesagt! „Öffentliche Gewalt“ ist auch gesetzgebende Gewalt: Art. 19 Abs. 4 bedeutet m. E. nicht nur Verwaltungskontrolle, sondern auch Normenkontrolle.

Dies ergibt sich schon aus dem Zusammenhang von Art. 19 Abs. 4 und Art. 1 Abs. 3 als den beiden Säulen des Grundgesetzes; ein solcher Schluß stimmt zudem mit der Regelung in der bayerischen Verfassung überein — allerdings verlangt die Heranziehung der rechtsvergleichenden Exegese zur Verfassungsinterpretation größte Vorsicht, die der Herr Referent vielleicht nicht immer angewandt hat! „Öffentliche Gewalt" ist auch richterliche Gewalt: Hier garantiert Art. 19 Abs. 4 im „Rechtsweg" den Instanzenzug, der also nicht mehr durch einfaches Gesetz ausgeschlossen werden kann. — Vor der in unseren Erörterungen mitunter verwandten Wortverbindung „soziale Gerechtigkeit" möchte ich warnen. Es ist gefährlich, darunter etwas anderes zu verstehen, als die Gerechtigkeit schlechthin: ich bezweifle, ob klare Vorstellungen darüber möglich sind, was der Gerechtigkeit dadurch noch hinzuzufügen wäre, daß man sie als sozial bezeichnet. Gerechtigkeit ist entweder schon soziale Gerechtigkeit oder sie ist überhaupt keine Gerechtigkeit!

Klein-Münster (Schlußwort): Bevor ich zum heutigen Verhandlungsthema noch einige — im Gegensatz zu meinem Referat um so kürzere — Schlußbemerkungen mache, darf ich mit einigen Sätzen die außerordentlichen Schwierigkeiten erwähnen, die sich bei der Beschaffung des amtlichen Materials für das Referat ergeben haben. Zwar habe ich alle Veranlassung zu betonen, daß man sich im Bundeshaus in Bonn in anerkennens- und dankenswerter Weise mit Rat und Tat bemüht hat, mir die einschlägigen Materialien aus der Arbeit des Parlamentarischen Rates in seinen Ausschüssen und im Plenum an Ort und Stelle zugänglich zu zu machen. Was aber diese Materialien selbst anlangt, so kann ich nicht umhin zu sagen, daß ich über ihre Dürftigkeit und Unzulänglichkeit erstaunt gewesen bin. Nicht unerwähnt möchte ich auch lassen, daß es m. E. dringend erwünscht und notwendig ist, die Unterlagen aus den Verhandlungen des Bonner Gremiums der Öffentlichkeit und damit vor allem der Forschung so schnell wie möglich zugänglich zu machen.

In der Sache selbst haben die Diskussionsbeiträge erfreulicherweise gezeigt, daß in den Grundfragen des Verhandlungsgegenstandes Übereinstimmung besteht. Insbesondere ist — ebenso wie auf der Staatsrechtslehrertagung von 1925 — Einmütigkeit darüber vorhanden, daß der Rechtsschutz im öffentlichen Recht vorzüglich Aufgabe der Verwaltungsgerichtsbarkeit ist und daß daher von einer Einschränkung derselben mit der Folge einer Verlagerung der Zuständigkeit auf die ordentlichen Gerichte kein Gebrauch gemacht werden sollte.

Nicht einheitlich sind hingegen die Auffassungen beispielsweise hinsichtlich meiner Auslegung des Begriffes „Rechte" in Art. 19

Abs. 4 Satz 1 als rechtlich geschützte Interessen und Reflexrechte. Es wird Aufgabe weiterer Untersuchungen zum Grundgesetz sein, hier eine maßgebliche Auslegung durchzusetzen. Entgegen der Meinung von Herrn Merk wird man dabei m. E. nicht davon absehen können und nicht davon abzusehen brauchen, in einem gewissen Ausmaß rechtsgeschichtliches und rechtsvergleichendes Material heranzuziehen, denn die Formulierung „in seinen Rechten verletzt" ist ja nicht völlig neu, sondern hat, wie ich eingehend dargetan habe, zahlreiche Vorbilder.

Um das heiße Eisen der sog. justizlosen Hoheitsakte ist man trotz meiner ausdrücklichen Bemerkung, daß gerade diese Frage besonders diskussionswürdig und -bedürftig erscheint, leider zumeist vorsichtig herumgegangen. Das ist im Interesse der Sache bedauerlich. Immerhin haben sich die Herren Drath, Ipsen und Merk sowie mit Einschränkung auch Jellinek und Laforet meiner Auffassung angeschlossen, wohingegen Herr v. Mangoldt die Frage zwar ausdrücklich berührt, aber nicht im einen oder anderen Sinn entschieden hat.

Aus den sonstigen Diskussionsbemerkungen erscheint mir insbesondere noch zweierlei bemerkenswert: Entgegen der Auffassung der Herren Abendroth und Drath bleibe ich dabei, daß sich aus Art. 19 Abs. 4 Satz 2 in Verbindung mit Art. 96 Abs. 1 eine institutionelle Garantie eines Minimums an Verwaltungsgerichtsbarkeit und damit die Notwendigkeit eines verwaltungsgerichtlichen Unterbaues ergibt. Die Meinung der Herren Drath und Jellinek, daß „Rechtsweg" im Sinn des Art. 19 Abs. 4 Satz 1 auch den Weg zu einem vereinbarten Schiedsgericht bedeuten kann, finde ich durchaus beachtlich, habe aber gleichwohl Bedenken, den Ausdruck „Rechtsweg" in Art. 19 anders auszulegen als in anderen Vorschriften des Grundgesetzes, wo er unzweifelhaft nur „Gerichtsweg" bedeutet.

Herrfahrdt-Marburg weist in seinem Schlußwort auf die Aufgaben einer Soziologie von Staat und Recht hin, die z. B. zu klären hätte, inwieweit Staatsoberhaupt, Minister, Parlamentarier, Bürgermeister und Richter Vertrauen im Volk genießen. Die Verfassung muß dem Parlamentarier Wege weisen, wie er wirklich zum Vertreter des ganzen Volkes werden kann. Die Parteien müssen sich wandeln, oder wir müssen zu neuen Formen gelangen.

Beide Referenten danken für die Anregungen, die ihnen die Aussprache gegeben hat, und sprechen den Wunsch aus, daß auf künftigen Tagungen die offen gebliebenen Fragen weiter behandelt werden.

Ende der Tagung.

IV. Verzeichnis der Redner

V. Verzeichnis der Mitglieder der Vereinigung der Deutschen Staatsrechtslehrer

Wiedergegründet am 21. Oktober 1949.

Lebenslänglicher Ehrenpräsident

Thoma, Dr. Richard, Professor, Geh. Hofrat, Bonn, Zitelmannstr. 24.

Vorstand

1. Kaufmann, Dr. iur., Dr. phil. h. c. Erich, Professor, Bonn Bundeskanzleramt, Husarenstr. 28.
2. Jellinek, Dr. Walter, Professor, Heidelberg, Mozartstr. 15.
3. Weber, Dr. Werner, Professor, Göttingen, Am Goldgraben 10.

Mitglieder

1. Abendroth, Dr. Wolfgang, Professor, Wilhelmshaven-Rüstersiel, Hochschuldorf 2.
2. Adamovich, Dr. Ludwig, Professor, Präsident des Verfassungsgerichtshofes, Wien I, Wipplingerstr. 7.
3. Apelt, Dr. Willibalt, Professor, Geh. Regierungsrat, Staatsminister a. D., München 23, Monsalvatstr. 1.
4. Armbruster, Dr. Hubert, Professor, Mainz, Kaiserstr. 66.
5. Becker, Dr. iur., Dr. phil. Erich, Professor, Speyer, Stöberstr. 8.
6. Bilfinger, Dr. Karl, Professor, Heidelberg, Philosophenweg 13.
7. Böhmert, Dr. Viktor, Professor, Kiel, Feldstr. 91.
8. Brill, Dr. Hermann Louis, Professor, Staatssekretär a. D., M. d. B., Wiesbaden, Weinbergstr. 14.
9. Bühler, Dr. Ottmar, Professor, Bonn, Poppelsdorfer Allee 45.
10. Drath, Dr. Martin, Professor, Berlin-Zehlendorf, Hüningerstraße 20.
11. Ebers, Dr. Godehard Josef, Professor, Innsbruck-Igls 47.
12. Forsthoff, Dr. Ernst, Professor, Heidelberg-Schlierbach, Wolfsbrunnenweg 13.
13. Friesenhahn, Dr. Ernst, Professor, Bonn, Koblenzer Str. 129.
14. Genzmer, Dr. iur., Dr. phil. h. c. Felix, Professor, Tübingen, Neckarhalde 40a.

15. Gerber, Dr. Hans, Professor, Freiburg i. Br., Sonnhalde 93.
16. Giese, Dr. Friedrich, Professor, Frankfurt a. M., Hansa-Allee 7.
17. Glum, Dr. Friedrich, Professor, München, Äußere Prinzregentenstr. 10.
18. Gönnenwein, Dr. iur., Dr. phil. Otto, Professor, Heidelberg, Bergstraße 50.
19. Grewe, Dr. Wilhelm, Professor, Freiburg i. Br., Beethovenstraße 9.
20. Hamel, Dr. Walter, Professor, Marburg a. d. L., Rotenberg 1a.
21. Heckel, D. Dr. Johannes, Professor, Feldkirchen bei München, Bahnhofstr. 4.
22. Held, Dr. Hermann, Professor, Malente, Lindenallee 35.
23. Helfritz, Dr. iur., Dr. phil. Hans, Professor, Geh. Regierungsrat, Erlangen, Bismarckstr. 24.
24. Henrich, Dr. Walter, Professor, Würzburg, Ottostr. 16.
25. Herrfahrdt, Dr. Heinrich, Professor, Marburg a. d. L., Am Weinberg 8.
26. Hettlage, Dr. Karl Maria, Professor, Hamburg-Gr. Flottbeck, Ebertallee 1.
27. Frhr. v. d. Heydte, Dr. August, Privatdozent, Landshut, Fuettererstr. 49.
28. Heyer, Dr. Friedrich, Professor, Bonn, Humboldtstr. 35.
29. Heyland, Dr. Carl, Professor, Leihgestern bei Gießen, Waldstraße 10.
30. v. Hippel, Dr. Ernst, Professor, Godesberg-Mehlem, Mainzer Str. 119.
31. Hoegner, Wilhelm, Staatsrat, Staatsminister a. D., München, Miesbacherplatz 15.
32. Hollós, Dr. Franz-Tibor, Professor, Würzburg, Höchberger Str. 24.
33. Hugelmann, Dr. Karl, Professor, Göttingen, Schillerstr. 63.
34. Ipsen, Dr. Hans-Peter, Professor, Hamburg 13, Hallerstr. 79.
35. Jacobi, Dr. Erwin, Professor, Leipzig S 3, Meusdorfer Str. 5.
36. Jahrreiß, Dr. Hermann, Professor, Köln, Brüsseler Str. 85.
37. Jellinek, Dr. Walter, Professor, Heidelberg, Mozartstr. 15.
38. Jerusalem, Dr. Franz, Professor, Frankfurt a. M., Friedrichstraße 59.
39. Kaufmann, Dr. iur., Dr. phil. h. c. Erich, Professor, Bonn, Bundeskanzleramt, Husarenstr. 28.
40. Klein, Dr. Friedrich, Professor, Münster i. W., Prozessionsweg 409.
41. v. Köhler, Dr. rer. pol., Dr. iur. h. c., Professor, Staatsminister a. D., Ludwigsburg, Moserstr. 5.
42. Köttgen, Dr. Arnold, Professor, Köln, Volksgartenstr. 22.

43. Krüger, Dr. Herbert, Professor, Frankfurt a. M., Gustav Freytag-Str. 11.
44. Küchenhoff, Dr. Günther, Professor, Werl i. W., Grafenst. 11.
45. Laforet, Dr. Wilhelm, Professor, Geh. Justizrat, M. d. B., Würzburg, Frauenlandstr. 12.
46. Laun, Dr. Rudolf, Professor, Hamburg 20, Woldsenweg 11.
47. Leibholz, Dr. Gerhard, Professor, Göttingen, Düsterer Eichenweg 1.
48. Liermann, Dr. Hans, Professor, Erlangen, Loewenichstraße 21.
49. v. Mangoldt, Dr. Hermann, Professor, Minister a. D., Kiel, Graf Spee-Str. 9.
50. Maunz, Dr. Theodor, Professor, Freiburg i. Br., Lugostr. 10.
51. Meinzolt, Dr. Hans, Staatsrat, München, Karl-Freytag-Straße 29.
52. Menzel, Dr. Eberhard, Privatdozent, Hamburg-Gr. Borstel, Jahnstr. 7.
53. Merk, Dr. Wilhelm, Professor, Tübingen, Wildermuthstr. 6.
54. Merkl, Dr. Adolf Julius, Professor, Wien XIX, Pfarrplatz 1.
55. Meyer, Dr. Ernst Wilhelm, Professor, Wiesbaden, Nerotal 59.
56. Mirbt, Dr. Hermann, Professor, Halle, Amselweg 21.
57. Mosler, Dr. Hermann, Professor, Bonn, Lessingstr. 26.
58. Naumann, Dr. Richard, Professor, Senatspräsident, Hamburg 39, Leinpfad 73.
59. Nawiasky, Dr. Hans, Professor an der Universität München, St. Gallen, Hebelstr. 12.
60. Peters, Dr. Hans, Professor, Köln-Lindenthal, Bitburgerstraße 6.
61. Rühland, Dr. Curt, Professor, Bad Harzburg, Herzog Wilhelm-Str. 82.
62. Schack, Dr. Friedrich, Professor, Hamburg 13, Alte Rabenstraße 21.
63. Schätzel, Dr. Walter, Professor, Mainz, Welschstr. 18.
64. Scheuner, Dr. Ulrich, Professor, Bad Godesberg, Beethovenstraße 7.
65. Schlochauer, Dr. Hans-Jürgen, Professor, Köln-Braunsfeld, Friedrich Schmidt-Str. 60a.
66. Schmid, Dr. Karl, Professor, Staatsrat. M. d. B., Tübingen, Goethestr. 17.
67. Schneider, Dr. Hans, Professor, Göttingen, Am Reinsgraben 4.
68. Schoenborn, Dr. Walther, Professor, Kiel, Bartelsallee 11.
69. Schranil, Dr. Rudolf, Professor, Dudweiler/Saar, Trierer Straße 16.
70. Schüle, Dr. Adolf, Professor, Heidelberg, Mozartstr. 22.

71. Scupin, Dr. Hans Ulrich, Professor, Roxel bei Münster i. W.
72. Smend, D. Dr. Rudolf, Professor, Göttingen, Am Goldgraben 13.
73. Stödter, Dr. Rolf, Professor, Hamburg 21, Adolphstr. 29.
74. Thoma, Dr. Richard, Professor, Geh. Hofrat, Bonn, Zitelmannstr. 24.
75. Ule, Dr. Carl-Hermann, Senatspräsident, Lüneburg, Uelzenerstraße 40.
76. Voigt, Dr. Alfred, Privatdozent, Heidelberg, Hauptstr. 236.
77. Wacke, Dr. Gerhard, Professor, Marburg a. d. L., Gutenbergstraße 18.
78. Weber, Dr. Werner, Professor, Göttingen, Am Goldgraben 10.
79. Wengler, Dr. iur., Dr. rer. pol. Wilhelm, Professor, Berlin-Hermsdorf, Ringstraße 32.
80. Wenzel, Dr. Max, Professor, Erlangen, Rathsbergerstr. 11.
81. Wolff, Dr. Hans Julius, Professor, Münster i.W., Melcherstraße 15.
82. Wolgast, Dr. Ernst, Professor, Nürnberg, Chamerstr. 13.

VI. Satzung

(Nach den Beschlüssen vom 21. Oktober 1949)

§ 1.

Die Vereinigung der Deutschen Staatsrechtslehrer stellt sich die Aufgabe:

1. wissenschaftliche und Gesetzgebungsfragen aus dem Gebiete des öffentlichen Rechts durch Aussprache in Versammlungen der Mitglieder zu klären;
2. auf die ausreichende Berücksichtigung des öffentlichen Rechts im Hochschulunterricht und bei staatlichen und akademischen Prüfungen hinzuwirken;
3. in wichtigen Fällen zu Fragen des öffentlichen Rechts durch Eingaben an Regierungen oder Volksvertretungen oder durch öffentliche Kundgebungen Stellung zu nehmen.

§ 2.

Mitglied der Vereinigung kann werden, wer an einer deutschen Universität oder sonstigen Hochschule als Lehrer des Staats- und Verwaltungsrechts tätig ist oder gewesen ist und sich der wissenschaftlichen Forschung auf dem Gesamtgebiete dieser Wissenschaften gewidmet hat.

Die zur Heidelberger Tagung eingeladenen Staatsrechtslehrer werden ohne weiteres als Mitglieder geführt, es sei denn, daß sie ihre Streichung verlangen. Über die Aufnahme neuer Mitglieder beschließt die Mitgliederversammlung. Eines Beschlusses bedarf es nicht, wenn der Vorstand in einem Rundschreiben die Mitglieder von seiner Absicht, einem Staatsrechtslehrer die Mitgliedschaft anzutragen, verständigt und nicht mindestens fünf Mitglieder binnen Monatsfrist gegen die Aufnahme des Vorgeschlagenen Einspruch erheben oder mündliche Erörterung beantragen. Von jeder außerhalb einer Mitgliederversammlung erfolgten Neuaufnahme sind die Mitglieder zu unterrichten.

Gegenwärtige oder frühere Staatsrechtslehrer an ausländischen deutschsprachigen Universitäten oder Hochschulen können auf ihren Antrag als Mitglieder aufgenommen werden.

§ 3.

Eine Mitgliederversammlung soll regelmäßig einmal in jedem Jahre an einem vom Vorstande zu bestimmenden Orte stattfinden. In dringenden Fällen können außerordentliche Versammlungen einberufen werden. Die Tagesordnung wird durch den Vorstand bestimmt.

Auf jeder ordentlichen Mitgliederversammlung muß mindestens ein wissenschaftlicher Vortrag mit anschließender Aussprache gehalten werden.

§ 4.

Der Vorstand der Vereinigung besteht aus einem Vorsitzenden, seinem Stellvertreter und einem Schriftführer, der auch die Kasse führt. Der Vorstand wird am Schlusse jeder ordentlichen Mitgliederversammlung neu gewählt.

Zur Vorbereitung der Mitgliederversammlung kann sich der Vorstand durch Zuwahl anderer Mitglieder verstärken. Auch ist Selbstergänzung zulässig, wenn ein Mitglied des Vorstandes in der Zeit zwischen zwei Mitgliederversammlungen ausscheidet.

§ 5.

Zur Vorbereitung ihrer Beratungen kann die Mitgliederversammlung, in eiligen Fällen auch der Vorstand, besondere Ausschüsse bestellen.

§ 6.

Über Eingaben in den Fällen des § 1 Ziffer 2 und 3 und über öffentliche Kundgebungen kann nach Vorbereitung durch den Vorstand oder einen Ausschuß im Wege schriftlicher Abstimmung der Mitglieder beschlossen werden. Ein solcher Beschluß bedarf der Zustimmung von zwei Dritteln der Mitgliederzahl; die Namen der Zustimmenden müssen unter das Schriftstück gesetzt werden.

§ 7.

Der Mitgliedsbeitrag beträgt fünf Deutsche Mark für das Kalenderjahr. Der Vorstand kann den Beitrag aus Billigkeitsgründen erlassen.

Bei Fragen zur Produktsicherheit wenden Sie sich bitte an:
If you have any questions regarding product safety,
please contact:

Walter de Gruyter GmbH
Genthiner Straße 13
10785 Berlin
productsafety@degruyterbrill.com